商务馆对外汉语专业本科系列教材
总主编　赵金铭　齐沪扬　范开泰　马箭飞
审　订　世界汉语教学学会

# 华文教学概论

主　编　郭　熙

商务印书馆

2019年·北京

图书在版编目(CIP)数据

华文教学概论/郭熙主编. —北京:商务印书馆,2007(2019.3 重印)
(商务馆对外汉语专业本科系列教材)
ISBN 978-7-100-05435-5

I. 华… II. 郭… III. 对外汉语教学-教学研究-高等学校-教材 IV. H195

中国版本图书馆 CIP 数据核字(2007)第 039292 号

**权利保留,侵权必究。**

HUÁWÉN JIÀOXUÉ GÀILÙN
**华文教学概论**
郭熙 主编

商 务 印 书 馆 出 版
(北京王府井大街36号 邮政编码 100710)
商 务 印 书 馆 发 行
北 京 冠 中 印 刷 厂 印 刷
ISBN 978-7-100-05435-5

2007 年 9 月第 1 版　　开本 787×960 1/16
2019 年 3 月北京第 3 次印刷　　印张 19

定价:49.00 元

# 内容简介

　　这是国内外第一本以华文教学为出发点的教材。教材以对外汉语专业本科生为主要对象,也可供相关的研究生和教师参考。

　　教材系统介绍了华文教学的基本概念、历史和现状,分析了华裔学生的特点及其对华文学习的影响,阐述了如何进行华文教学的设计、华文水平测试与教学效果评估等等。本教材力避和其他教材重复,努力出新,突出特点,体现出学术性、实用性和原创性,体现出新的语言教学和学习理念。通过该教材的学习,学生可以了解华文教学的相关知识,掌握相关的教学技巧,并能创造性地开展教学活动。

主　编　郭　熙
编　者（按音序排列）
　　　　干红梅　郭　熙　童盛强
　　　　王汉卫　喻　江　宗世海

# 前　言

对外汉语教学专业的设立已经有二十多年的历史了。早在1983年经教育部批准北京语言学院在外语系内就设置了对外汉语教学专业,以培养对外汉语教师为主要目标。不久,北京外国语大学、上海外国语学院和华东师范大学也相继开设了类似的专业。

此后几年,该专业一直踽踽独行,没有名目。直至1988年,教育部颁布《普通高等学校本科专业目录》和《普通高等学校本科专业设置规定》,在一级学科中国语言文学类(学科代码0501)下,设"对外汉语"(学科代码050103)二级学科,这一专业才正式确立。

当初,设置这一专业,是为招收第一语言为汉语的中国学生,培养目标是将来能从事对外汉语教学及中外文化交流等工作。故该专业特点是,根据对外汉语教学对教师知识结构和能力的要求设计课程和确定教学内容。在1989年"对外汉语教学专业会议"(苏州)上,进一步明确了这个培养目标,并规定专业课程应分为三类:外语类、语言类和文学文化类。1997年召开"深化对外汉语专业建设座谈会",会议认为,根据社会需要,培养目标可以适当拓宽,要培养一种复合型、外向型的人才,既要求具有汉语和外语的知识,又要求有中国文化的底蕴;既要求懂得外事政策和外交礼仪,又要求懂得教育规律和教学技巧。这一切只能靠本专业的独特的课程体系、有针对性的教材以及特定的教学方法才能完成。

近年来,世界风云变幻,中国和平崛起。随着汉语加快走向世界,对外汉语教学事业获得蓬勃发展。目前开设对外汉语专业的高等学校已有一百三十多所。大发展带来了丰富多彩，也伴随着不规范。对外汉语作为一个专业，既无统一的教学大纲，也无标准的课程设置，更无规范的教材。在业内对对外汉语教学的学科内涵，也还存在着不同的认识。目前，设立本专业的院校只能本着各自的理解，依据本单位的教学资源与教学条件设置课程，自编或选用一些现成的教材。

有鉴于此，在国家汉办的指导下，商务印书馆以其远见卓识，决定组织全国各高校对外汉语教学资深人士，跨校协商，通力合作，在初步制订专业课程大纲的基础上，编写一套对外汉语专业系列教材，以适应目前本专业对教材的迫切需求。

本教材以赵金铭、齐沪扬、范开泰、马箭飞为总主编，教材的编者经多次协商讨论，决定本着下列原则从事编写：

一、总结以往的经验，积成多年来对外汉语教学成果，以课程在教学计划中的地位、性质、任务和作用为依据，规定课程的基本内容，划定教学范围，确立教学要求。

二、密切关注语言学，特别是汉语语言学研究的最新进展，全面吸取汉语作为第二语言/外语教学研究的最新成果，着重体现语言规律、语言教学规律和语言学习规律。

三、教材的教学内容力求贯彻"基础宽厚，重点突出"的原则，注重基本理论、基本知识和基本技能，既要加强基础理论的教学，更要加强实践能力的培养。对课程的实践性教学环节应有明确、具体的要求，并有较强的可操作性。

四、教材要全面显示汉语作为第二语言/外语教学的性质、特点和规律，为加快汉语走向世界，为汉语国际推广，培养外向型、复合型的人才。

五、谨守本科系列教材的属性，注意教材容量与可能的课时量相协调，体现师范性，每一章、节之后，附有思考题或练习题。特别要注意知识的阶段性衔接，为本—硕连读奠定基础，留有空间。

基于上述考虑，我们对对外汉语专业的教学内容作了权衡与取舍。本着培养目标所要求的内涵，教材内容大致围绕着四个方面予以展开，即：基础知识、专业知识、教学技能和教师素质。我们把拟编的对外汉语专业本科系列教

材组成五大板块,共 22 册。每个板块所辖课程及教材主编如下:

**一、语言学、应用语言学和汉语**
  1. 现代汉语　　　　　　　　齐沪扬(上海师范大学)
  2. 古代汉语　　　　　　　　张　博(北京语言大学)
  3. 语言学概论　　　　　　　崔希亮(北京语言大学)
  4. 应用语言学导论　　　　　陈昌来(上海师范大学)
  5. 汉英语言对比概论　　　　潘文国(华东师范大学)

**二、中国文学文化及跨文化交际**
  6. 中国现当代文学　　　　　陈思和(复旦大学)
  7. 中国古代文学　　　　　　王澧华(上海师范大学)
  8. 中国文化通论　　　　　　陈光磊(复旦大学)
  9. 世界文化通论　　　　　　马树德(北京语言大学)
  10. 跨文化交际概论　　　　　吴为善(上海师范大学)

**三、汉语教学理论、第二语言习得理论与实践**
  11. 对外汉语教学导论　　　　周小兵(中山大学)
  12. 第二语言习得研究　　　　王建勤(北京语言大学)
  13. 对外汉语本体教学概论　　张旺熹(北京语言大学)
  14. 对外汉语教学课程论　　　孙德金(北京语言大学)
  15. 双语与双语教育概论　　　关辛秋(中央民族大学)
  16. 华文教学概论　　　　　　郭　熙(暨南大学)
  17. 世界汉语教育史　　　　　张西平(北京外国语大学)

**四、对外汉语教材、教学法与测试评估**
  18. 对外汉语教学法　　　　　吴勇毅(华东师范大学)
  19. 对外汉语教材通论　　　　李　泉(中国人民大学)
  20. 语言测试概论　　　　　　张　凯(北京语言大学)
  21. 对外汉语教学模式概论　　马箭飞(国家汉办)

**五、现代教育技术在对外汉语教学中的应用**
  22. 对外汉语教育技术概论　　郑艳群(北京语言大学)

本系列教材主要是为对外汉语专业本科生编写，也可供其他对外汉语教学工作者、研究者参考，同时也可以作为大专院校语言文学类专业的课外参考书。

目前，汉语国际推广正如火如荼，汉语作为第二语言/外语教学也面临着巨大的机遇与空前的挑战。我们愿顺应时代洪流，为汉语国际推广尽绵薄之力。大规模、跨地区、跨学校地组织人力进行系列教材的编写，尚属首次，限于水平，疏忽和不妥之处在所难免，敬祈专家、读者不吝指正。

赵金铭　齐沪扬

2007年6月5日

# 目　录

第一章　绪论 ································· 1
　第一节　作为一门课程的华文教学 ················ 1
　第二节　华文教学中的几个概念 ·················· 4
　第三节　华文教学性质、模式及目标 ··············· 8
　第四节　语言观与华文教学 ····················· 13
第二章　海外华人社会及其语言状况 ··············· 17
　第一节　海外华人社会的形成和分布 ·············· 18
　第二节　海外华人的语言状况 ··················· 27
　第三节　海外华语的特点 ······················ 43
第三章　海外华文教育事业的发展 ················· 50
　第一节　海外华文教育发展史概述 ················ 50
　第二节　亚洲华文教育的发展 ··················· 54
　第三节　北美洲的华文教育 ····················· 81
　第四节　大洋洲的华文教育 ····················· 91
　第五节　欧洲的华文教育 ······················ 96
第四章　华裔学生的特点及其对华文学习的影响 ······ 103
　第一节　华裔学生特点概说 ···················· 103
　第二节　华文学习的语言、文化、家庭和社会背景 ··· 111

第三节　目的语的应用前景及影响 …………………… 122
第五章　华文教学的设计 ………………………………………… 130
　　　第一节　大纲设计 ……………………………………… 131
　　　第二节　课程设置 ……………………………………… 142
　　　第三节　教材的编写和选择 …………………………… 150
　　　第四节　课堂教学 ……………………………………… 161
第六章　华文水平测试与教学评估 ……………………………… 171
　　　第一节　测试概说 ……………………………………… 171
　　　第二节　华文水平测试 ………………………………… 182
　　　第三节　华文教学评估 ………………………………… 194
第七章　华文教学的研究 ………………………………………… 209
　　　第一节　华文教学研究的意义和兴起的背景 ………… 209
　　　第二节　现阶段的华文教学研究 ……………………… 213
　　　第三节　华文教学研究存在的问题和任务 …………… 223
第八章　华文教师的基本素质与师资的培训 …………………… 227
　　　第一节　华文教师应具备的知识与技能 ……………… 227
　　　第二节　华文教师应具备的教学能力和教学理念 …… 237
　　　第三节　华文教师的自我提高及发展 ………………… 247
　　　第四节　华文师资的培训 ……………………………… 259

附录一　海外华人华侨分布 ……………………………………… 268
附录二　国家批准的 25 个华文教育基地 ……………………… 271
附录三　华文教学相关网站 ……………………………………… 274
附录四　华文教材 ………………………………………………… 282
主要参考文献 ……………………………………………………… 287
后记 ………………………………………………………………… 290

# 第一章 绪　　论

## 第一节　作为一门课程的华文教学

### 一、什么是华文教学

20世纪80年代以来,中国国内陆续建立了一批华文学院或学校,后来又陆续提出了"华文教学"、"华语教学"的概念。有关部门还设立了一批华文教育基地,有力地促进了华文教学工作的开展。

由于"华文教学"这一概念在国内广泛而正式地使用的时间并不长,目前可能还有不少人对它感到陌生。其实,华文教学在海外早就存在了。[①] 当然,作为一个术语使用,华文教学的历史并不长;而且,人们对它的理解也不相同。一般说来,华文教学有广义和狭义之分:广义的华文教学泛指华人的华语文教学,狭义的华文教学指以海外华人为对象的华语文教学。本书的华文教学指的是后者。[②] 此外,也有人把华文教学理解为汉语和汉文化的教学。

对华文教学这一概念的使用目前有一些不同意见。总的来说,赞成者占绝大多数。不赞成使用这个名称者也有自己的理由。例如,有人认为,华文教学就是对外汉语教学,没有必要再提出一个新的说法;还有人把华文教学同华

---

① 详见本书第七章。
② 其实,"海外华人"是一个很笼统的概念。本书所说的"海外华人"仅指华人、华裔,不包括华侨。关于华人、华侨问题,后面将会专门讨论。

文教育等同起来,认为用华文教学这个概念可能会引起政治上的问题。其实,这两种看法都不太全面。尽管华文教学的对象也是外国人,但作为华文教学对象的外国人显然与华人以外的外国人有很大不同;另一方面,华文教学虽然也与华文教育有密切的联系,但二者并不是一回事。人们越来越认识到,华文教学在社会发展过程中在许多方面都形成了自己鲜明的特点。

目前对华文教学以及相关问题的研究还非常少,认识还不深入。一般认为,华文学习者是在很大程度上还保留着华人族属意识和中华文化遗存的海外华人,他们既不同于中国本土的学生,也不同于华人以外的外国学生。例如,在华语学习的过程中,他们的认知心理及接受方式与后者有明显差异,这为他们接受汉语和汉字提供了先天的有利条件。尽管这些学习者有的已融入当地主流社会,其思维方式更多地具有当地民族的特性,但他们在许多方面仍然不同于其他外国人,大多直接或间接地对中华文化有过接触,也有自己的感受,有些甚至掌握了某种汉语方言。这种文化上的准备与积累,使得他们在学习的开始阶段很少出现文化震荡与排斥反应。尽管少数孩子因家庭强迫灌输或受居住环境影响,也会产生厌学华文的逆反心理,但这与上面所说的文化排斥反应并不是一码事。

由于华文教学的确在诸多问题上与对外汉语教学不同,有其自身的独特性,因此有必要把它作为一个专门的学科分支来研究,加强其学科建设。在学科建设中,应该充分考虑其自身特点,研究它的独特规律,并在此基础上建立起华文教学的学科理论,从而使它真正成为对外汉语教学的一个学科分支。

## 二、为什么要开设"华文教学概论"

从"华文教学"概念的提出到学校设置这一课程不是偶然的。

近年来,随着中国各方面的发展,汉语的国际地位不断提高。在中国以外的地区学习和使用汉语的人越来越多,以至于有媒体称,中文正逐渐跃升为全球仅次于英文的新强势语言。[1]

---

[1] 参见《亚洲周刊》2003年1月号。

对于汉语是否在走向强势,是否出现了汉语热,各界尚有不同的看法。但一个不争的事实是,越来越多的人开始重视汉语的学习。

以加拿大为例。加拿大是说华语人口增长速度最快的国家之一。据加拿大统计局的统计显示,1996 年全加有 470 万人的母语并非英语或法语,其中母语为汉语的人口达 736000 人,汉语成为全加第三最多人口使用的语言。[①]

在美国,汉语现在已经成为第三大语言。根据美国人口普查局 2003 年 9 月份公布的调查报告,汉语在美国已成为仅次于西班牙语的第二大外语。

法国学汉语和参加汉语考试的人数逐年增多,2001 年 120 多所中学设汉语课,5300 多名中学生选学汉语。2004 年全法有 142 所中学及 7 所小学设中文课,7631 名学生选修中文,13 所大学设中文专业。巴黎东方语言学院目前有 2000 多名中文学生,中文系是该院第一大系。从 1994 年到 2002 年,巴黎选学中文的学生增加 170%,其中 2000 年到 2002 年,学中文的学生增加 30.28%。巴黎街头一个广告这样写道:"学汉语吧,那意味着你未来几十年内的机会和财富。"[②]

亚洲各国情况更是令人瞩目。

在印度尼西亚,因为政治上的原因,华人曾被禁止使用华语,连名字都必须使用印度尼西亚的,能够流利地使用华语的人已经不多。近年来,情况发生了变化,华人又开办了华文学校,发行了华文报纸,电视节目也开始播出华语新闻。

目前,一般认为汉语学习者的总人数在 3000 万以上,其中华文学习者占大多数,而且数量还在不断增加。为了适应需要,世界上越来越多的国家也开始在本国的大学或中学设立汉语专业或开设汉语课程。这给华文教学带来了活力和机遇,同时也带来了新的挑战。其中一个突出的问题是,华文教师无论在数量上还是质量上都不能满足日益增长的社会需求。中国每年都要派出相当数量的汉语教师到有关国家任教。2003 年,中国国家汉办为了满足有关国

---

[①] 参见《福建侨报》2000 年 9 月 29 日。
[②] 参见《光明日报》2004 年 5 月 18 日。

家对汉语教师的迫切需求,开始了一项志愿者计划。目前已经有为数不少的志愿者到有关国家任教。

　　随着华语学习者人数的增加,华语学习者的类型也在增多,教学形式日益多样化。不同的国家和地区在华语教学上有不同的目标和要求。在这种形势下,培养一批对华文教学的各个方面有系统认识,有较强的针对性教学能力的教学和研究队伍,成为华文教学界的一项重要任务。毫无疑问,充分认识华文教学的特点,探讨如何有针对性地展开海外华人社会的华文教学,对于培养合格的华文教师具有重要意义。

　　作为语言学和应用语言学专业的一门新的选修课,本课程将介绍华文教学的基本概念,描述海外华文教学的历史和现状,总结华文教学的特点,分析它与对外汉语教学、华文教育之间的关系,探讨华文教师应具备的素质和华文教学中一些问题的对策,等等。课程力图使学生通过学习对华文教学的相关问题有初步的了解,学会运用相关的方法,创造性地开展教学活动,同时也对他们开展华文教学的研究工作起到引导作用。

## 第二节　华文教学中的几个概念

### 一、汉语和华语、华文

　　汉语是汉族的语言,是中国各民族的族际语言,也是世界上使用人数最多的一种语言。其标准语——普通话,是中国的国家通用语言。

　　汉语在海外华人社会有不同的名称。例如,在东南亚一些国家,华人把自己使用的民族共同语称为"华语",不仅用来区别于各自原来所使用的汉语方言,同时也用来作为自己华族身份的标志。也有一些国家中的华人社会用"普通话""中文""国语""汉语""华文""中国话"等名称,其含义有时相同,有时又不尽相同。

　　就"普通话""国语""华语"这三种称说来讲,一般认为名称不同,而实质相同;指的都是我国全国通用的普通话;在中国大陆称"普通话",在中国台湾称"国语",在新加坡等一些国家的华人社区称"华语";三种称说不是相互排斥的,而是相互补充的。这种看法是否完全准确,还可进一步讨论,但它们对正确地认识华文教学的确是有益的。

人们有时候还区分华语和华文。例如,有的国家就用"华语"表示口语,而把书面语称为"华文"。

我们这里把华语定义为以普通话为核心的全球华人的共同语,即它是现代汉语的标准语,同时既指"语",也指"文"。从这个意义上说,"华文教学"指的就是华人共同语的标准语的语文教学。

## 二、母语和第一语言

关于母语,人们也有不同的解释。《现代汉语词典》(第五版)的解释是:一个人最初学会的一种语言。在一般情况下,母语是本民族的标准语或某一方言。联合国教科文组织 1951 年在对相关术语进行界定时,把母语和"本族语"视为同一概念,认为母语或本族语是指"人在幼年时习得的语言,通常是思维和交际的自然工具"[①]。李宇明则通过对单一语言群体、双语社会、双语家庭、语言转用和语言死亡等多种复杂情况的考察,认为母语是一个民族领域的概念,反映的是个人或民族成员对民族语言和民族文化的认同,它直接指向民族共同语。母语不取决于语言获得顺序,甚至也不取决于语言的是否获得。[②]

第一语言是从人的语言获得的顺序着眼的。一般说来,在自然状态下不经过刻意学习而获得的语言就是第一语言。第一语言是个人的,它不等于母语。第一语言和母语之间是交叉关系。按照上面对母语的认识,第一语言可能是母语也可能不是母语。把母语和第一语言区别开对于深入认识海外华人社会的语言教学问题有着积极意义。

王宁则提出了另一种处理方式。她提出了自然母语和社会母语两个概念,"就个人的言语来说,幼年时自然习得的语言,叫做自然母语,自然母语是

---

①② 参见李宇明《论母语》,《世界汉语教学》2003 年第 1 期。

与个人的语言生活环境和状态分不开的。因为一个人最初学会的口头语言往往是方言,所以,自然母语以民族语言的方言为大多数。母语还必须建立第二个概念,那就是社会母语的概念。社会母语是与外语相对应的,它是整个社会对外交流的语言,因此它必然是也只能是这个民族的标准语。每个人一旦进入书面语学习,就立即进入标准语(民族共同语)范畴。没有这种标准语,用纷繁复杂的地域方言来进行交流,不但会在国际上使外国人莫衷一是,而且就连国内的跨地域交流,也会困难重重"。①

她认为必须把二者区分开来。因为在任何社会,从小自然习得的语言经常跟居住地点、照料者的语言面貌等不确定因素发生关系,这些因素一般属于个人的、偶然的因素,只有当它产生了社会普遍意义后,才会引起我们的注意。语言是民族的特征之一,语言的存亡关系到民族的存亡,母语的发达不但保证了全社会内部交流的畅达,也体现了一个民族对外交流的主权。如果只把自然母语当成母语,不建立起社会母语这个概念,就难以建立社会语言生活的正常原则,难以解决语言和民族独立的关系。仅仅用自然习得这个条件来确立母语,不但会使"母语"这个概念的理论性减弱,而且会在讨论实际问题时产生思想混乱。

这种区分在华文教学中显然有积极的意义。

### 三、母语和母语文、第一语言和第一语文

母语和母语文、第一语言和第一语文也不是一回事,尽管习惯上人们常常不对这二者进行区分。社会上对中国的"语文"这个名称有许多种解释:(1)语言和文字;(2)语言和文学;(3)语言和文章;(4)语言和文化。但上面这四种解释都不符合"语文"这个科目在设立时的思想。作为一门课程,语文中"语就是口头语言,文就是书面语言";"把口头语言和书面语言连在一起说,就叫语文"。② 我们这里所说的"华人共同语的标准语的语文教学"中的"语文"也采

---

① 参见王宁《论母语与母语安全》,《陕西师范大学学报》2005 年第 5 期。
② 这是中国著名语文教育家叶圣陶 1963 年 10 月 15 日在《文汇报》上的阐述。

用这个含义。

　　人们可以自然习得自己的母语,但不能自然习得母语文。语文能力要通过学习才能获得。一个人通过学习可以掌握多种语文。有人曾提出一个有趣的问题:如果有两个人都自称会汉语,其中一位是家住北京郊县农村、连自己的名字都不会写的乡下妇女;另一位是借助字典可以看懂中国古书,但张嘴就出错的洋教授。这两个人谁的汉语水平高?要准确回答这个问题还是挺困难的。显然,前者掌握的是第一语言,用社会语言学的术语说,是一种局限语码(restricted code);后者是通过学习获得的第二语言,其中包括口语和书面语,使用的是一种复杂语码(elaborated code)。语文学习的目的就是要掌握后者。对于多官方语言的国家来说,同时也就意味着有不同的官方语文。没有书面语形式的官方语言可能很少存在。掌握多种语文的人会有自己的第一语文,多官方语文的国家也会有自己的第一语文——无论是官方明确确定的,还是自然形成的。第一语文可以是个人的,也可以是社会的。个人的第一语文可能和社会的第一语文一致,也可能不一致。在新加坡,就华人社会而言,英语是第一语文,华文是第二语文;而对一些个人来说,可能华文是第一语文,英语是第二语文,也可能英语和华语都是第一语文。

## 四、语言教学和语文教育

　　语言教学和语文教育也不相同。一般说来,前者是指教学中的具体活动,它把语言看成是一种工具,目的是让学习者掌握所学的语言(包括口语和书面语);后者主要是指学校通过语文教学对儿童、少年和青年进行培养的过程,除了语言的工具性之外,它还强调本民族文化的熏陶和传授,强调语言是民族的标志,是维系民族凝聚力的纽带,等等。

　　不少人把语言教学跟语文教育等同起来。因为语言教学和语文教育常常是紧密联系在一起的,而且,从不同的角度看,二者是有交叉的。一般说来,语言教学是语文教育的一个方面;但语文教育在很大程度上要通过语言教学来完成,人们在学习语言的时候,一定会涉及到文化等等。例如,从语言教育的角度看,华文教学是华文教育的一个方面;而从语言教学的功能来看,华文教育在很大程度上又要通过华文教学来实现,从这个意义上说,华文教育又是华文教学的一个方面了。

区分语言教学和语文教育有两个意义:一是可以把工具教学与敏感的"教化"分开;二是便于说明语文教育的多渠道现象。其实,按照前文对母语的定义,母语教育可能是第一语言教育,也可能不是第一语言教育。例如,新加坡华人社会的华文教育许多就不是第一语文教育。社会语文生活,例如媒体是进行语文教育的另一场所,可以称为非正式的语文教育。人们对此多习焉不察,但它们的潜移默化作用很值得注意。

## 第三节 华文教学性质、模式及目标

### 一、华文教学的性质

一般说来,人们在确定语言教学的性质的时候有两种着眼点:一是分为母语教学和外语教学,一是分为第一语言教学和第二语言教学。例如中国对汉族学生进行的语文教学就是母语教学,而中国的英语教学就是外语教学。由于母语和第一语言的交错关系,第一语言教学和母语教学也会出现交错。例如,中国对汉族学生的汉语教学同时也是第一语言教学。由于外语教学通常被定义为外国语教学,所以,第二语言教学不能等同于外语教学。例如,中国在少数民族中进行的汉语教学就是第二语言教学而不是外语教学。从这个意义上说,第二语言教学所涵盖的面要比外语教学大。

那么,以海外华人为对象的华文教学是什么性质呢?

这是一个很难回答的问题。到目前为止,人们就这个问题进行了不少的探讨,也提出了不同的看法。主要有:(1)第二语言教学说;(2)外语教学说;(3)特殊的第二语言教学说;(4)含有母语基因的非母语教学说;等等。

这些不同的看法都有自己的道理,但显然是由于观察的角度和范围的不同造成的。

海外华人社会并不是一个划一的社会，不同的国家情况不同。例如新加坡不同于马来西亚，不同于印度尼西亚，也不同于菲律宾，更不同于加拿大和美国。事实上，即使是同一个国家内部，情况也不一样。例如，同样是印度尼西亚，各地的情况有很大的差别。在山口洋地区，华人占60%以上，当地通行客家话，在那里进行汉语教学的基础就比较好；而在巴厘岛，华人不到4%，即使是会华语的人群中，也是以印尼话或巴厘话为沟通工具，据我们的调查，这些华语的使用者基本上也是以当地语言为思维的凭借。对新一代的巴厘岛华人来说，华语既是第二语言，也是一门外语。另一方面，即使是同一国家的同一族群，情况也有不同，各自的背景、追求、社会地位等又分化成各种各样的语言群体。例如，新加坡就有华语群体和英语群体。

就语言地位来说，除新加坡以外，华语在海外不是官方语言。即使是新加坡，尽管华语是官方语言之一，但并不是政府的第一工作语言。在更多的情况下，华人学生的第一语言往往是所在国的官方语言或者通用语言。因此，在许多情况下，教师讲授华文课程的时候，也常常要借助当地语言作为媒介。从这一点上看，华文教学似乎和其他国家的汉语教学没有太大的不同。但是，我们必须看到，即使是那些不会华语的华裔，由于海外华人社会的构成与历史传承、语言文化积淀等因素，在施教之前，多少都受到过汉语影响。

从生活环境看，海外华人要在当地社会更好地生存与发展，要能和当地的主流社会和谐相处，他们很难只把华语作为唯一的交际工具。在学习要求方面，华文教学的对象也不同于一般的第二语言学习者，他们的学习超越了单一的工具性的范畴。

一般来说，华文教学可以分为不同性质的几类：

（1）多元环境下的母语——华族共同语——的第一语文（也是母语文）教学，如马来西亚华人；

（2）多元环境下的母语——华族共同语——的第二语文（也是母语文）教学，如部分新加坡华人；

（3）多元环境下的母语——汉语方言——的第二语文（也是母语文）教学，如部分新加坡华人；

(4) 学龄阶段的华语作为第二语言的教学,这在华文教学中占有相当大的比例;

(5) 成年华人的华语作为第二语言的教学。

## 二、关于华文教学的模式

各种各样的差别导致了语言学习环境或背景各不相同,因此从单一角度认识华文教学的性质显然是不够的;而就教学模式来说,显然也不能笼统地用一个单一的模式来概括海外华文教学。就拿通常人们认为具有很大一致性的中国汉族语文教学和新加坡华族的语文教学来说,表面看来都是母语的语文教学,但实际上有很大的差异。就宏观上说,有两个明显的不同:

1. 语言环境和语言政策不同。

多元民族、多种语言、多种文化、多种宗教的社会特性决定了新加坡独特的语言环境,决定了新加坡特有的语言政策,而这必然影响到新加坡的华文教学,在教学上也体现出不同的特点。

2. 语文教学的目标和语文教育体系不同。

在中国,语文教学是语文教育的重要手段。教育部颁布的《九年义务教育语文课程标准》规定:

> 语文是最重要的交际工具,是人类文化的重要组成部分。工具性与人文性的统一,是语文课程的基本特点。
>
> 语文课程应致力于学生语文素养的形成与发展。语文素养是学生学好其他课程的基础,也是学生全面发展和终身发展的基础。

在中国,这种母语教育是强制性的。这里的强制性,是一种同时来自主客观两方面的强制性。只要在这个环境里,必须也必然要接受这种教育。导致这一状况的因素来自政府、家庭和社会。这种教育是顺理成章的。

而海外的华人社会则不同。还以新加坡为例。新加坡特定的历史条件以及对经济发展等的要求,促使政府确定了特定的语言教育目标,形成了新加坡特有的语言教育体系。新加坡以英语为行政语言,就使得华语在客观上成了第二语文。而新加坡的华文教育也就是第二语文教育。新加坡政府把华文教育分作三个层次:(1)培养华文文化精英的华文课程;(2)普通华文;(3)不强调读写能力的华文"B"课程。"高级华文"是属于精英的水平,"华文"是属于大部分华人所能够掌握的水平。对于那些竭尽所能仍无法掌握华文的学生,他们则应该达到华文"B"课程的水平。由于政府把华文作为第二语文教育来设置,那么,为儿童选择母语或非母语教育的任务更多地就落在了家长身上。家长的主观态度对教育语文的选择起着重要作用。与此同时,社会上各种因素也会影响到这些受教育者自身的态度,进而影响到教学效果。

不同的语言背景、教育目标和教育环境决定了华人社区不同群体不可能采用同样的华文教学模式。就上文说到的不同类型而言,当然需要不同的教学模式。

上文讨论的时候,我们大都是以海外的华文教学为对象的。事实上,要全面认识华文教学问题,我们也必须考虑到在华留学生的华文教学。二者的总体目标是一致的,但语言环境有所不同,也会表现出不同的特点。这是应该注意的。

### 三、华文教学的目标

和任何语言教学一样,华文教学也必须有明确的指导思想,有自己明确的目标。华文教学的目标可以分为两类:一是总体目标,一是特定目标。

华文教学的总体目标是,通过语言教学,使学习者掌握汉语这个交际工具。衡量华文教学成功与否的标准是看学习者是否掌握了汉语这一交际工具。但如前所说,华人之所以重视后代的华文学习,在很大程度上并非只是为了掌握华文这个工具,更重要的是,他们希望自己的后代能够把自己的根留住,使中华文化在后代身上延续下去,因此,华文教学又不只是一种语言工具的学习。中国素有"文以载道"之说,在学生学习掌握这个工具的同时,也要考虑"载道",即进行政治、道德和文化传统等的教育。那么,在华文教学中如何处理这种关系?不同的国家、地区对"道"的理解是不同的。同样以华语为母语,各国情况不同,例如,中国和新加坡政治制度不同,和马来西亚政治制度不同,但语文却是共同的,有差异的是语文所载的"道"。努力寻找一种为全体华人所接受的"道"自然是应该的,但在操作上还有不少问题需要研究,人们对此也会有许多不同的意见。

就新加坡华人来说,中国的"语文"也和他们的"语文"不同,但这是言语社区的变异,其共核部分是相同的。因此,我们讨论的华文教学应该是就语文论语文。无论如何,华文教学中强调工具的掌握,强调对中华文化的理解应该是不可缺少的;而在这中间,语言的学习是核心,文化的介绍和导入都应该为语言学习服务。因此,在确定华文教学目标的时候,有必要把掌握"工具"作为核心,培养学生华语听说读写的能力。这应该是华文教学的总体目标,所有的华文教学都要考虑如何围绕这个总目标来进行。

由于各自目的的不同,不同的国家、地区或社会,也可以有自己华文教学的特定目标。确定华文教学的特定目标是一件非常复杂的工作。由于社会政治制度等的不同,作为一种跨国跨境的华文教学,不可能确定单一的教学目标。如上所说,在海外华人社会中,它除了要教会学生掌握汉语的基本知识、基本技能之外,还要在此基础上,保持并发扬中华文化情结,培养并丰富他们的中华文化人格等;帮助他们把所传承的中华文化融入所在国的主流文化之中,和当地民族一起创造新的生活。这就是华文教学的特定目标。强调华文教学特定目标的意义在于,华文教学不应该只是为进行华语教学而教学,学生的学习也不能只是为学华语而学华语,而应积极培养对所在国有帮助的人才。

例如,马来西亚华人社会的华文教学在确定目标方面就规划了三项要点:(1)培养语文能力,培养学生聆听、说话、阅读、写作和思维能力;(2)陶冶品德,在语文训练的过程中进行思想品德教育;(3)开发智力,在语文训练的过程中,开发学生的智力,如观察能力、思维能力和想象能力等。这些目标显然是作为第一语文教学提出的,或者说,它中间包括了教育的目标。新加坡的华文教学也有自己特定的目标。它特别强调通过华文的学习,让学生进一步认识与吸收华族文化与传统价值观。其实,这些都是华文教育的目标,是华文教学中文化教育功能的体现。

显然,这样确定华文教学目标对于中国所开展的海外华文教学来说并不适合。中国开展华文教学也应该有自己特定的目标。毫无疑问,中国目前所进行的汉语国际传播工作,或者说汉语国际推广工作,和以往一些国家实行语言扩张有着质的区别。我们的首要目标是要满足海外华人日益增长的汉语学习的需要,帮助所在国解决师资不足的问题;除此以外,我们更是要通过华文教学,让越来越多的人了解中国,了解中国文化,增强各地华人的沟通和了解,维护世界语言和文化的多样性,促进国际社会的和谐发展。我们所做的工作是语言服务的一种,我们应该尊重所在国的语言和教育政策,处理好各种关系。我们必须清醒地认识到,实现总体目标是一个复杂的过程,因为要保证交际工具的掌握必须使学生了解相关的交际功能,而交际的完整实现需要通过对文化的了解;而与此同时,在教会工具的过程中,也传播了文化。

华文教学特定目标的实现是以总体目标的实现为基础的。离开总体目标讨论特定目标无异于建立空中楼阁。此外,华文教学的目标是有层次的。不同课程,或同一课程的不同阶段还要有自己的具体目标。这些不同层次的目标的确定要根据具体情况来确定。例如,某个阶段要学多少字、多少词,要学什么样的句型,等等。本教材将会对相关问题具体进行讨论。

## 第四节 语言观与华文教学

### 一、语言观是影响语言教学的一个重要因素

过去人们似乎认为语言观只是语言学家的事情。其实,语言观一直在影响整个社会,也影响着语言教学。例如,有人只是把语言看成是一种工具,有人则还要把语言看成是一种民族标志和精神。只注重工具,在中国经济落后的情况下,就会轻视汉语的价值,把语言这个砝码加到一些有比较高地位的语言上。例如,在新加坡,英语被政府放在第一语文的地位,华语被定为第二语文。这就决定了华语所面临的挑战是严峻的。强调语言的民族文化价值,就

会强调华语作为民族象征的方面,强调民族精神,强调热爱自己的母语就是热爱自己的民族。现代社会语言学认识到,语言是具有市场价值的,人们的语言学习是有功利目的的。其实这种功利目的自古以来就存在。中国传统上的语文学习有不同的目的,例如,对有的人来说,会写自己的名字,会记个账就够了;但也有的人是要通过读书,取得仕途和功名。用今天的话说,后者是希望成为社会的精英层。因此,在新加坡,华语作为第二语文的地位必然直接会影响到学生的学习热情;而社会语言学还告诉我们,语言态度对语言的学习效果是有直接影响的。不少人常常抱怨华文教师的教学方式忽略了学生的心理。有人提出,华文教学的目标应该是要教出有谋生技能,在本地能生存,又对本地有所贡献的人才,而这些人才又必须具备中华文化的特质。这是很理想化的。如果不从根本上解决华语的地位问题,这只能是空想。现在,人们乐观地看到,中国的崛起为海外华文教学的复兴注入了活力。这使我们看到了新的希望。

另一方面,应该把工具性和民族精神统一起来。忽略语言的工具性,无视社会发展的交际需求,就会转向狭隘的民族主义;而无视语言在民族团结和发展中的积极作用,就会加速母语的消亡。

作为非第一语文教育的海外华文教学,社会的期望值不能过高。不要希望所有人的语文能力都能达到同样的标准。语言的使用本来就有不同的层次,语文水平应该是有层次的。华文教学也必须划分不同的层次,形式和内容要多样化。让所有的人达到同样的语言水平,只是一种幻想。

## 二、新的语言观指导下的华文教学应多样化

在新的语言观念指导下的华文教学,应该是多样化的教学。

一是教学大纲的多样化。教学大纲是教学的宪法。第一语言教学和第二语言教学是不同性质的两类语言教学,教学大纲和教学的各个环节必须体现它们之间的差别。例如教学目的、教材编写、教学安排、成绩考核,等等。把第二语言教学当成第一语言教学固然不对,但如果只考虑到英语背景的群体,而忽视了华语背景的群体,把第二语言教学的方法用到母语教学中,同样会给华

文教学带来问题,影响华文教学目标的实现。

二是教材多样化。每一种大纲下可以编写各种有针对性的教材,照顾到不同的群体,为学生和教师提供更大的选择空间。除了编写出适合海外华人社会使用的教材外,还要有相应的教辅材料,如工具书、音像制品,等等。

三是教学内容多样化。周清海谈到新加坡华文教学的时候,提出可以借用中国大陆"一纲多本"的做法。他指出:"21世纪大都会里的语文教学,在语文水准和语言规范化,以及华人共同的文化认同方面,应该尽量维持'一纲'的要求。也就是说,语文水准、语文规范化以及文化认同的课题上,应该尽量彼此靠拢,避免差异太大。其他的内容可以包含各自的地区色彩,各自的需要将会有比较大的差异,这是文化方面的'多本'。"①

这里所说的"纲"和"本"的关系是教学内容主体化和多样性的关系。华文教学中必须正确认识域外汉语的性质。② 海外华人社会汉语教学的内容是什么?汉语、华语、方言还是其他?规范标准和语文水平的确定不能把中国的标准视为唯一的标准,必须考虑所在国的实际。我们曾经说过,语言的发展决定了语文教育必须适应时代③,这在华文教学问题上同样适用。

教学内容多样化还有一个意义:有利于减轻学习者的负担。以往对华语教学的研究,从教师的角度考虑得多,很少有从学习者的角度考虑的。要考虑减轻学生的心理压力和学习负担,培养学生的语言情感,加强汉语国际地位的宣传。要合理安排教学顺序,使学生树立信心。

四是考试方式的多样化。应该把华文教学和第二语言教学的考试区别开来。目前海外一些华人社会的华文考试采用的是同样的考试方式和内容,这恐怕是不合适的。应该组织力量,对两种群体的考试方式进行认真的研究,根据语言测试理论,确定科学的测试方法。

五是教学方式多样化。除了学校的正规教学之外,要重视非正规的华文

---

① 参见周清海《21世纪大都会的语文教育》,《语言与语言教学论文集》,〔新加坡〕泛太平洋出版私人有限公司2004年版,第3页。
② 参见郭熙《域内外汉语协调问题刍议》,《语言文字应用》2002年第3期。
③ 参见郭熙《语言教育若干问题之管见》,《语言教学与研究》2003年第3期。

教学。社会为人们学习语言提供了多元的语言学习环境。社会上来自各种媒体的多姿多彩的言语作品(例如文学作品、电影电视等)的语言本身就可以成为语言教材。它正成为当今"语言教学"的一个渠道,影响青少年语言的学习。因此,要充分发挥媒体的作用,例如鼓励学生多读报纸,多看新闻。学会新鲜的语言,富有时代性的语言。

总的来说,积极探讨推进华文教学的理论和方法,进而提高海外华人社会的华文水平,对于未来社会的发展具有重要意义。这是每一个华文教学工作者应该充分认识到的。

# 第二章　海外华人社会及其语言状况

　　一般所谓的"海外华人"其实是一个笼统的概念，它包括华侨、华人、华裔等。旧中国承认双重国籍（中国台湾当局现在仍如此），所以对于已取得外国国籍的，依然视之为华侨。新中国成立后，1955年，中国政府宣布不再实行双重国籍，鼓励华侨加入侨居国国籍，成为当地公民，结果，取得外国国籍的华侨越来越多，变成了华人。今天，保持华侨身份的人已经大大减少。至于"华裔"一词，乃指华侨华人在海外所传之后代。华裔有的是纯华人血统（即父母均是华人），有的是混血华裔，后者在不同国籍法（血缘主义、地缘主义）中有不同的认定。[①] 可见，"海外华人"并不是一个清晰的概念。这也是海外华人数字难以统计的一个重要原因。

　　由于香港、澳门曾是英、葡的殖民地，所以过去有的资料也把港澳同胞视为侨民。

　　本书所说的"海外华人"仅指华人、华裔，不包括华侨；仅指中国大陆、台湾、港澳以外的华人、华裔，不包括港澳台中国人。但在援引某些历史数据时则可能照原样引用，并予以说明。

---

[①] 参见陈乔之《华侨华人社会经济研究》，香港地平线出版社1998年版，第80～81页。

# 第一节 海外华人社会的形成和分布

## 一、海外华人社会的逐步形成

### （一）早期华人移居海外

中国与海外国家的关系源远流长，移民海外的历史也很久远。据《史记》记载，公元前1122年，周武王灭殷，殷人箕子义不臣周，遂率其封国（今山东境内）民众徙居朝鲜。今平壤郊外还有箕子陵、箕子井田的古迹。又据《史记》记载，秦始皇遣徐福带童男童女数千人，入海求仙。徐福等人入海后漂流到了日本国，并征服了土著，在今日本歌山县、新官町县长住下来。日本迄今仍有徐福墓和徐福村。又据记载，943年，印度尼西亚苏门答腊岛的巨港等地有许多中国人耕植，可能是避中国黄巢起义而移居的。唐开元八年（720年）已有人定居东南亚婆罗洲（今印度尼西亚加里曼丹岛）。唐代国势渐盛，大唐文明远播南洋和西亚，"唐人"遂成为南洋各国对华人的称谓。从此，"唐人"、"唐山"、"唐人街"诸名称广泛流传。[①]

### （二）宋元至鸦片战争前的移民活动

宋元时代我国的海外移民活动开始大量出现，并形成了一个高潮。原因是：对外贸易日趋兴旺，大批华商出洋经商；造船、航海技术的发展；战争因素；自然经济破产等。据记载，宋代柬埔寨有定居35年的华侨，越南中部也有第二代华侨。中小商人主要定居在高丽（今朝鲜）、日本、真腊、暹罗（今泰国境内）、占城（今越南中部）、苏门答腊岛、爪哇岛等地。

元朝的海外移民曾出现两次高潮：一是宋末元初，大批亡国的宋朝臣民流亡到了南洋各地；二是1293年元朝派士兵2万余名征讨爪哇失败，许多士兵留居当地，与土著杂居，成为华侨。

---

① 参见巫乐华《华侨史概要》，中国华侨出版社1994年版，第7～9页。

明末清初海外移民进一步增加。除了海外贸易发展,许多不甘为清朝臣民者逃往国外等因素外,还有两个原因:一,为避"倭寇之乱",嘉隆年间(1522—1572)民众纷纷漂洋谋生;二,16世纪西方殖民主义者东来,纷纷在南洋建立殖民地,起初对华侨实行招徕政策。

(三) 近代华侨出国

1840年至1949年这百余年间是我国历史上海外移民规模最大的时期,这一时期华侨出国的一个显著特点是华工成为海外移民的主体。他们出国的原因有二:一是明中叶以后中国社会的内部矛盾加剧,如政治的腐败,地主阶级剥削压迫的加重,以及不断增长的人口压力与耕地面积相对缩小之间的矛盾;二是殖民地国家和新兴资本主义国家在开发过程中形成吸引中国劳动力的强大磁场。契约华工又称"苦力"或"猪仔"。他们名为契约工人,实际上很多是被欺骗、绑架、拐卖而去的,苦若猪仔之贱,有去无还,故名。这些华工除了被招募到南洋之外,还被运往美洲、澳洲、南非等地。当时中国国内的很多沿海城市公然设立卖人行即"猪仔馆",香港、澳门是"猪仔"出口的转运站,新加坡则是东南亚"猪仔"贸易中心。

1914年,第一次世界大战爆发,法、英、俄协约国先后到中国招聘华工,以弥补三国后方力量之不足。从1916年起,招募华工约23万余人,前往这三国从事掘土、伐木、采煤、筑路、开矿、挖战壕等苦差。

1918年至1931年,中国又出现了一次大规模的华侨出国高潮。据统计,从1918年到1931年,仅从汕头、香港两地出境的华侨就有380万人;同一时期,移入暹罗(泰国)的中国人数有50万之多。这一时期的出国华侨95%集中到了东南亚,原因是北美、澳洲等当时推行排华政策。

从华侨出国的来源地来看,福建、广东是最多的地区。从华工的构成来看,绝大多数是下层劳动人民。近代华侨出国后,在侨居国凭借自己吃苦耐劳、和平、俭朴等优秀品质,与当地人民友好相处,顽强地生存和发展。

自1931年开始,华侨出国人数大减,返国人数反超过出国人数。比如1931年出国华侨14.5万人,归国华侨28万余人。直接原因是东南亚各国也对华人移民进行了严格限制,增加了华人的入境税和居留税。二战结束以后,华人向东南亚移民也告结束。

1949年新中国成立后，大规模的华人移民出国现象不复存在。因为东南亚、欧美等地不再接受中国移民；相反，很多华侨却为建设新中国，或因受海外排华影响而归国。

**(四) 最近30年的华人新移民**

20世纪70年代中期以来，中国大陆移民在华人国际移民潮中的比例越来越大，形成一道独特的景观。

由于地缘的关系，福建、广东地区向海外移民实际上在20世纪70年代初期亦即"文化大革命"晚期就已经开始，大规模的向海外移民则是1978年以后的事。1978年起，中国政府放宽了出入境的限制，大批以家庭团聚、探亲访友等原因出国者成为新移民的先驱。1979年以来，中国大陆有几十万人到西方国家学习，其中到美国的人数占绝大多数。很多中国留学生在获得学位后留了下来。据专家估计，20世纪70年代至21世纪初，约有400万以上的中国人或合法或非法地移居发达国家。这些新移民的流向国主要是美国、加拿大、欧洲和澳大利亚。

在华人新移民中，还有不少是从东南亚等国家向西方发达国家"再移民者"，其中最重要的是难民从印度支那三国流亡到其他国家。1978年以前，印度支那三国华侨、华人几达300万人，到90年代末仅存100万人左右，除部分由我国安置之外，大部分流往欧洲、美洲和澳洲。而根据香港《华工》月刊1986年统计，在这几年间美、欧、大洋洲三地区华人人数较12年前分别翻了一番或一番多。[①]

## 二、海外华人社会的分布及生存状况

**(一) 世界各大洲海外华人的分布及数量估计**

当今海外华人究竟有多少，并没有很确切的统计数字，各种估计和推算差异悬殊。有人说5000多万，有人说2000余万，也有人说3000万左右。比较

---

① 参见陈乔之《华侨华人社会经济研究》，香港地平线出版社1998年版，第78~79页。

认可的说法是 3000 多万。1998 年陈乔之根据统计资料估算说当时海外华侨华人应达 3200 万至 3300 万人以上。① 不过,这些估算都不是最新数字,而且很可能其中都包含了香港、澳门地区的中国人。从近两年来的公开报道看,我们比较同意海外华人有 3000 多万的估计。

数量达 3000 多万的海外华人散居在世界五大洲 120 多个国家和地区。② 根据人数之多寡,海外华人在世界五大洲的分布依次是:亚洲、美洲、欧洲、大洋洲、非洲。关于各国华人人数情况,可参看本书附录一。

(二) 居住国的移民政策及海外华人的生存状况

1. 居住国的移民政策

居住国的移民政策是个变动的现象,甚为复杂。这里只能简要提及一些主要的政策史实及演变。

(1) 亚洲

亚洲各国的移民政策有 3 种情况:善待华人、排华和限华。

早期东南亚各殖民政权和土著政府对华侨的统治方法有二:一是招徕和限制;二是与土著人分而治之,由土著政府间接统治。由于是殖民政权,所以对华人并没有制定外侨必须加入居住国国籍的法规条例,而东南亚土著政府对华人的政策是善待,原因是华人移民能给当地政权带来种种好处,也因为中国与当地政府长期关系良好,更因为华人具有勤奋、和平的本性。

第二次世界大战以后,东南亚各国或先或后地取得民族独立,摆脱了殖民统治。掌握政权的民族主义政府出于各种需要,普遍制定各种有关条例,严格禁止、限制外侨,尤其是华侨的迁移入境。东南亚国家这种拒绝中国移民的政策一直延续至今。在实行限制华人入境政策的同时,对已在本国居住的侨民则先后实行同化政策,其中之一就是废除双重国籍制度,用各种强制性方式促使外侨加入当地国籍。有的国家进一步对华人实行强迫同化政策,禁止华人使用华语,甚至连名字都提倡换成本国文字的,如印度尼西亚。很多国家对华人实施职业限制政策,如泰国规定 39 种职业不准外侨参与,此法后来为许多

---

①② 参见陈乔之《华侨华人社会经济研究》,香港地平线出版社 1998 年版,第 76 页。

东南亚国家效仿。马来西亚、越南等国都曾剥夺过华人的财产，印度尼西亚也曾出现华侨银行和企业、学校被当局接管的事件。

(2) 美洲

美洲的华人移民历史远不如东南亚那么悠久。据记载，1820年至1882年是华人赴美国的第一次浪潮，也是华人向美国自由移民的时期。1882年至1942年的60年间，美国出现第一次排华反华浪潮，华人在美国的地位一落千丈。1959年，美国华人初步摆脱了100多年来的法律歧视，在法律上获得了公民权。1965年以后，美国华人的地位得到恢复，美国的亚裔移民超过了欧裔。1962年，肯尼迪总统签署政令，允许香港把一些中国的难民送到美国，为此大约有1.4万华人到了美国。从1977年到1986年的10年间，共有80多万印度支那难民进入美国，其中华人难民占多数。20世纪80年代末，不少在美的中国留学生希望留居美国。1990年，美国总统布什决定允许他们长期居留，以至移民。在整个20世纪80年代，美国华裔增长率高达104%，其中中国大陆移民占大部分。

加拿大对外国人申请在加工作有相当严格的限制，对于技术移民者也从10个方面审核和打分，但对依亲移民则条件不算苛刻。20世纪80年代以来，香港有至少75万人移民海外，大多数移居北美和澳大利亚，尤其是加拿大。

(3) 澳洲

澳大利亚对华人入境的政策经历了自由、排斥和开放三个不同的历史时期。1788年以后，英国殖民者把澳大利亚作为流放刑事犯和政治犯的去处。到了1840年，因为停止输送犯人到南威尔士，引起了对华工的需求。1848年7月，第一批华工120人从中国厦门运到悉尼。从1851年起，随着澳大利亚金矿的发现与开采，华工入澳人数大增。1855年以前，华侨自由进出澳大利亚各地，他们把墨尔本称作"新金山"。1854年到1857年，澳大利亚两次发生排华事件。1855年、1857年、1861年相继有限制华侨法案出台。此后，华人在澳大利亚的处境虽有反复，但总体上是受到很大的限制。由于"白澳政策"的影响，居澳华侨由1881年的38002人减到1947年的1200人。1956年以后，陆续有新的移民归化法案出台。1972年末，当局取消"白澳政策"，对移民采取宽容态度,对少数民族也采取多元化的融合政策。20世纪90年代初在澳的华侨华人约27万人,分别来自中国大陆、台湾、香港,以及新加坡、马来西亚和印度支那各地,其中大部分是1973年以后移入的。

(4) 欧洲

欧洲对于华人移民的政策,总体趋紧。第一次世界大战期间,法、英、俄协约国先后到中国招募华工。这是华人第一次大规模移民欧洲。据统计,三国招去的华工接近20万,回国的约有117500人,其余77500人或死于战争、瘟疫,或留下来成了移民。其中留在法国的占多数。1975年至1986年,20万亚洲移民从东南半岛移民入法,其中华侨14万人,这就是所谓的"新侨"。法兰西是个爱好和平的民族,对于居住在法国的少数民族很友善。1980年左右,法国曾有一个极右派政党企图用各种手段把外国移民驱逐出境,制造了很多事端,但其影响力有限,并未造成严重的排华事件。

英国最早的华人移民出现于19世纪初,但直到1901年仅有华人378名。20世纪50年代以后,欧洲以外地区的民族开始大量移入英国,有些华人从中国香港移入。1960年至1970年,大批华侨家属纷纷移民英国。由于移民法严苛,华人移居英国数量很有限。20世纪80年代由于各地赴英移民人数剧增,使得移民问题引起英国各界关注,也导致了移民规定日趋严格。

2. 海外华人的生存状况

东南亚早期华人是随海外贸易而产生的,他们多数居住在东南亚的大港口城市。17世纪至18世纪初,华商的三大海外基地马尼拉、巴城(今雅加达)、长崎,闽南籍人为多数。到18世纪,华人则深入到东南亚各岛内地,从事种植、采矿等多种行业。美洲、欧洲早期华工均是被招募或欺骗去的苦力,以修铁路、挖煤、采矿和挖战壕等为生,再晚则主要从事餐饮业,由餐饮业起家,逐步扩大就业范围。

当前,世界各地的华人职业与聚居情况不一。东南亚华人经商的为多,特别是印度尼西亚,经商几乎是华人唯一能从事的行业;其次是种植、餐饮等。他们多相对集中地居住在大中城市。至于来源久远的华裔则与原住民杂居,已经脱离了与华人社会的联系。美洲、欧洲、大洋洲华人也有明显的聚居特征。美国、加拿大都有华人相对集中的大城市,像美国西海岸的旧金山、洛杉矶,东部的纽约和中部的芝加哥。据统计,20世纪80年代后期,洛杉矶地区就有60万华人。美国有十几个唐人街(中国城,China Town),多数集中在东西海岸。早期加拿大华人以采矿、修筑铁路为主,主要居住在矿山乡镇和旷野工地。1885年大铁路竣工以后,华侨则迁往城市,变为服务业者,生活也相对稳定下来。旧的唐人街大多已经衰落、消亡,新的唐人街发展起来,从不列颠哥伦比亚省延伸到东部各省份和地区。加拿大华人集中的城市如大多伦多市、温哥华市、维多利亚市、蒙特利尔市都有唐人街,其中大多伦多市原有两个唐人街,近20年又兴建了3个唐人街。在欧洲和大洋洲,华人也集中居住在某些城市,并有唐人街为活动中心。唐人街是华人互相依靠、自我管理的主要聚居形式,在有的国家的历史上,也是居住国种族隔离的一种形式。今天,虽然欧美国家的华人特别是新移民并不住在唐人街,但唐人街仍是华人集会和联络感情的主要场所,而且具有象征意义。

当前,海外华人的经济地位情况各异。大体而言,老一代华人由于没有文化、技术,加之有语言障碍,多数处于社会中下层。新一代华人,尤其是侨生华人或者最近30年从中国大陆出去的新移民,则由于受过良好的教育,在语言、文化上更易融入居住国社会,就业、经济地位大有改观。近几十年来,东南亚涌现出很多优秀的华人企业家。例如香港出版的《福布斯》(Forbes)杂志1995年6月号选列了全世界拥有1亿美元资产以上的华人富豪368人,资产合计3463亿美元,其中东南亚五国合计158人(占43%),资产2062亿美元(占59.6%)。这五国是泰国、马来西亚、印度尼西亚、菲律宾、新加坡。至于近30年从中国港台和大陆前往美、欧、大洋洲的华人,加上美国出生的新一代华人,由于受教育程度高,拥有技术资本,且没有语言障碍,很多人在所在国家已进入中产阶级。据统计,20世纪90年代初美国著名大学1/3的物理、机电系主任,美国的机械协会一半以上的分会主席,美国最大的电脑企业1/3的高级工程师都是华人。一向在大陆广为流传的说法是:约有25%至30%的美国一流科学家都是华人。

海外华人的政治地位也在日益改善。历史上东南亚的泰国、越南都有华人入仕且做了高官的记录。20世纪解决了国籍问题以后,华人开始逐渐重视自己的政治权利。90年代,马来西亚华人参政意识有所改变,踊跃参加执政党或在野党。泰国前总理他信也是华裔。在美洲,华人参政意识浓厚,华人参政比较著名的有美国劳工部长赵小兰、美国华盛顿州州长骆家辉、加拿大第26届总督伍冰枝等。华人参政的普遍表现是重视选民的权利,积极参加大选。美国近几届总统竞选中,华裔都是不可忽视的争取对象。欧洲和澳大利亚也有华人当选高官的记录。

海外华人常以社团形式组织起来。不管是老华人还是新华人,都有不少社团组织,发挥着团结华人、服务华人、为华人争取各种权益的职能。最早的华人社团,以地缘(同乡会馆)、血缘(宗亲会)、秘密会党团居多,渐次发展业缘(商会、同业公会)及其他(慈善、文体、学术、宗教等)团体。在美国,青年一代华人不满足于老华人社团的相对封闭保守,纷纷成立了许多非传统的、不受同乡会和宗亲会控制的新组织,例如华人民主党分部、华人社区中的共和党团体、打破行业界限的商会、基督教青年会、运动协会、俱乐部等。据统计,海外华人社团共有1万多个,其中亚洲6500个左右。海外华人社团还有向国际化、世界性发展的趋势。例如,1971年9月,世界客属恳亲大会在香港举行;1981年,国际潮团联谊会在香港举行;1990年,成立了福州十邑同乡总会,其成员包括著名的海外华人富商林绍良和郭鹤年;1991年至1995年,世界晋江宗亲总会、世界安溪宗亲总会等相继成立。

## 三、海外华人的乡土观念、爱国情怀

### (一)在祖籍国与居住国之间的抉择:由落叶归根到落地生根

从前文所述各国移民政策可知,华人在海外经历过劳工、淘金客和合法公民的艰苦演进过程。华人移民史充满辛酸和血泪,要避免被剥夺、压榨、排斥、驱逐甚至屠杀的命运,要么是回国,要么是入籍。尽管很多华人出国时都抱有强烈的愿望要衣锦还乡,落叶归根,但其中能够如愿的却寥寥无几。海外华人社会普遍经历了由落叶归根到落地生根的观念转变。

但即使是入了籍,大多数海外华人并没有真正享受到与原住民一样的平等待遇。在东南亚,华人社会与原住民社会融合程度有限,印度尼西亚等国至今一直笼罩着再次排华的阴影。

**(二) 与祖籍国的关系:持久浓烈的乡土观念和爱国情怀**

从宏观上看,海外华人与祖籍国的关系是渐去渐远,直至完全融入居住国。但是,从中国直接移民的海外华人,其普遍的心态是眷恋家乡,刻骨铭心,离乡愈久,思念愈甚。这种乡土情怀往往发展成为强烈的爱国情怀和实在的爱国行动。

海外华侨华人的爱国情怀主要表现在以下几个方面:

1. 为国内饥荒、灾难捐款,为辛亥革命、抗日战争捐款,甚至回国参战。

海外华侨历来心系祖国,曾持续不断地为祖国捐款,甚至回国参战。华侨参与祖国抗日战争是华侨爱国主义最充分的表现。卢沟桥事变后,中国人民奋起抗日,全球华侨也掀起了如火如荼的援华救亡运动。华侨提供的物力、人力是中国抗日战争胜利的重要因素。据统计,在当时全世界800万华侨中,有400多万参加捐款。从1937年到1943年,仅从银行汇到中国的款项总额就达55亿多元。据不完全统计,仅广东籍华侨回国参战者就达4万多人。

2. 回国投资,支持祖籍国建设。

新中国成立前的华侨华人投资促进了国内民族资本的发展。20世纪70年代以后海外华人和港澳台同胞来大陆投资占有很大比重。据统计,从改革开放至1997年年底,中国大陆实际利用外商直接投资2259亿美元,其中,港、澳、台、侨投资约占70%。

3. 捐资公益事业,造福桑梓。

海外华人中普遍存在着强烈的宗亲意识和乡土观念。他们重视家庭、家族、家乡,甚至个人价值的体现很大程度上也需要得到家族、家乡的认可,所谓"富贵不返乡如锦衣夜行"的观念,迄今仍为很多华人特别是第一代华人所奉行。对家乡和祖国的捐赠是华人宗亲和乡土情结的最普遍表现,而对教育的捐赠向来是华人捐赠的最主要领域。1921年至1931年是华侨捐资兴学的第一个高潮,福建籍华侨陈嘉庚是这一时期捐资兴学的旗帜,他所捐过的代表性学校是集美小学、集美师范、集美中学、集美小学幼儿园、厦门大学。近百年来,举凡家乡的文化教育、卫生医疗、体育、赈灾以及各种慈善事业,华侨华人无不给予关心和资助。由于海外华侨华人以福建、广东为最多,受惠的当然首先是这两个省份。

当前,90%以上的海外有中国血统者已加入当地国籍,但他们与祖籍国的联系却空前密切。海外华人关注中国的命运,绝大多数坚持一个中国政策,反独促统。有人赞叹,印度、意大利、波兰、西班牙乃至德国和英国,均是历史上大量输出移民的国家,但看不到其移民及后裔像华侨华人那样,与祖籍国有如此长期的亲密联系与合作关系。

## 第二节 海外华人的语言状况

华人移民海外,必须面对的首要问题是语言问题。语言是保持民族特性的主要方面。语言具有情感维系、文化传承和商业、实用的功能。海外华人的语言问题表现为既要学习新的语言(开始时仅是就业、生活的目的,后来演变为国家、民族认同问题),又要保留自己的母语。有的华人在海外停留时间短,有的长期居住,甚至生儿育女,其所生子女一般称为"侨生";有的是老移民(所谓"老侨"),有的则刚刚加入(所谓"新侨",或者"新移民")。这些华人保留原有语言、方言以及掌握新语言的情况多种多样。就总的趋势而言,海外华人保留母语、方言的情况有继续保持、发生变异,以及丢失、放弃两个方向;其学习所在国语言的情况也有基本学会、完全学会,以及基本没学会、完全不会两种情形。其中近30年来移往发达国家的新移民一般出国前就掌握了目的国的语言,属于双语兼通、汉语有优势的一族。老华人的后代则由于从儿童时代起就同时学习母语华语和所在国的官方语言、国语,基本上双语兼通。

海外华人的语言状况甚为复杂。从社会生活而言,海外华人都面临双语、多语并存的语言环境。例如,在马来西亚,一般的客家华裔都能兼通三种汉语方言(客家话、闽南话和广东话)和三种民族语言(普通话、马来语、英语),故有人认为"说他们是天才的语言学家一点也不过分的"。又据报道,在美国洛杉矶的在校学生中,有 1/3 的学生讲着 104 种互不相同的民族语言。即使是华文学校,也必须开展所在国的语言乃至英语的教学,所以受教育的华裔子弟一般都可掌握双语或者三语。

由于篇幅所限,本节在讨论海外华人的语言状况的时候,重点考察海外华人掌握运用汉语普通话或者方言的情况。

在海外华人中,对汉语标准语的称谓主要是"华语";汉语方言则被叫做"某某话",例如广东话、广府话(粤方言),客家话(客家方言),福建话(在东南亚多指闽南方言),潮州话、海南话(闽南方言)。20 世纪上半叶的东南亚华人凡受过华校教育的都学习过并基本掌握了华语,带着一种方言出国的老华人则只会某种汉语方言,并不会华语。海外华人自然地形成群居现象,构成相对统一的华人社会和华语使用社区,从而华语或某种汉语方言会在该社区流行,或者至少在经商、聚会等活动中通行。因为海外华人绝大多数是闽、粤两地移民,所以闽、粤方言在海外华人中具有很大的使用范围和频度。有的中文学校甚至用粤方言、闽方言、广东台山话作教学语言。在文字方面,由于中国的台湾、香港等地长期使用繁体字,海外华人中使用繁体字也比较常见,甚至不少中文媒体也使用繁体字。

下面简要介绍几个主要国家、地区的华人语言状况。

## 一、马来西亚华人的语言状况

马来西亚位于亚洲大陆和东南亚群岛的衔接部分,面积约 33 万平方公里,人口 2500 多万。马来西亚是个多民族的国家,约有 30 多个民族。其最大的民族是马来族,人口 1300 多万,占总人口的 51.8%;其次是华族,人口 610 万,占总人口的 23.96%;其余为印度族等。

马来西亚以马来人为土著居民,政治上基本由马来人控制,经济方面华人有很大的作为。1957 年 8 月,马来西亚独立,结束了英国长达 171 年的殖民统治(期间 1942 年 2 月至 1945 年 9 月被日本占领)。因此,马来西亚的语言主要有马来语、英语、华语和泰米尔语(当地称作"淡米尔语")。其中,马来语是马来西亚的国语和官方用语,英语作为第二语言或通用语言被广泛地使用在行政、工商业、科技、教育、服务及媒体等方面。除未受过正规教育的老年人外,马来西亚大部分人都能说马来语和英语。华语和泰米尔语则在华人和印度人族群社会中广泛使用,包括日常生活、学校、商业、娱乐及媒体等。在马来西亚,有华语学校,有华文报纸、图书,也有华语广播和电视节目。

马来西亚宪法规定,马来语是国语。作为国语,马来语被用作教学用语。其中小学阶段的国小教学媒介语为马来语,华文小学的教学用语为华语,印度族小学的教学用语是泰米尔语;中学阶段政府规定教学媒介语为马来语,但在华人的极力争取下,60所华文独立中学仍用华语授课。在所有的中小学中,马来语是必修课。

马来西亚华人主要是福建人、广府人、客家人、潮州人和海南人。福建人多经商,广府人、客家人多务农开矿,海南人多从事服务行业和橡胶种植,潮州人则涉足各行各业。

在马来西亚华人社会中,华语是共通语,同时也在华校和一些国民学校、国民型学校的教学中使用。在华人社会中,能讲华语的人很多。同时,福建话(闽南话)、福州话、兴化话(福建莆仙方言)、广东话、客家话、潮州话和海南话也在不同地区流行。大体而言,粤方言在吉隆坡、怡保比较通用,而闽南话在新山、槟城和巴生等地区有自己的天地。

在马来西亚,其他族群也有会讲华语和汉语方言的。华人除了掌握华语、马来语、英语外,有的也会泰米尔语。在马来西亚,语言掺杂现象极为普遍,表现在人们讲马来语、华语时常常借用英语词汇,而且有的人甚至可以用两种以上截然不同的语言相互对话交谈,比如英语对华语或某种汉语方言,英语对马来语,马来语对福建话、广东话等。[1]

## 二、新加坡华人的语言状况

新加坡位于马来半岛南端,马六甲海峡入口处,北与马来西亚相邻,南与

---

[1] 参见郭熙《马来西亚:多语言多文化背景下官方语言的推行与华语的抗争》,《暨南学报》(哲学社会科学版)2005年第3期。

印度尼西亚相望,面积699平方公里。新加坡常住人口424万,其中公民和永久居民348.7万。华人265.7万人,占76.2%;马来族占13.8%;印度族占8.3%;其他族占1.7%。新加坡是海外华人比例最高的国家。

新加坡是一个海岛型的移民国家。1824年沦为英国殖民地(其中1942年至1945年被日本占领),1959年实现自治,1963年与马来西亚、沙巴、砂捞越共同组成马来西亚联邦,1965年脱离马来西亚,成立共和国。

据资料介绍,新加坡使用的语言共有21种之多。其中马来族的马来语、华族的华语、印度族的泰米尔语以及超方言的英语是官方语言。在这四种官方语言之中,马来语是国语,英语是行政语言,并且是学校和其他教育机构的媒介语言。新加坡实行双语政策,要求各种族的学生都要把英语作为第一语文来学习,即英语作为教学语言,用于绝大部分课程;同时,学生要把本族语的华语、马来语和泰米尔语等母语作为各自的第二语文来学习。新加坡的四种官方语言均用于电视、广播和新闻出版,但电视观众、广播听众和报刊读者的人数都大不一样。其中英语、华语的媒体、频道最多;报纸发行量方面,英文报纸最高,华文其次。

新加坡华人与整个东南亚国家一样,主要是20世纪中叶以前去的华人。从其来源地看,福建人最多,潮州人其次,广东人再次,还有少数客家人和海南人。具体来说,这些华人讲的汉语方言有厦门话、福州话、福清话、潮州话、广州话、客家话和海南话。

新加坡华人使用最多的是英语、华语(大体相当于普通话)、几种汉语方言。根据专家的研究,使用英语较多者,主要是文化水平较高、家庭收入也较高的英语教学语言源流学校毕业的年轻人。使用华语较多的,是中年和老年人,文化水平和收入都以低层为主,他们所受教育的教学语言主要是华语。使用方言最多的是45岁以上的老年人,家庭主妇占多数,其他则为销售服务人员和工人,这些人的受教育水平也较低,一般都没有受过正规教育或小学没有毕业。又有学者研究了新加坡华人对英语和华语的评价,结果是,在调查所列出的各语言的7个优点中,属于功利方面的优点英语占优势,属于情感方面的优点则华语占优势。在新加坡,英语是超民族的共同语,属高阶语言;华语主要承担文化传承和情感功能,属低阶语言。

据调查,从开埠到建国的100多年里,新加坡华人社会的家庭用语(方言)共有12种之多,其中又以闽南话为主流。这些家庭用语与学校的教学媒介语——华语不协调,影响了学校华语教学的质量,也影响了整个新加坡华人社会的言语交际。1979年开始,新加坡政府开展了声势浩大的推广华语运动,并且坚持多年。"华人说华语"已基本成为华人社会的共识,华语,而不是华人的祖籍方言闽南话、广州话、客家话等,成了新加坡华人真正的家庭用语。根据新加坡官方2000年人口普查,以祖籍方言作为主要家庭用语的人口,由1990年的50.3%急剧下降至2000年的30.7%,而以华语作为主要家庭用语的人口由1990年的30.1%急速上升为2000年的45.1%。新加坡教育部一项华裔小学一年级学生最常用语的调查也显示相同的趋势:以华族方言为主要家庭用语的人数由1980年的64.4%锐减至1999年的2.5%,以华语为主要家庭用语的人数则由1980年的25%剧增至1999年的54.1%。与此同时,普及、提升中华文化也取得了一定的成绩,中华传统的优秀价值观、人生观、家庭观受到推崇。

新加坡华人语言使用中另一重要现象是英文使用比例的日益增高。据新加坡官方2000年人口普查统计,在家里使用英语交谈的华人家庭由1990年的19.3%增加到2000年的23.9%;而华裔小学一年级学生最常用语调查更清楚地显示了这种趋势:以英语为主要家庭用语的人数由1980年的9.3%剧增至1999年的42.2%。因此,有学者认为,英语取代华语成为新加坡华人主要的家庭用语是指日可待的。由于政府在中小学广泛推行英语为主要教学媒介语的双语教育制度,华族青少年的母语沦为一门必修课程,导致出现一般学生英语能力高于华语能力,讲华语时夹杂英语的语码混杂现象,出现所谓"杂烩式华语"的独特现象。①

---

① 参见甘于恩《进一步提升中文水准,重新认识方言价值》,载李如龙主编《东南亚华人语言研究》,北京语言文化大学出版社1999年版;吴英成《华语词典应用与编纂的落差》,《语言教学与研究》2002年第3期。

## 三、印度尼西亚华人的语言状况

印度尼西亚(简称印尼)位于亚洲东南部,地跨赤道,是世界最大的群岛国家,共有 17508 个大小岛屿,其中约 6000 个岛上有人居住。主要大岛有爪哇岛、苏门答腊岛、加里曼丹岛(北部与东马接壤)和苏拉威西岛。人口 2.15 亿,是世界第四人口大国,其中约有一半生活在爪哇岛。印尼共有 100 多个民族,其中爪哇族占 45％,巽他族占 14％,马都拉族占 7.5％,马来族占 7.5％,其他族占 26％。华人一般估计是 1000 万,居第三位。印尼的民族语文有 200 多种,其中官方语言是印度尼西亚语。从语言学上说,印度尼西亚语和马来语是同一种语言,差别不大。

印尼是世界上穆斯林人口最多的国家,约 87％的人口信奉伊斯兰教;其他宗教为基督教、天主教、印度教、佛教等。印尼实行 9 年制义务教育,政府规定所有的国民学校都必须归属某一宗教。

印尼从 1602 年以来长期遭受荷兰殖民统治,亦被英国、日本短暂侵占。1945 年 8 月 17 日独立。早在中国汉代,印尼就有了华人移民。相对于印尼原住民,印尼华人可谓一个相对独立的部族,然而,由于他们是渐次移居且散居于印尼各地,他们脱离祖籍地的时间有长有短,与中华文化的联系有亲有疏,融入当地文化的程度有深有浅,所以并不是"铁板一块"。在历史上,印尼华人曾经分化为土生华人集团和新客华人集团。土生华人有的认同华人文化,日常操汉语方言;有的认同原住民文化,日常操原住民语言或当地方言;有的认同西方文化,日常操荷兰语。新客华人主要指刚从中国移居印尼的中国人,由于移居的时间较晚,与中国、中华文化有着千丝万缕的联系。有的新客华人甚至一辈子都不与原住民乃至土生华人打交道。新客华人基本上只认同华人文化,日常操汉语方言或者"国语"(指华语)。

20 世纪之前,新客华人主要以各祖籍地为据,聚合为所谓的福建帮、潮州帮、客家帮、广府帮和海南帮五大帮,且采用不同的祖籍方言为第一日常用语。其中福建帮华人总量最大,所使用的方言又多分歧,有闽南话、福清话、莆仙话、永定话等分支,其中又以闽南话使用人数最多,影响最大。闽南话指祖籍为福建泉州、漳州地区的印尼华人所说的日常用语。这些华人移民印尼时间相对较长,且多聚居于雅加达、泗水以及苏门答腊岛北部棉兰等商业城市,所以他们所使用的闽南话对其他汉语方言乃至印度尼西亚语都产生了很大的影响,最明显的标志是"华人马来语"中有不少闽南话借词和表达方式。当然,印尼华人的闽南话也受到了印尼其他民族语言的影响,相对而言,棉兰的闽南话更纯正一些。讲福清话、莆仙话和永定话的福建帮主要聚居在爪哇岛。

印尼的潮州帮华人主要聚居在西加里曼丹岛,其潮州话对当地社会有不小的影响,可部分通行于西加里曼丹首府坤甸市及其邻近地区。少数潮州人生活在爪哇岛,影响不大。

印尼客家帮华人主要聚居于西加里曼丹、苏门答腊、爪哇等地。在西加里曼丹的山口洋、苏门答腊的邦加岛和勿里洞岛,讲客家话的华人比例特别大,以至客家话可以在当地社会中通行,许多原住民都会讲客家话,并形成了所谓的"马来客家话",进而演化为邦加话、勿里洞话、山口洋话。

印尼的广府帮由于移居印尼时间较晚,人数较少,且散居于爪哇、苏门答腊、苏拉威西各地,他们所操的粤方言不但对当地社会没有影响,而且在华人社区也不太通行,多属于家庭用语或社团用语。

印尼的海南帮人数更少,所以印尼华人中的海南话影响最小,多数仅存于家庭之中;且只要一个家庭中有一个操其他方言者,海南话就让位于它。

以 1900 年巴达维亚(雅加达)中华会馆的创建为标志,20 世纪上半叶印尼华人兴起了一场波澜壮阔的泛华运动,旨在打破帮派界限,以儒学改造华人社会,兴办以华语为教学用语的新式学校,普及中华文化,提高华人民族意识,促进印尼华人的统一。新式华校虽几经限制,分化,但一直延续到 1966 年。与此同时,20 世纪初印尼也兴起了一场印度尼西亚民族主义运动。1928 年 10 月 28 日在巴达维亚(雅加达)召开的印度尼西亚青年大会以决议的形式确定通俗马来语为建设统一的印度尼西亚民族语言之本,并正式命名为印度尼西亚语,宣称:"我们,印度尼西亚的儿女,承认我们只有一个祖国——印度尼西亚","只有一个民族——印度尼西亚民族","只有一种语言——印度尼西亚语"。这两场运动的结果是:印尼的土生华人和新客华人的日常语言统一于印度尼西亚语,同时,受过华校教育的印尼新华人基本上掌握了华语,虽然还不太纯正。①

1965年,印尼发生"九三〇"事件,所有与中国有关联的华侨团体都被宣布为非法。1966年,所有华文媒介学校被查封,27.2万学生失学。此后,华人不但不许说华语,用华文,而且被呼吁取用印度尼西亚文名字;华文出版物被禁绝,在海关,华文出版物与毒品、武器一样作为危险品禁止运入。经过32年的强迫同化,印尼懂华文的华人数量锐减,有一代多新生华人不会华语华文。

目前,印尼大多数华裔青年完全不懂华语和华文。华语和汉语方言主要存在于年龄在45岁以上的中老年华人以及加里曼丹岛坤甸、山口洋,苏门答腊岛棉兰、北加浪岸等城市的华人社区中,这些社区由于华人比例大(加里曼丹的山口洋华人占当地总人口的60%,坤甸市占32%,孟加影县占30%)、远离首都等原因,华人的华语或者汉语方言并没有中断,但懂华语和汉语方言的年轻人基本是文盲。据2002年的调查,100%的印尼华人被访者回答自己会说印度尼西亚语,会讲英语的62.5%,会讲华语的60%,其中一部分能进行一般的华语交流,但大多数只掌握了初级华语,60岁以上的都懂华语。当被问及"您认为日常生活中哪种语言最重要"时,92.8%的华人认为印度尼西亚语最重要,英语第二,华语第三;当问及"您与朋友交往时,主要使用哪几种语言"时,98.2%的华人回答是印度尼西亚语,27.4%回答是华语,4.8%回答是汉语方言(客家话、福建话、广府话等),4.2%回答是英语;当被问及"您在家里主要使用哪种语言"时,98.2%的华人使用印度尼西亚语,36.9%的华人用华语,13.1%的华人用汉语方言,4.2%的华人用英语。在几种方言中,客家话排第一,福建话第二,广府话第三,潮州话第四。② 这些比例可能不准,但大体可以说明印尼华人使用华语及其他语

---

① 参见杨启光《印度尼西亚华人的日常用语及其文化认同探析》,载李如龙主编《东南亚华人语言研究》,北京语言文化大学出版社1999年版。
② 参见温北炎《试析印尼华文教育的几个问题》,《暨南大学华文学院学报》2002年第2期。

言的情况。有媒体报道,全印尼400多个华社除了校友会基本成员还识华文外,大半的华社成员都是华文盲,第二、第三代的青年人、壮年人很多不识一丁,身为华人,连自己的华文姓名都念不清。印尼华人中拥有世界最大的华文文盲大军。[①] 另一个数据是,1957年印尼有18家华文日报,总销售量近30万份;目前印尼几份华文报纸的销量才3万份。印尼儒学会的余麦风先生估计,目前印尼华人中懂华语的只有5%。最近几年,印尼华文教育有了较大发展,印尼华人子弟来华(包括到中国大陆及中国台湾)留学的人数可观,有人估计最少每年2000人,有人甚至估计上万人。华人懂华语的情况会有所改善,但总的比例相当有限。

印尼政府在1967年与中国断交,1990年复交。在断交期间,中国台湾地区与印尼还有一定来往。在台湾读过书的印尼华裔青年写繁体字,用注音字母;台湾"侨委会"为印尼编写的教材也用繁体字和注音字母。印尼的《世界日报》是台湾联合报系主办的中文报纸,用繁体字,据说该报打算改为繁简混排,但目前他们所用的软件还不具备这个功能。官办的《印度尼西亚日报》多年来一直没有中断,但一直坚持用繁体字,而且很多文章是从印尼文硬译为中文的,半通不通现象比较严重。

## 四、泰国华人的语言状况

泰国位于中南半岛中南部。1238年开始形成较为统一的国家,原名暹罗。1932年改为君主立宪制国家,1939年更名为泰国。

泰国面积513115平方公里,人口6308万(2003年12月31日)。全国有30多个民族,泰族为主要民族,占人口总数的40%,老挝族3.5%,马来族3.5%,高棉族2%,此外还有苗、瑶、桂、汶、克伦、掸等山地民族;泰国华人总数估计有600万(含21万华侨),约占总人口的10%(1999年)。有人估计泰国华人,包括含华人血统者有1000万,占总人口的20%多。华人在泰国分布地域很广,其中在首都曼谷,华人占总人口的2/5。泰国以泰语为国语。泰国

---

[①] 参见徐耀宗《华文教育当务之急》,载《第三届印尼华文教育研讨会论文集》,雅加达,2005年版。

是宗教国家,90%以上的居民信仰佛教,马来族信奉伊斯兰教,还有少数人信奉基督教新教、天主教、印度教和锡克教。

泰国实行9年制义务教育。14至15岁的公民识字率为96.6%(2004年)。主要华文报纸有《新中原报》、《中华日报》、《星暹日报》、《亚洲日报》、《京华中原日报》和《世界日报》。

早在13世纪,就有中国东南沿海的闽粤人移居泰国。19世纪初,由于中国不断发生饥荒和内乱,加上到暹罗经商容易成功,以汕头人为主体的华人就大规模地移民到泰国。1952年,泰国有华人华侨250万人,占总人口的14%。其中潮州人占56%,客家人占10%,海南人占12%,广府人和福建人各占7%。当时的曼谷人口有一半以上是华人华裔。全泰华人以潮州籍为最多,约为441万人,占华人总数的70%。其次是客家人,占华人总数的16%。此外还有部分海南籍华人。

华人迁徙泰国,带去了家乡的各种方言,包括潮汕话、闽南话、客家话、广州话和海南话,其中潮汕话在泰国流传十分广泛。在泰国,除了潮汕人会讲潮汕话外,一些讲其他汉语方言的人和居住在华人聚居区的泰国本地人也学会了潮汕话,潮汕话成了泰国人的混合语。至于华语,大部分泰国华人是不会讲的,只有泰国南方,因为与马来西亚接壤,贸易活跃,讲华语有利于做生意,所以这个地区的华人会说普通话和几种方言。另外在泰国北部清迈、清莱,由于华人是国民党人移民的后代,只会说华语或者带云南口音的普通话。泰国华人比较集中于首都曼谷地区和暹罗湾沿岸各省,其中居住在曼谷的最多。据2001年文献报道,曼谷总人口中约2/5都是华人。他们与泰族及其他民族一样,效忠皇室,使用泰人姓氏,接受泰国风俗习惯,普遍使用泰语。英语在泰国的普及程度也比较高,不仅政界、学术界能够流利使用英语的人数较多,而且平民百姓当中能用英语进行简单会话的人也随处可见。根据刘岩对曼谷华人语言观的调查[①],在曼谷存在着两种不同性质的熟练双语人,一种是泰语兼汉语方言者,另一种是泰语兼华语者,前者的

---

① 参见刘岩《泰国曼谷华人的语言观》,《民族教育研究》2001年第4期。

数量远大于后者。50岁以上的年龄段中,很多人能够用祖辈传下来的汉语方言流利交谈。他们的正式用语都是泰语,但在生意场上或人际交流中则能根据不同对象自由换用潮州话、客家话、海南话。能说华语的人数要少得多,且年龄偏低。在曼谷也有两种不同性质的非熟练双语人。一种是熟练掌握泰语,可兼用少量华语的;另一种是熟练掌握汉语方言,而泰语并不精通的。前者多见于四五十岁左右的人群,数量比较多;后者数量很少,大多见于70岁以上的老年人。

泰国华人在华语问题上很矛盾。一方面,他们认为华语是保持和传承民族文化、维系族人情感的主要纽带,对华语有着浓厚的天然感情;并且由于华人在泰国的经济地位较高,在政坛上也比较活跃,所以常以自己的身份而自豪,完全不避讳自己会说华语,而是引以为荣。另一方面,他们也有不重视华语甚至放弃的一面。因为在泰国现实生活中,华语的实用价值已大大下降;同时,由于华人与泰人通婚使华人子女使用语言的随意性大大增加,华人家长也减弱了对子女学习华语的要求。

泰国华语书面语一直沿用繁体字,手写和报纸都是这样;其报纸竖排为多,横排却从右到左,从而在夹杂阿拉伯数字的时候很难读,比如:

元亿1666失损接直灾洪国中

这是一则消息标题,意思是:"中国洪灾直接损失1666亿元"。通栏从右向左读,其中的阿拉伯数字1666却得改为从左向右读,甚为不便。从2005年起,一些报纸开始使用简体字,版式也开始出现从左到右的排法。

### 五、菲律宾华人的语言状况

菲律宾共和国位于亚洲东南部,人口8400万人(2004年),其中马来族占总人口的85%以上,其次是华人、阿拉伯人、印度人、西班牙人、美国人。该国有70多种语言,菲律宾语是国语,英语是官方语言。菲律宾曾经遭受西班牙统治300多年,1901年起遭受美国统治40余年,1942年至1945年被日本占领,1946年独立。

1999年的文献显示,菲律宾华人总数约100万,其中绝大多数已加入菲律宾国籍。菲律宾华人有96%祖籍福建省,其余的多属于广东省。其中第一代移民仅占10%,第二、第三甚至第四代华裔菲律宾人占90%。现有约4万名新移民来自中国大陆和港台。这些华人有60%生活在马尼拉地区,其余则散居于各地。菲律宾有5种华文报纸:《世界日报》、《华人商报》、《环球时报》、《联合日报》、《菲华时报》,总发行量约3万份左右。

菲律宾华人融入当地的程度很高。据1998年文献报告,菲律宾有华人血统者应有1300万人左右。其主要原因是,1946年7月4日独立以后的菲律宾政府实行种族主义政策;1950年宣布完全禁止中国移民入境,菲律宾华人与当地妇女通婚现象比较普遍。1973年的调查发现,有86%的纯华人学生宣称信仰基督教,44.6%的受访者认为自己可能缔结异族婚姻。[①]

菲律宾华人的经济基础普遍较好,受教育程度也高于其他民族,其中30岁以下的有80%以上大学毕业。由于1975年菲律宾实施华校菲化,原有华校除允许每周教授10小时华文课程(作为外国语课程)外,与菲律宾其他私立学校完全一样,菲律宾华人的华语保持状况较差。菲律宾华人问题学者Gerald Mcbeath在1969年曾对马尼拉和一些省会城市的华人学校进行了一次问卷调查,受访者3100名。结果表明,大部分华人学生已经不大会说华语,更不用说使用华文进行读写了。他们和他们的父母使用英语和菲语的情况如下:

表2—1

| 使用英语的情况 | 熟练(%) | 半熟练(%) | 不懂(%) |
| --- | --- | --- | --- |
| 父亲 | 33 | 62 | 5 |
| 母亲 | 44 | 51 | 5 |
| 学生[②] | 60 | 39.4 | 1 |

---

① 参见黄滋生《菲律宾华人的同化和融合进程》,《东西亚研究》1998年第6期。
② 本行与表2—2"学生"一行数据相加不是100%,原材料如此,此处引用仅供参考。

表 2—2

| 使用菲语的情况 | 熟练(%) | 半熟练(%) | 不懂(%) |
|---|---|---|---|
| 父亲 | 23 | 56 | 21 |
| 母亲 | 12 | 48 | 40 |
| 学生 | 36.4 | 63 | 0.5 |

而菲律宾另一位华人问题学者德里西塔·昂·西在1989年对31名华人学生的调查结果表明:能流畅地说英语的有68.24%,能流畅地说菲律宾语的有85.3%,能流畅地说华语的有24.4%,能流畅地说福建话的有47.5%。①

菲律宾华人坚守华文阵地的最后一个角落是家庭,但下面的数字对比让人们相信,这个角落也是注定要沦陷的。Gerald Mcbeath 在60年代末调查的结果是,当被问及"你的家庭经常使用什么语言"时,回答是英语或菲语的为47%,回答是华语的为53%;当被问及"你最喜欢什么语言"时,有56%的人回答喜欢菲律宾语,44%的人回答喜欢华语。而德里西塔·昂·西在1989年的调查结果是,77.94%的人在家里说两种语言,11.29%的人只说英语或他加禄语(菲律宾方言),只有11.29%的人只说华语。而且,这些在菲律宾出生的华人能说的华语,是一种带菲语腔并用菲语句法构成的华菲掺杂在一起的语言,让人一听就知道他们是菲律宾华人。②

据报道,能够流利地使用华语或中国方言的年青一代菲律宾华人已不多见,越来越多的菲律宾青年忘记了自己的母族语言,转而使用菲律宾语或英语。③有学者指出,至迟在20世纪90年代中期,菲律宾华人已基本上同化于菲律宾。④

## 六、日本华人的语言状况

日本有近1.28亿人口(2004年),通用日语。在日本的华人2003年突破50万,其中有一半左右居住在东京及周边地区的神奈川县。

---

① ② ③ 参见曹云华《转型期的菲律宾华人社会》,《八桂侨刊》1999年第3期。
④ 参见黄滋生《菲律宾华人的同化和融合进程》,《东南亚研究》1998年第6期。

1945年中国的抗日战争胜利后,中日关系僵持多年,但日本与中国台湾保持关系。日本华人中,台湾华人一度占数量上的优势。1972年中日实现邦交正常化。中国大陆移民是从20世纪80年代后半期开始大量进入日本的,从5万多增加到今天的50多万。其中从辽宁、吉林、黑龙江去的达12.8万,占在日华人的33.55%。在日华人有约30%的是华侨,35%是留学人员,也有不少是非法居民。日本华侨华人中有2/3的人未入日本籍,政治认同尚未当地化。据记载,1945年在日华侨70%将其子女送往全日制的华侨学校接受教育。目前日本的华侨学校仍以华侨为主要教育对象,以确定中国人之自觉或弘扬中华文化为建校宗旨,全日制教学。

日本华侨学校的教育体系完全独立于居住国教育体系之外。但由于新移民居住分散,尚未形成社区,加之不少家长从培养国际人才的角度考虑子女的语言教育问题,因此很多华侨华人子弟在日本公立学校读书。日本华侨华人的语言状况大体上是华侨华人之间讲华语,在社交生活中则讲日语。中国台湾去的老华侨华人仍能讲台湾方言。

## 七、亚洲其他国家华人的语言状况

关于东南亚其他国家华人的华语状况,这里只引述华侨华人史专家庄国土2001年发表的一项调查资料。1995年,庄国土就同化问题考察了印度支那半岛121家有中文招牌的商店,其中泰国48家,地域包括东、北、西部的6座城市;越南的胡志明市(包括提岸)、会安共41家;老挝的万象16家;柬埔寨的金边16家。在这121家商店中由当地华人开的商店有109家。这些店都有人能熟练地讲华语或者潮汕话、广州话、闽南话。其中年龄在55岁以上者65人(大多是当地出生的第二代,少数是第一代移民),几乎都会讲熟练的华语。年龄在30至45岁者共57人,约一半能讲华语,但不太熟练,他们大部分都在华文小学或中学读过书;另一半都不能讲或只能讲几句极简单的华语,其子女(14岁以下)几乎都不会讲华语。年龄在18至30岁之间的华人商店店员共28人,约有40%会讲较简单的华语,主要是在华文小学或培训班学习过。这种语言培训班(1~3年)类似商业语言班,学习目的主要是为了做生意。华语在这些地区具有商业价值。据调查,在越南和柬埔寨,会一般华语的店员工资大约可高 30% 至 60%,这两国会华语与会英语的商业价值几乎相当。在庄国土访问过的华人小餐馆及其他服务行业中,年龄在 20 至 40 岁之间的华裔略懂华语者不超过 20%,至于这些行业之外,懂华语的就更少了。庄国土指出,印支半岛乃至整个东南亚,华人已显示日益丧失掌握华语的趋势,正如欧美地区的第二代华人一样。①

## 八、北美华人的语言状况

美国有 2.83 亿人口(2001 年),其中白人约占 82%,黑人约占 13%,亚裔约占 3.3%。据文献记载,1990 年美国人口普查时华人人口为 164 万,1997 年美国华人约 265 万②,2003 年美国华人估计在 350 万以上。③ 美国以欧裔人口为本土国民,墨西哥移民为第一大移民群体,华人为第二大移民群体。

美国华人多集中居住在加州、纽约和夏威夷。1990 年人口统计显示,加州华人占华人总数的 42.8%,纽约及郊区华人占 17.3%,夏威夷华人占 4.2%。华人最多的另外 7 个州是:得克萨斯、新泽西、马萨诸塞、伊利诺、马里兰、佛罗里达、宾夕法尼亚。这些华人 97% 居住于大都会。据报道,美国华人社会是一个以外国出生华人为主的社会,在美国华人中土生华裔只有 30%。④

美国华人使用最多的语言是英语和中文(含汉语普通话和方言)。非土生的美国华人可分为两部分,一部分是 20 世纪 60 年代前去美的旧移民,另一部分是 20 世纪 60 年代以后去美的新移民。60 年代前去美的旧移民多保留粤方言;60 年代以后去美的新移民绝大多数来自中国大陆及港澳台,使用汉语普通话或自己的方言,少数属印支华人难民,除掌握原来居住国的语言(越南语、柬埔寨语、老挝语等)外,还掌握汉语普通话、闽方言、粤方言、客家方言等。

---

① 参见庄国土《华侨华人与中国的关系》,广东高等教育出版社 2001 年版。
② 参见孙兰英《美国华人社会地位的变化及其展望》,《信阳师范学院学报》1997 年第 1 期。
③④ 参见李小兵等《美国华人:从历史到现实》,四川人民出版社 2003 年版。

美国华人的英语怎么样？1990年人口普查资料显示，除了6.9%的5岁以下小孩外，不会讲英语的占6.7%，其余86.2%都会讲英语，而且大多数讲得非常好或比较好；有15.1%仅能讲英语。从这里也可以看出，不会讲汉语的至少有15.1%。研究表明，美国华人中10至19岁人群的英文程度最好，60岁以上的最差，而且华人英文水平的高低与其在美国居住的时间长短相关。

至于美国华人的中文（包括普通话和汉语方言）水平，1990年人口普查资料表明，在家庭和非官方场合讲中文的人数占华人总数的75.9%，而1980年时，该项统计的数据是79.5%。①

老一代美国华人的祖籍地多为中国的珠江三角洲。20世纪80年代以后的新移民也有很多来源于珠江三角洲。此外，还有来自福州、上海、北京、温州、东北、四川等地的人，其中福州人的数字增长最快。老一代华人多数只会讲方言，新移民则不少既会普通话，也会一种汉语方言。

总的来说，1980年以后，由于新移民的不断加入，珠江三角洲不复为美国华人移民的主要来源地。相应地，普通话也渐次取代广东话，成为美国很多华人社区的通用语言。②

据研究，美国纽约有27%的华裔与异族通婚，而夏威夷的檀香山及洛杉矶比率更高。这标志着华人已逐步融入美国主流社会。但华人社会在美国现代化的调适中，并未丧失自己的民族情感和传统文化，华人大多数要求子女必须学习中文。有的老华侨在美国居住三四十年，依然乡音不改。③

美国有多种中文报纸和多家中文电台，美国华人收听收看中国大陆和港台电台、电视的也比较普遍。

加拿大人口3175.28万（2004年1月）。其中，英裔人口占42%，法裔人口占26.7%。华裔人口占3.43%，约109万，为第三大族群。加拿大采取双

---

① 参见黄润龙、鲍思顿《九十年代初美籍华人社会经济态势研究》，《人口与经济》1998年第3期。
② 参见李小兵等《美国华人：从历史到现实》，四川人民出版社2003年版。
③ 参见李其荣、易小刚《美国现代化与华人社会的调适》，《世界民族》1997年第2期。

语政策,英语、法语都是国家官方语言。非英语、法语者选学的语言主要是英语,所以在加拿大讲英语的人是讲法语的人的2倍。

1981年加拿大华人只有29万人,此后人数激增。加拿大华人以新移民为主体。加拿大华人中香港人最多,占60%,大陆人占20%,台湾人占10%。香港人讲粤方言,台湾人有的讲闽南话,有的讲普通话,大陆去的多数会讲普通话。此外还有少数从东南半岛去的印度支那华人难民,会讲潮州话和福建话。

加拿大华人主要居住于大中城市。其中多伦多和温哥华是最集中的地区,加起来超过50万;蒙特利尔、卡尔加里、艾默顿三市华人也都在5万以上;渥太华、维多利亚、温尼伯等地也有不少华人。[①] 据统计资料显示,2002年多伦多讲中文的人口已有35万多;在聚居了40万华人的温哥华地区,74%的华侨华人有阅读中文报纸的习惯,而收听、收看中文电台、电视的华侨华人比例为61%和64%。由于英语不好,或者不会法语,几十万加拿大华人新移民在生活上有诸多不便,所以银行、电讯等众多行业纷纷成立了国语服务中心。

目前,加拿大各类中文报刊有50多家,电台10多家,电视台6家,互联网站60多家。其中中文报纸中的三大日报是《星岛日报》、《明报》和《世界日报》,均为港澳台背景;大陆移民创办了《环球华报》;其他的均为周报、半月刊等。[②]

## 第三节　海外华语的特点

不同时期移民海外的华人,其掌握华语的情况不同。早期华人出国前就只掌握一种汉语方言,出国后也没有必要讲普通话,所以始终没有学习和使用普通话。20世纪上半叶一些国家的华侨华人通过泛华运动、兴办华文学校而

---

① 参见宋泳《八十年代以来加拿大华人社会的发展与变化》,《八桂侨刊》1998年第2期。
② 参见吕伟雄《海外华人社会新观察》,岭南美术出版社2004年版。

推广华语，使大批华侨华人特别是年轻华侨华人有机会学习华语，从而使华语成为华人社会能够普遍流通的共同母语。

但是，海外华语的环境与大陆、台湾的普通话环境相比要艰苦得多。首先，海外华语始终与闽、粤以及客家等汉语方言共存，北美、欧洲不少国家、地区一直存在以广东话教学的中文学校，以及教授注音字母、繁体字的中文学校，甚至不少中文报纸全部使用繁体字，使海外华语受到方言和繁体字的影响，规范不如普通话明晰，分歧混乱不少。其次，20世纪60年代以后东南亚的排华和强迫同化政策使海外华语与中国大陆失去交流，像印尼持续达32年之久，从而使其华语表现出保存文言的典雅性和一定程度上的滞后性。① 第三，海外华语都处于所在国语言的包围之中，其受到所在国语言的影响是在所难免的，这表现在语音、词汇和语法等多个方面，尤以借词最为突出。

海外华语的面貌究竟怎样，目前研究还很不够。下面根据有限的研究（主要是对东南亚某些国家的华语的研究）简要叙述一下海外华语在语音、词汇、语法乃至文字方面的特点，及其对华语教学的影响。

## 一、语音方面

与海外华人特别是东南亚华人接触多的人都会感到他们的语音在标准性方面与中国大陆、台湾的普通话有差异。这些差异主要表现在：②

1. 华语比普通话摒弃了更多的北京话儿化音。

2. 华语中的双音词重音格式有两类：一类是"重轻式"，即先重后轻，如"葡萄"；另一类是"中重式"，即两个字的声调都不改变，但前一个字比后一个字读得轻一些，如"蚂蚁"。普通话中则没有这样的规定。

3. 华语由于闽粤方言的影响带有额外的声调。比如入声，在普通话里已

---

① 参见刘文辉、宗世海《印尼华语区域词语初探》，《暨南大学华文学院学报》2006年第1期。
② 参见田惠刚《海外华语与现代汉语的异同》，《湖北大学学报》1994年第4期；卢绍昌《华语论集》，〔新加坡〕金昌印务1984年版；郭熙《域内外汉语协调问题刍议》，《语言文字应用》2002年第3期；李秀坤《印尼坤甸等六市华文教育现状调查研究》，《广东外语外贸大学学报》2003年第2期。

经不存在了，而在海外华语中还有入声存在。马来西亚华语的声、韵、调都和今天的普通话有所不同，其中最突出的是有入声而无轻声和儿化。

据观察，东南亚华人的华语在语音方面有两个明显特征：一是声母没有 zh、ch、sh、r 等翘舌音，这几个音被发为 z、c、s 等平舌音；二是其声调问题较大，主要表现在调值不准。比如印尼爪哇岛的华人，即使是讲华语也有较浓重的爪哇腔，西爪哇有的华人讲"印尼"(yìn ní)听起来像"银腻"(yín nì)，讲"万隆"(wàn lóng)听起来像"玩弄"(wán lòng)。王功平以实验语音学的方法对印尼华裔留学生发上上连读音的情况进行了测量，发现他们上上连读时声调听起来不自然，带洋调，具体表现是调域偏小，最大音高值偏低和发音时时长偏长，且前后字时长比例不合理。这一结论未必能看作印尼华语乃至整个海外华语的声调特征，但其结论和研究方法能给我们以启发。[①]

## 二、词汇方面

海外华语由于曾与中国大陆及台湾的普通话有不同程度的相对隔绝、表达上的特殊需要、受所在国语言及英语的影响等原因，表现出与普通话词汇不同的特点，这些特点大体可以概括为以下三个方面：

1. 有一些表达海外华人社会特有概念的词语。例如：

资政（Senior Minister，高级部长，位在总统、总理之下）

组屋（政府为人民所建造的住宅，有多种形式）

锁车区（指非法停车则车轮将被交警锁住的地区）

水上德士（德士即出租车，的士；水上德士是一种小型的机动船）

学生托管中心

度岁金（贺岁金，指基金会、宗乡会馆或公会等机构或团体，为怜贫恤老，在农历岁末发给老人的红包）

七月歌台（指为庆祝中元节而举办的露天演唱会，从农历七月初一至

---

[①] 参见王功平《印尼华裔留学生汉语普通话双音节上上连读调偏误实验研究》，《暨南大学华文学院学报》2004 年第 4 期。

七月三十,为期一个月,每晚都有)

  5C(简称,含义有二:一种是物质的,即 career(事业)、cash(现款)、credit card(信用卡)、car(汽车)和 condominium(共管公寓中的一个单位);另一种是精神的,即 character(品格)、culture(文化)、courtesy(礼貌)、community(社会)和 commitment(献身精神))

以上词语为新加坡独有。①

  牛油果(Apokat,鳄梨,此水果含油量多,可榨油)、臭豆(Petai,又名"香豆",印尼特产)、加多加多(Gado-gado,一种凉杂拌菜)、花牌/花板(用鲜花镶嵌在一块板上,组成一些图案和文字,可以作装饰、宣传用)、昂格隆(Angklung,一种竹制乐器)、哇扬(Wayang,花夹,即爪哇皮影戏,傀儡戏)、新秩序时代(Jamau Orde Baru,指 1966 年至 1998 年苏哈托军人政权时代)、加加恩(KKN,新秩序时代风行的裙带关系)。

这些词语印尼独有。②

2. 有不少词语在意义和用法上与普通话相同,但在形式上却与普通话不同。例如:

  病患(患者)、灵犬(警犬)、窗扉(窗户)、两造(双方)、令状(公文)、庭令(判决书)、堂费(诉讼费)、终站(终点站)、踢死狗(迪斯科)

以上为新加坡词语。③

  课题(问题)、大衣(西装)、饭盒(盒饭)、入口(进口)、计算机(计算器)、卫生所(殡仪馆)、卫生间(指家中停放死者的灵堂)、药房(指诊所)

以上为马来西亚词语。④ 其中有的华语词语与普通话形同义异,比如"卫生所"、"药房"等,若按普通话理解就大错特错。

3. 有的词语在形式上与普通话一样,但是意义和用法与普通话不同。除

---

① 参见汪惠迪《华语特有词语:新加坡社会写真》,《扬州大学学报》1994 年第 4 期。
② 参见刘文辉、宗世海《印尼华语区域词语初探》,《暨南大学华文学院学报》2006 年第 1 期。
③ 参见贾益民、许迎春《新加坡华语特有词语补例及其与普通话词语差异分析》,《暨南大学华文学院学报》2005 年第 4 期。
④ 参见郭熙《域内外汉语协调问题刍议》,《语言文字应用》2002 年第 3 期。

了上面所说"卫生所"、"药房"等外,还如:①

| 普通话: | 新加坡华语: |
|---|---|
| 还(归还) | 还 ＋ 付/交 |
| 分别 | 分别 ＋ 区别(不同) |
| 了解 | 了解 ＋ 理解 |
| 经验 | 经验 ＋ 经历/感受 |
| 幼 | 幼 ＋ 细 |

例如"还",普通话的"还钱"只针对借款而言,新加坡的"还"除此之外还表示"交付",在市场、商店付款时说"到那边还钱"、"还钱没有"等。印尼等国也如此,据说这是受闽南话影响所致。

## 三、语法方面

方言间的差异语法最小,普通话与海外华语也是这样。据一些学者研究,海外华语语法与普通话的不同主要有以下几点,这几点多与汉语闽方言、粤方言语法有关。

1. V＋Adv:我走先。/吃饭先。

2. "有"＋V:你有吃吗?/他有去过。

3. V＋O＋"一下":关灯一下。/谈话一下。/帮忙一下。

4. "不"的用法同于"没有/未":至今为止,泰国旅游机构还不发现旅游业受到任何冲击。/他不被批准的那个项目准备搞成语言对比。②

## 四、汉字方面

海外华语由于并不像中国大陆那样有严格的规范,以及由政府、国家、学

---

① 参见周烈婷《从几个例子看新加坡华语和普通话的词义差别》,《语言文字应用》1999年第1期。

② 参见郭熙《域内外汉语协调问题刍议》,《语言文字应用》2002年第3期;田惠刚《海外华语与现代汉语的异同》,《湖北大学学报》1994年第4期;曾晓舸《论泰华语书面语的变异》,《云南师范大学学报》2004年第4期。

校进行的规范化运动,所以在汉字的书写印刷方面显得比较混乱,不管是手写的汉字还是新闻、出版领域都是这样。具体表现如下:

1. 繁体字、异体字还在使用。有的国家不管手写还是报纸、杂志、书籍都用繁体,例如泰国。在泰国,报纸排版以竖排为多。近几年报纸上简体字、横排也已出现,呈现出繁简并用、竖排横排兼有的局面。印尼的《印度尼西亚日报》和《世界日报》仍为繁体,《千岛日报》、《国际日报》和《呼声》、《印尼文友》等刊物是简体。欧洲、北美也有繁体中文报纸。海外华文学校还有不少一直使用台港编写的繁体字教材。在一些海外华人中,繁体字被叫做正体字(受台湾影响)。异体字的使用也有一定的市场。例如:利害(厉害)、炮竹(爆竹)、完旦(完蛋)、吧了(罢了)。[①]李秀坤报告了印尼坤甸等6座城市333份华文教师答卷中的汉字书写情况,指出这些教师不但使用繁体字(5万多字的书写材料中共出现繁体字148个),而且使用异体字(19个)。[②]

2. 错字、别字时有所见。海外华人手写的错别字不在少数,特别是四五十岁以上的老华人。李秀坤发现[③],在印尼华文教师5万多字的书写材料中共出现了69个错别字。即使是华文报纸、杂志,错别字也时有所见,特别是东南亚国家的华文报纸、杂志。

了解海外华语的特点,对于有针对性地开展华文教学,提高华文教学的质量,有很大好处。

首先,对于编写有针对性的华文教材有价值。海外华文教师常常呼吁编写适用于不同国度、不同地区的华文教材,原因是针对性、适用性不强的教材不能满足学习者的需要。海外不同国家、不同地区有一些不同的特有词汇,这些词汇可以在为这些国家编写中高级华文教材时吸收进去。

其次,对于提高华语的规范性有好处。海外华语与普通话相比较有不少相异之处,其中有的应视为不规范用法,比如某些语法问题,错字、别字,没有必要的繁体字、异体字。普通话、汉语拼音以及简体字,都是中国政府认可的

---

① 参见田惠刚《海外华语与现代汉语的异同》,《湖北大学学报》1994年第4期。
②③ 参见李秀坤《印尼坤甸等六市华文教育现状调查研究》,《广东外语外贸大学学报》2003年第2期。

规范,也是作为联合国工作语言之一的国际标准,在承认海外华语合理的多样性的同时,也应使华文教师、华文学习者树立必要的汉语规范意识,对他们的不规范用法加以引导。

第三,可以提高华文教学的针对性。比如,在语音教学方面,防止华裔学生保留华语中存在的入声调;在词汇、汉字教学中,通过引导辨析正误,教会学生规范的普通话、华语词汇和汉字,减少学生的不规范用词和错别字;在语法方面,教会学生正确的语法,纠正他们可能出现的语法错误。

**思考和练习**

1. 试从历时的角度,简述海外华人社会的形成和发展。
2. 查阅最新资料,用数据描述海外华人社会的分布。
3. 简述闽、粤两地海外华人的分布。
4. 谈谈海外华人、华侨使用汉语方言和华语、普通话的情况。
5. 谈谈海外华人、华侨的双语并用、多语并用情况及其消长趋势。
6. 考察一个国家,看看那里的华语在语音、词汇、语法方面有什么独特之处。

# 第三章 海外华文教育事业的发展

## 第一节 海外华文教育发展史概述

海外华文教育事业是随着华人移民人数增加、移民后代人数增加而兴起和发展的。由于华人移民海外的地域分布不同,移民时间和规模有别,加之各国的政治、经济、文化情况各异,海外华文教育的发展呈现多样性。大体而言,东南亚华人移民早,人数多(一般认为占海外华人总数的85%),华文教育历史更久;美洲、大洋洲、欧洲华人移民晚,人数少,其华文教育历史相对较短,规模较小;非洲华人最少,其华文教育规模相对更小。海外华文教育在20世纪初由于中国政府的支持推动正式兴起,60年代以后落入低谷,直到70年代末才逐步出现复苏迹象,到90年代基本形成复苏潮流。海外华文教育的发展大体上可以划分为三个阶段:(1)旧式华文教育阶段;(2)华侨教育阶段;(3)华文教育阶段。各国华侨教育转入华文教育的时间先后不同。

### 一、海外华文教育的滥觞:旧式华文教育

华侨社会从唐宋时期开始,到明清时期逐步形成。它最先是在中国的周边国家出现,以后逐步扩展到美洲、大洋洲和非洲。[①] 华文教育的早期形式是私塾、义学和书院,其中私塾是个人所办,招徒授业;义学为华社团体所办,是

---

① 参见林蒲田主编《华侨教育与华文教育概论》,厦门大学出版社1995年版,第21~22页。

旧式华文教育的主要形式;书院层次更高一些,但离现代新式学校仍有很大距离。

　　据研究,早在1690年印尼的巴达维亚(今雅加达)就开办了明城书院,这是海外华文旧式学校有文字记载的开始。1786年,槟榔屿曾发现华侨教师张理之的坟墓。据德国牧师Thomson记载,1829年新加坡已有3间私塾;1849年和1854年新加坡创办了崇文阁书塾和萃英书院,后者一直延办到1957年才停办。1881年中国首任驻新领事到任,主张保侨要道是振兴文教,催生了不少旧式学校的诞生。此外,富人自设私塾,或士子自设帐授徒,或开设夜校补习的也不少。[①] 类似的旧式学校在缅甸、加拿大、美国等地也有。1900年,印尼全国有439间私塾和义学,这些旧式学校的学生有7835人。[②]

　　海外华侨兴办旧式教育机构,开展华文教育,其原因不外有以下几点:(1)为了使华人子弟学会在商贸往来中记账或者与国内交流沟通。(2)为了子弟承继父业。(3)为了子弟承继圣贤遗训,防止受到当地教化。这些旧式教学机构大多借用会馆或者神佛庙作为教学场地;所教的内容大体与中国私塾无异,以《四书》、《五经》、《三字经》、《百家姓》、尺牍、珠算为教学内容;其教师多为中国科举落第者和星相签卜之辈,他们因为失意而远走海外教学为生;其教法则多主张背诵强记,对课文不作解释;其教学语言也是闽、粤方言。[③]

　　从1690年印尼华侨创办第一间华侨义学,到1897年日本横滨华侨创办新式学校止,前后约200年。这期间华侨学校不论办学形式、规模、学生、教学内容都没有很大变化,主要特点是办学形式上私塾、义学、书院并举,而且学校少,学生、教师少。以新加坡为例,20多万华侨只有一所萃英书院和数所私塾,而德国传教士Thomson所记载的新加坡3间华侨私塾共有44人。美国

---

[①] 参见王秀南《东南亚教育史大纲》,〔新加坡〕星、马、台王教授寿仪印书委员会1989年版,第61~62页。

[②] 参见黄昆章《印度尼西亚华文教育发展史》,马来西亚华校教师总会2005年版,第29页。

[③] 参见朱敬先《华侨教育》,台湾中华书局1972年版,第12、13页;庄国土《华侨华人与中国的关系》,广东高等教育出版社2001年版,第195页。

旧金山数万华人只有大清书院几十名学生。①

## 二、从华侨教育到华文教育

现代意义的海外华文教育肇始于19世纪末20世纪初,以1897年日本横滨开办的新式学校中西学校(大同学校)为标志。当时中国半殖民地半封建的社会状况激发了中国人民的觉醒,学洋务、搞维新、废科举、兴学堂成为潮流。在中国政府新的侨民政策和保皇派(康有为、梁启超)、革命派(孙中山)等的努力下,海外新式华校纷纷建立。从此,华侨教育在南洋各国奇迹般地发展起来。到20世纪中期,华侨学校遍及南洋各国,最兴盛时,一个国家(如印尼)就有华侨学校1000多所,并形成了从幼儿园、小学、中学到师范、职业学校的较完整的教育体系。华侨教育的特点是:(1)华侨自己创办。(2)华侨自己管理。(3)认同于中国。其教学宗旨是保存中华民族文化,发扬爱国精神;其学制取自中国,教师来自中国,而课本、图书、仪器也购自中国,完全照搬中国的一套。(4)中国政府参与。(5)与中国的民族、民主运动密切相关。

其实,华侨教育,即使在全盛时期,也存在着种种矛盾,潜伏着危机。一旦情况发生变化,这一教育体系便会迅速瓦解。第二次世界大战正是促使华侨教育向华文教育转变的契机。首先,华侨教育受到了当地政府的严格限制、打击。其次,战后东南亚各国纷纷独立,民族意识日益强烈,出现了不少反华排华活动,华侨教育被认为是华侨不接受同化的原因所在,成了打击的重点。第三,战后华侨社会的变化,也使华侨教育失去了存在的土壤。20世纪50年代,一些与中国建交的国家和新中国政府解决了敏感的双重国籍问题,绝大多数华侨加入了当地国籍,成为外籍华人。

华文教育与华侨教育的不同至少有如下几点:(1)华文教育被纳入当地教育事业的轨道。(2)华文教育成为当地民族文化教育,无论是官方还是华人自身,都已将华文教育视作从属于居住国教育事业的民族文化教育,而不是像战

---

① 参见林蒲田《华侨教育与华文教育概论》,厦门大学出版社1995年版,第23页;庄国土《华侨华人与中国的关系》,广东高等教育出版社2001年版,第195页。

前那样完全追随中国的教育。(3)不具备完备的、全面系统的教育内容和形式,而仅着重于华语的学习和中华文化的传播。[①]

### 三、华文教育:从低谷走向复兴

由于各国华侨教育向华文教育转化的时间先后不一,这里只能作个大体的描述。详细情况参看本章第二节至第五节。

印尼的华侨教育在1958年到1966年间逐步走向衰落,而其华文教育,即印尼籍华裔兴办的华文教学则从1958年就开始了。由于华文课程的课时很少,且除华文课程外,其余课程都以印度尼西亚语为教学用语,所以籍民学校(华文教学学校)的学生华文程度比华侨学校的学生低很多。1966年,不但原有华侨学校被封,而且由印尼籍华裔所办的籍民学校也被关闭,或者改为国民学校。[②] 此后,印尼的华文教学只存在于个别地区的秘密家庭补习之中,以及少数特种民族学校所开设的华文教学课程里。

马来西亚的华文教学最有特色。1957年马来西亚独立后,一再制定和推行一元化教育政策。从1960年开始,政府把全国中小学分为国民学校(马来西亚学校)和国民型学校(其他民族学校,接受政府津贴,改制成国民型学校)。独立前马来西亚有1287所华文小学,至1969年底因为经费及生源关系均已改制成国民型小学,仍用华文作为主要教学媒介,并设马来文课。独立前有近百所华文中学,后来受到限制,有的接受改制成为国民型中学;1962年有16所坚持不改制,成为独立中学。目前,这种独立中学有60所。

20世纪50年代后,东南亚国家相继开始限制、禁止华侨学校和华文学校,华文教学走向式微。但是到了70年代末80年代初,海外华文教育(不限于东南亚)开始复苏,出现了转机,有的地区走上了复兴发展之路。这主要有以下几个原因:(1)由于中外关系的发展,新移民大大增加,特别是移去美洲、欧洲、大洋洲的新移民,导致了华文学习人群的增加。(2)中国实行改革开放

---

① 参见周聿峨《东南亚华文教育》,暨南大学出版社1995年版。
② 参见黄昆章《印度尼西亚华文教育发展史》,马来西亚华校教师会总会2005年版,第176、196页。

政策,经济发展迅猛,华文人才的需求增加。从20世纪90年代起,新加坡、马来西亚、菲律宾、泰国、柬埔寨、老挝、印尼等国政府均开始采取措施,鼓励发展华文教育。最近几年,亚洲、美洲、大洋洲、欧洲、非洲华裔人士学习华文的需求不断上升,形成了持续的中文热。①

## 第二节 亚洲华文教育的发展

亚洲国家,特别是东南亚国家是华侨华人移民最早的国家,也是华侨华人最集中的地方。1993年时亚洲的华侨华人占海外华人的89％,亚洲的华文学校占全世界华文学校的90％,仅东南亚,华文学校就占全世界的80％,而且种类、形式、层次齐全。②

### 一、印度尼西亚

据记载,印尼在1900年有439所私塾和义学,新式学校兴办以后不少还在继续办学。③

1901年巴城(今雅加达)中华会馆创办中华学堂,是印尼华侨教育走向正规的划时代标志。④ 中华会馆设6个部(组),其中有两个部(组)是管教育的,一是华文学校董事部及一般社会文化组织,一是英文学校董事部。会馆还制订了具体的兴办教育规划,其要点是:第一,按照中国当时已有的学堂制,参考日本学制(按:可能指日本的一所华文学校——中西学校),创办男子学校,设汉语、算术、历史、地理、修身等课程;第二,从中国聘请懂福建方言和新式教育者当校长;第三,以"正音"(即普通话)为教学用语。可见,其构想是甚为周全

---

① 参见林蒲田《华侨教育与华文教育概论》,厦门大学出版社1995年版,第63页;夏明菊《国际汉语教师志愿者计划与东南亚华文教学的发展》,《第三届印尼华文教育研讨会论文集》,雅加达,2005年,第166页。
② 参见林蒲田《华侨教育与华文教育概论》,厦门大学出版社1995年版,第29页。
③ 参见周聿峨《东南亚华文教育》,暨南大学出版社1995年版。
④ 参见黄昆章《印度尼西亚华文教育发展史》,马来西亚华校教师会总会2005年版,第31页。

和科学的。

1906年印尼华侨成立中华总会,是荷印侨团和华侨学校的中心组织。1907年改名为爪哇学务总会,专管华文教育。1911年又改名为荷印华侨学务总会。这个组织在大力推动印尼华文教育、组织监督教学质量、开展交流研讨方面发挥了很大作用。在总会推动下,中国爪哇成立了"南侨教育研究会",出版《教育周刊》52期;泗水成立"教职工联合会",出版《儿童与教育》刊物。[①]

在中华总会的规划、组织和管理下,印尼华侨教育发展迅速。1902年巴城中华中学附设女子班。1910年三宝垄设立华侨中学。从1901年到1957年,中间虽经短暂波折,印尼华侨教育不断发展,至1957年,全印尼有华侨学校1800所,学生42.5万人。表3—1是一组统计数据:

表3—1[②]

| 年代 | 华校数 | 学生数 |
| --- | --- | --- |
| 1919 | 215 | 16136 |
| 1926 | 313 | 31441 |
| 1935 | 450 | 45000 |
| 1940 | 465 | 52995 |
| 1950 | 816 | 227000 |
| 1957 | 1800 | 425000 |

从1958年起,印尼政府采取以下措施限制并逐步取缔华侨学校:(1)限制办学范围,只许在州或县政府所在地的158个地点开办外侨学校,这使乡、镇、村适龄华侨少年儿童失去了在华侨学校求学的机会。(2)取缔部分学校。1958年10月31日,亲台湾的华侨学校全部被接管,改为印度尼西亚国民学校。(3)禁止华侨学校招收印尼籍华裔学生。于是出现了两种教华文的学校:华侨办的华侨学校和印尼籍华人办的籍民学校。前者属于华侨教育,后者属

---

① 参见林蒲田《华侨教育与华文教育概论》,厦门大学出版社1995年版,第39页。
② 数据来源于黄昆章《印度尼西亚华文教育发展史》,马来西亚华校教师会总会2005年版,第86、126页。

于华文教育。1958年,全印尼的籍民学校有1100所,学生达25万人。(4) 1960年的排华事件使部分学校被迫关闭。(5)1965年,所有与中国有关联的华侨团体都被宣布为非法。1966年,所有华文媒介学校被查封。①

1968年,苏哈托总统颁布号令,允许民间人士组织特种教育基金会,负责开办特种民族学校,学校归教育部门管理,学生可学少许华文。这种学校的基金会负责人及学生必须有60%是印尼籍民,且每个年级中印尼籍学生须占一半以上。除华文外,学校课程全部与国民学校相同。1974年3月,印尼政府对这种学校也不放心,下令关闭。从此,正规学校教授华文的形式在印尼绝迹。

从1974年到1990年之间,印尼政府禁绝华文。但有的大城市偷偷开设补习班,利用节假日讲课。这种补习班数量很少。

1990年中国和印尼复交。1994年以后,印尼政府逐步放宽了华文政策。1994年8月,政府宣布酒店、旅行社可以使用华文印刷旅游宣传品和资料。除了在军队及谍报部门举办华语补习班外,1995年政府还批准了几家民办华语补习班。1995年11月初,政府允许电视台播放华文歌曲和使用汉字。② 1999年政府又颁布条例,允许在校学生选修华文。2001年,中国广东汉语专家团赴印尼开展华文师资培训,印尼华文教育枯木逢春,出现了一片生机。据不完全统计,2002年底,印尼华文教学的形式主要有家教(约3000名教师)、补习班或补习学校(约103家),还有正规中小学、幼儿园(56所)和正规大学(22所)。③ 此后,印尼政府决定在国民高中开设汉语课,2004年已有19所国民学校高中开始了汉语教学。2005年底,印尼约有250所华文补习学校或三语学校(中文、英文、印尼文)。此外,印尼华人还兴办了泗水智星大学、万隆国际外语学院和雅加达新雅学院等高等学校,玛琅中文大学也在兴办之中。

---

① 参见黄昆章《印度尼西亚华文教育发展史》,马来西亚华校教师会总会2005年版,第176~179页;周聿峨《东南亚华文教育》,暨南大学出版社1995年版,第345页。
② 参见黄昆章《印尼华文教育的回顾与展望》,《八桂侨刊》1998年第2期。
③ 参见宗世海、李静《印尼华文教育的现状、问题及对策》,《暨南大学华文学院学报》2004年第3期。

目前,印尼华文教学的主力在补习班和三语学校,它们多从幼儿抓起,每周大约有 4 到 10 节课的时间教华文;少数正规中学华文课程也占很大比例,比如雅加达的圣光中小学校。正规大学中文系或中文专业凡与华人特别是中国高校合作的,教学也都有一定规模。

## 二、马来西亚

马来西亚的历史沿革比较复杂。第二次世界大战前的马来西亚由海峡殖民地(新加坡、槟榔屿、马六甲)、马来联邦(霹雳等)及马来属邦(柔佛等)组成。它们都是英国的直接或间接殖民地。1942 年 2 月至 1945 年 9 月,日本占领马来亚。第二次世界大战后,英政府恢复了对马来亚的统治,成立了马来亚联合邦。1957 年 8 月,马来亚联合邦独立,又从英联邦分离出来。英国在马来亚长达 171 年的殖民统治结束。1963 年马来亚联合邦和新加坡、沙捞越、沙巴合并组成马来西亚联邦。1965 年,新加坡独立,又从马来西亚联邦分离出来。本小节所述马来西亚的华文教育以马来西亚为主,但有时可能包含新加坡独立前的史实。

华人在马来西亚的比例是:1944 年 44.7%;1947 年 38.4%;1957 年 37.2%;1970 年 35.2%;1988 年 31.8%;最近的统计是 25.4%。由于马来西亚曾经长期是英国的殖民地,英语的教学在该国占有重要地位;又因为独立后的政府坚持单元文化教育政策,对华校实行种种限制,给马来西亚华文教育的发展造成重重困难。马来西亚有多种源流的学校。1937 年各源流学校学生人数是:马来文学校 90436 人,华文学校 86289 人,印度文学校 22641 人,英文学校(含私立)57615 人。而政府给各类学校的教育津贴却大不相同。以 1949 年为例,马来文学校每位学生 67.88 元,华文学校 8.72 元,印度文学校 55.84 元,英文学校 187.88 元。① 面对这种歧视,马来西亚华人坚持争取母语教育的权利,以有组织的方式不断抗争,使得华文教育得以延续。第二次世界大战后,东南亚各国华文教育日益衰落,唯有马来西亚仍保留了华文小学、华文独

---

① 参见周聿峨《东南亚华文教育》,暨南大学出版社 1995 年版,第 133、135 页。

立中学的教育体系,并先后兴办了3所华文大学。

根据周聿峨的研究,马来西亚的华文教育经历过几个不同阶段。

### (一) 私塾教育(1819—1904)

据记载,马来西亚于1819年在槟城建立了第一家私塾——五福书院。1888年又于槟城创办了南华义学。1904年以后私塾随着新式学校的建立开始衰落,至1949年,马来西亚有38家私塾。

南华义学留存了两份史料:《倡举南华义学小引》和《南华义学条议十五条》。《南华义学条议十五条》是一份较为完备的义学规章,规定教师应品学兼优,每班人数为20人,学生年龄为8至15岁,学习期限是2～3年,学习内容是先读《孝经》,次读《四书》。义学因材施教:聪明的另设大义学讲解;一般的仅使其知文字,以便营生。办学目标是"俾其谋生有略",而"非为科名起见"。

这些私塾、义学办学条件简陋,常附设于会馆、宗祠、神庙内。其师资也多来自风水、相命、书记及书信代写人之类的行业。其教学语言是汉语方言。

### (二) 自由发展期(1904—1920)

马来西亚近代华文学校的出现相对较晚。据记载,1904年槟城创办了第一所华校——中华学校,1905年5月正式开学,共有学生240名,分8个班上课,有总教习1名,专职教师12名,都是从中国聘请的。校政监督部共有10人,从当地闽、粤华侨富商中选用,负责管理。学校把传统的修身、读经学科和现代国文、历史、地理学科以及西方外语、科学、物理学科列为必修课程。

中华学校的诞生标志着马来西亚华文教育跨入近代教育的历程,也标志着清政府开始具体鼓励海外华侨兴教。该校是在清政府驻槟城副领事张弼士提倡下开办的。1905年,张弼士再次来到马来西亚劝学,并携带光绪皇帝亲题之"声教南暨"匾额和《古今图书集成》一部赠与槟城中华中学,并发表演说,鼓励华侨兴学,产生了很大的影响。

槟城中华学校成立后,各地华校纷纷涌现。主要的有邱氏新江学校(1906)、时中学校(1908)、尊孔学校(1907)、坤成学校(1907)、大同学校(1911)、育才学校(1908)、育华学校等。加上新加坡地区,马来西亚从1904年到1911年先后创办华校近百所;到1918年,马来西亚、新加坡华校已增至

300多所。①

**（三）英国殖民政府插手华校时期(1920—1940)**

马来西亚华文教育的头20年是自由发展的20年,英国殖民政府对这种教育放任自流,也不限制,也不给予任何帮助。这种教育的特点是引进了中国的新式教育,教师的质量有所提高,与中国的联系紧密,华校的政治色彩加重。特别是1919年中国爆发的五四运动,很快影响到槟城、新加坡,爆发了一连串的反日游行和抵制日货运动。英殖民政府曾宣布全面戒严,并逮捕了一些华校教师,有的被递解出境。

在这种背景下,1920年5月31日,英殖民政府提出了"学校注册法令",旨在控制华校的政治倾向。注册法令规定教师、董事、学校必须注册,对华校课本、课程也作了一些规定,不少书籍被查禁,英文被列为华校的必修课。但即使如此,马来西亚的华校仍然发展很快,1938年海峡殖民地与马来属邦的华校达1015所,学生91534人,教师3985人。

**（四）战后恢复与危机时期(1946—1960)**

第二次世界大战后,英殖民统治者卷土重来,但战争改变了原来的政治统治格局,也激发了马来人的民族主义情绪。1957年,马来西亚独立后教育政策明显向马来文至上的单元政策发展。1952年,殖民政府制定了教育法令,宣布以英、亚文(马来文)的国民学校取代华文、印度文学校。1954年,联邦以公布白皮书的形式企图扼杀华文学校。1956年,联盟政府发表以教育部长拉萨为首的教育委员会报告书(简称"拉萨报告书"),指出考虑接纳马来文为国语,同时保存和发扬本国其他种族的语文和文化;承认三种语文源流学校并存。小学将被分为两种:以国语为教学媒介的国民小学,以英文、华文、泰米尔文为教学媒介的国民型小学。同时规定:"教育政策最终目标必须是各族儿童接受一个以官方语文为教育媒介的教育制度。"1957年马来西亚独立,有关华文教育政策一脉相承。

在政府打击、扼杀华文教育的政策、法令接连出现的时候,马来西亚华人

---

① 参见周聿峨《东南亚华文教育》,暨南大学出版社1995年版,第123~124页。

以华校教师会总会(教总)、华校董事联合会总会(董总)和马华工会华文教育中央委员会为三大领导机构,开展了强烈的抗争。他们主张争取公民权,争取华文为官方语文,反对政府单元文化教育政策,反对1952年教育法令和1954年"白皮书",在一定程度上取得了胜利,挽救了马来西亚华文教育的命运。①

这段时间是马来西亚由殖民统治向独立发展的过渡期,尽管有许多不利于华文教育的法令条文出台,但由于华族的抵制和政府的困难,未能全部实施。表3-2的数字表明马来亚联合邦的华校还在发展之中:

表3-2 ②

| 年代 | 学校 | 学生 | 教师 |
| --- | --- | --- | --- |
| 1946 | 1105 | 172101 | 4513 |
| 1951 | 1171 | 206343 | 6369 |
| 1957 | 1347 | 391667 | 9663 |
| 1961 | 1406 | 432772 | 14098 |

(五)衰落和再发展期

1961年,马来西亚政府又颁布了教育法令,重申马来语是国语,宣布接受全面津贴的马来文小学为"国民学校",其他源流小学则称为"国民型学校"(用马来语或英语授课)。从1962年开始,只有已改为国民型学校的中学才可获得全面资助,拒绝改制的学校被排除在政府教育体制外,不给补贴,属于"独立中学",政府允许它存在,但须受教育法令的约束。同时,所有中学会考只以官方语文即英文和马来文出题,以往政府资助的华文考试废除。法令指出,其最终目标是让接受国家资助的学校制度取代各语文中学,以确保各族学生都进入国民与国民型中学;教育部长且被授权在他认为适当的时候,把国民型(华文、泰米尔文)小学也改为以马来语文为教学媒介的国民小学。

在法令颁布以后,华人作了很大的抗争,但政府态度强硬,以至褫夺了教

---

① 参见周聿峨《东南亚华文教育》,暨南大学出版社1995年版。
② 数据来源于周聿峨《东南亚华文教育》,暨南大学出版社1995年版,第150页;朱敬先《华侨教育》,台湾中华书局1972年版,第127页。

总主席林连玉的公民权和教师注册证。对于华文小学，政府一直图谋改变它的性质，华人则始终坚决反对，而坚持华小的教学、教材、考试及行政媒介语和集会用语必须是华文华语，斗争卓有成效。1961年，马来亚联合邦有华文小学1274所。对于华文中学，根据1961年教育法令，以华文为媒介的初、高中毕业统考不被政府所承认；且从1962年1月1日开始，只有已改为国民型学校（用英文或马来文授课）的中学才能获得全面资助。那些拒绝改制的独立中学，除了继续采用华文为教学媒介语外，其他课程纲要都和国民型中学一样，此外英文和马来文是必修课。面对政府的强大压力，70所华文中学中有54所被迫改制，16所不接受改制的成为独立中学。此后，未改制的独立中学，加上已改制华文中学附设的华文独立中学和新创办的独立中学，大体奠定了马来西亚今天60所独立中学的格局。

此外，由于联邦政府在华人子弟升大学和出国深造方面设立很多歧视性条规，促使马来西亚华人决心自己创办大学。除了1953年在新加坡创办南洋大学外，1967年教总申请创办独立大学，未获批准；1986年宽柔中学董事会正式向教育部长申请以"宽柔学院"或"南方学院"的名称在当时宽柔中学专科部的基础上成立一所民办学院，"主要目的是为寻求一条高中毕业生深造的正规化新管道"，未获批准。几经周折后，1988年8月23日，教育部长才答复批准南方学院创办。1990年南方学院正式创办，设有商学系、马来文系、电脑系，三系都开设中英文课程。目前南方学院有6个系，包括一个中文系。

1997年，马来西亚董教总教育中心（非营利）有限公司创办了新纪元学院，1998年招生，设资讯工艺系、美术与设计系、商学系、中国语言文学系和社会研究系。

1999年7月13日，韩江学院成立，韩江华文学校成为全马唯一一所拥有从小学、中学到大专的完整教育体系的华文学校。该学院设有大众传播、中文等6个系，加汽车维修课程。①

目前，马来西亚有1285所华文小学，学生约63万；60所华文中学（独立

---

① 参见周聿峨《东南亚华文教育》，暨南大学出版社1995年版。

中学),学生约5.3万;此外还有3所民办学院(设有中文系,具有华校特征),学生约4000人。①

## 三、新加坡

新加坡1965年独立,此前是马来亚联合邦的一个组成部分。此处探讨新加坡华文教育的发展,必要时也涉及其独立之前的简况。

### (一) 私塾教育(1904年前)

据德国传教士Thomson记载,1829年新加坡有两家粤语私塾,学生合计34名。1849年闽帮领袖陈金声发起兴办崇文阁,1852年落成;1854年陈金声再次发起创办义学,取名萃英书院,延续到1957年,因不合新加坡学校注册条例而停办。1867年以后创办的义学还有毓兰书院、道南学校、马车路尾义学、颜永成义学、培兰书院、乐英书院、进修义学、华英义塾、养正书院等。

这些华文私塾尽量模仿中国私塾的做法,所学的内容也是《三字经》、《百家姓》、《千字文》、《中庸》、《论语》等,有个别教授尺牍、珠算的。其塾师多数不合格。

从史料可知,自19世纪末新加坡华人就重视英文教育了,甚至是偏重英文教育。②

### (二) 新式华校的兴起(1905—1920)

1905年,新加坡华侨创办了两所华侨学校:崇文学校和广肇学堂(后改名为养正学校);1906年开办了应新学校、启发学校、端蒙学校;1907年又开办了道南学校。从1905年到1920年,新加坡兴办的华文学校至少36所,其中包括1所华文中学和数所华文女校,还有师范学校和职业教育学校。其中华文中学由华人领袖陈嘉庚于1918年6月提出并亲自出马联络养正学堂等16校总理发起筹办,标志着新加坡华文教育跨入中等教育阶段。

华文中学的兴办还产生了一个作用,就是淡化了新加坡华人帮与帮之间

---

① 参见莫泰熙《英文教育回流对马来西亚华文教育的挑战》,《暨南大学华文学院学报》2003年第4期。

② 参见周聿峨《东南亚华文教育》,暨南大学出版社1995年版。

的隔阂,促进了不同帮派之间的合作。在中国五四新文化运动的影响下,通过陈嘉庚等人的努力,新加坡闽帮道南学校从1916年起逐步废除方言教学而采用国语教学。1921年,道南校长申炳韶聘请了来自中国河北、江苏、湖南、湖北和广东的教师;1926年,在暨南大学(当时在上海)召开的南洋华侨教育会议上,道南学校提出了提倡普通话教学的议案,对于推进国语教学和淡化帮派观念起到了推动作用。[①]

### (三) 华文教育的发展与创新(1920—1941)

新加坡的教育一开始就是四语并存的。政府实行提倡英文教育、扶助马来文教育、漠视其他语文教育(主要是华文和泰米尔文教育)的政策,在华文学校兴起的最初20多年间对华文教育采取放任态度,不限制,不支持,也不给补贴。1920年10月27日,殖民政府颁布了《学校注册条例》,加强了对华文教育的管理和限制,其直接动因之一就是政府认为"华侨爱国热情如此狂热乃华文教育的结果"。条例颁布后,所有学校必须注册;只要当局对学校或教师感到不满意,就可随时给予停职处分,甚至取缔华校。

条例颁布后,至少14所华校很快被取缔。1923年起政府开始对华校实施补助,但因为担心申请后受到政府更多控制,提出申请的华校并不多。

从1920年到1942年,新加坡华校发展很快,新办华校226所。1940年,新加坡共有华校351所。[②] 这一时期的华校,各方面都走向正轨。1914年,华侨教育界成立了学务总会,旨在促进华文教育,解决华文教育中存在的各种问题。1923年起,新加坡华校采用中国的新课程标准,小学设国语、算术、卫生、公民、历史、地理、自然、园艺、工艺、音乐、体育等。华校又根据情况增加了英语科,同时加强了体育、音乐。1929年,中国公布中小学新订课程标准,多数新加坡华校亦遵照这个标准,但其中政治色彩强烈的"党义"一科遭到当局禁止。中学的课程也基本上依照中国的课程标准。在教材方面,新加坡华校基本上采用中国商务印书馆和中华书局所编书籍,英文教材则选用当地出版的。

---

① 参见周聿峨《东南亚华文教育》,暨南大学出版社1995年版。
② 参见郑焕宇《新加坡华文小学、中学及大专院校》,《华侨教育》第二辑,暨南大学华侨研究所1984年版。

1925年,新加坡政府认为中国编印的教材带有政治色彩,开始检查。在此情况下,商务印书馆和中华书局主动对东南亚教材作了一些调整,新加坡当地书局也开始编印华文教材。

五四运动后,新加坡华校也像中国的学校一样,由使用文言文改为使用白话文,而且掀起讲国语运动。1920年开始,新加坡和马来西亚华校提倡改用国语(普通话)教学。国语的使用,促进了各帮派的沟通和各华校之间的交流,招生也渐渐打破了帮派界限,同时也促进了华文教学质量的提高。

为了提高教学水平,从1930年起新加坡华校开始举行会考。到第二次世界大战前为止,共举办过6次会考。会考制度对推动华文教育的规范、统一起到了很大推动作用。

依照中国的课程标准,除了普通小学教育外,幼儿教育、中学教育、师范教育都有所发展。从1921年第一所华文幼儿园"星洲幼稚园"创办到1938年,共有8所幼儿园创办,其中有的是在小学基础上附设的。从1918年华南女校首先附设师范以培养小学教师起,新加坡至少有6所华文学校附设师范。1941年8月,新加坡创办了第一所专门的华侨师范学校——南洋师范学校。

**(四) 战后至1965年新加坡独立前的华文教育**

1942年至1945年9月,新加坡被日本占领,华文教育受到严重摧残,所有华校全部关闭。1942年日本占领军曾强令各华校复课,据记载300多所华校中只有21所开课。

1945年9月,英军又回到新加坡,恢复其殖民统治。中国抗日战争胜利后,新加坡华人增强了对中国的认同。1946年,中国驻新加坡总领事召集新马华人领袖,成立"战后复校辅导委员会",共议华校复校大计,提出了一系列决议。从1946年到1949年,新加坡华校从284所增加到345所。而且,除了正规华校外,其他形式的华文教育也不断出现。1945年,新加坡政府发起成人教育运动,于是,很多华校附设了夜校;1949年,华人基督教青年大会创办了华人聋哑学校。

1946年,殖民政府通过了"星洲十年教育计划",规定所有学校都教授英文;此后又颁行了"五年教育补充计划",大力开办英校。1950年华校生占

53.28%,英校生占 33.09%;到 1960 年变成华校生占 42.14%,英校生占 51.05%。

1955 年,新加坡进入内部自治阶段。当年 5 月 25 日召开的立法会议决定成立一个由立法议院各派参加的、以教育部长为首的华文教育调查委员会。1956 年 2 月,《新加坡立法议院各党派华文教育委员会报告书》提出,其主要内容是:平等对待四种语言;鼓励不同语言源流彼此混合;小学实行两种语文教育,中学实行三种语文教育。报告书的大部分建议被政府采纳,并成为 1957 年教育政策的内容。在这种情况下,1956 年新加坡新开办 5 所华文中学。

从 1950 年开始,新加坡华校学生数逐年下降,而英校学生数则年年增加。到了 1964 年,华校学生降到 36.91%,英校学生则增为 55.58%。华人子女报读华校与英校的比例:1948 年是 2∶1;1954 年是 1∶1;到了 1964 年则降到 3∶5。

新加坡还创办了两所华文大学。1956 年 3 月 15 日,海外华文教育的最高学府——南洋大学在新加坡宣告正式开办,这是华侨教育史上最灿烂的一页。其背景是,第二次世界大战后由于国际局势的巨变,新马华侨华人已无法自由往来于中国和居住地,华文中学高中毕业生到中国升大学的途径断绝。而马来大学名额很少,又只限于英文中学毕业生才可报考。南洋大学设文学院和理学院,文学院包括中国语言文学等 5 个学系。其所招学生不限于华人,其教学语言也不限于华文华语。1974 年 3 月,李光耀委派教育部长李昭铭出任南洋大学校长,教学、考试改为以英语为主要媒介语。1980 年 4 月,李光耀宣布南洋大学并入新加坡大学(今新加坡国立大学)。南洋大学在 25 年的历程中共培养毕业生 3339 名。①

1962 年,新加坡义安公司创办了一所属于私立大专性质的义安学院(后来改称义安工艺学院),主要课程为工科和商科,教学用语起初采用华语,后来改为英语。

---

① 参见周聿峨《东南亚华文教育》,暨南大学出版社 1995 年版。

### (五) 双语政策下华文教育的衰落(1965年以后)

1965年新加坡独立以后,以马来语为国语,马来文、华文、印度文(泰米尔文)、英文四种语文均为官方语文。

新加坡的教育政策是"双语教育"。所谓"双语",即第一语文和第二语文。对于英校的学生而言,英语是第一语文,是学校主要教学媒介语,在这样的学校,除第二语文外,其他科目如数学、科学、历史、地理及公民等均采用英文课本。其第二语文可选读华语、马来语或泰米尔语,只限一种,且上课时间很少。对于华、马、印校学生而言,第一语文分别是华语、马来语和泰米尔语,英语是第二语文,上课时间较少;除英语科以外其他科目都用第一语文授课。

虽然政府在教育政策上宣布各族人民有自由选择就读学校的权利,但是实际生活中却是英语至上。在政府部门中,无论是报告、通告、还是往来函件,都用英文;普通市民要与政府打交道,也非英文不可;商业与金融等私人机构的契约、账目和信函也用英文;法律条文以英文为依据,高等学府以英文为主要教学媒介,机场告示、地铁站台、街道全部是英文。在这种情况下,新加坡华校学生人数日益减少,而且速度很快。1959年英校新生占47.9%,华校新生占45.9%;1979年变为英校新生占91%,华校新生占9%。1983年,42万多名小学一年级新生中,进入华校的不足2%,1984年仅占0.7%。于是,教育部决定从1984年起,逐步把华校的非英文班转为英文班。华、马、印校不再招生,只保留9所英文与华文并列为第一语言的特选中学和15所特选小学。到1987年,新加坡四大源流学校成为全国统一源流学校,所有学校都以英语为第一语文,以其他语文为第二语文。而泰米尔文学校1975年就没人报读,马来文学校1978年也招不到学生了。[①]

### (六) 20世纪90年代以来的改进

前文说过,新加坡所谓的双语教育,英校生的第一语文是英语,华、马、印校生的第一语文是华语、马来语、泰米尔语。到了1987年,除了9所特选中学

---

[①] 参见周聿峨《东南亚华文教育》,暨南大学出版社1995年版;林蒲田《华侨教育与华文教育概论》,厦门大学出版社1995年版。

和 15 所特选小学英文与华文并列为第一语文之外,其余的华族中小学生全入了英校,自然其华语都成了第二语文。但是随着中国国际地位的提升,随着其他国家华文政策的改变,新加坡的这种情况也开始发生变化。

1988 年,新加坡教育部宣布,从 1990 年起准予更多的小学开设第一语文水准的华文课,使之成为华、英两科均为第一语文的学校。

1991 年,新加坡成立了由副总理王鼎昌任主席的"华文教学检讨委员会"。其任务是检讨小学至中学的华文教学方法,以使其更生动,更能启发学生的学习兴趣。1992 年 6 月该委员会的《建议报告书》发表。为了落实这个建议,教育部指示各校,初级学院和高级中学更改母语科名称,不再把母语称为第二外语。[①] 1992 年 9 月,新加坡教育部又成立以教育部及艺术部政务部长柯新治博士为主席的"华文教学监督委员会",旨在督导全国,使《建议报告书》的各项建议付诸实施。此后,新加坡采取了以下几方面的措施:(1)扩大高级华文的学习对象(以往的华文第一语文从 1994 年起改称高级华文,第二语文改称华文)。过去政府对修读高级华文的学习对象有较严格的控制,从 1993 年开始,逐步放宽了政策,扩大了范围,鼓励学生学习。(2)增加华文选修课程。从 1995 年开始,一些初级学院新设了一门作为副科的"华文理解与写作"课程。(3)加强汉语拼音的学习。以往的学生在小学四年级才开始学习汉语拼音,但 1993 年开始,学校可以提早从小学二年级第二学期或小学三年级第一学期起进行拼音教学。(4)进行教学改革。1999 年问世的新版华文教材有《中学高级华文》、《中学华文》快捷课程、《中学华文》普通课程等几种类型。教材的难度明显提高,提倡讲读与自学结合,课文题材丰富,着力体现听说读写四种技能同步发展。(5)重视推广华文课外读物。(6)加强华文师资培训。[②] 最近几年,新加坡国会又就华文教育问题开展了讨论,提出双语精英教育口号。但无论怎么改,英语第一的语言政策估计不会改变,新加坡华文教育还会有很多困难。

---

① 参见臧慕莲《新加坡的华文教育》,《八桂侨刊》1994 年第 3 期。
② 参见吴晓霞《九十年代新加坡华文教育的改革方向》,《厦门教育学院学报》1999 年第 2 期。

## 四、泰国

泰国的国情决定了其华文教育独具特色。泰国是东南亚地区最早直接管辖当地华侨的国家。从20世纪20年代开始,泰国政府就对华侨实行同化政策,包括国籍政策、教育政策、经济政策、移民政策等。泰国政府坚持实行同化政策,但不歧视华人,一旦归化入籍,即享有与泰人一样的权利。泰国约有1000万的华泰混血儿早已全部泰化,华泰族通婚非常普遍,华人华裔都已认同于泰国,更换泰姓的人很多。

泰国的华侨私塾教育开始很早,早在三四百年前的阿瑜陀耶朝代,泰国就设有华文私塾。1852年,美国传教士江国新在曼谷对岸的吞武里府主办了泰国第一所华文学校,到1860年因为江国新逝世而改为泰文学校。大约1911年前后,泰国废私塾、办学校成风。以下简要叙述泰国近百年来华文教育的发展脉络。①

### (一) 华侨学校的创办和初步发展(1909—1933)

1908年,孙中山在泰国曼谷组织同盟会分会。1909年,由同盟会会员发起创办了泰国第一所新式华文学校——华益学堂。同年,保皇派在泰国也创办了中华学校,潮、粤、闽、琼、客家五帮则联合创办了新民学校。辛亥革命后,各帮华侨相率办学,以本帮方言为教学语言,其中因潮籍华侨人口最多,所办学校亦最多。到1921年,泰国华侨学校约有30所,规模都不大且全是小学。1925年泰国培华学校附设初中部,1933年曼谷创立了华侨中学(初中)。②

从1921年到1933年,由于华侨经济的发展,由于暹罗政府对华侨并未实行严厉的政策,也由于南来的文化人较多,泰国的华侨学校有较大发展,从30多所增加到117所。③

### (二) 从限制到全部封闭(1933—1941)

泰国政府早在1918年就颁布了《暹罗民立学校法》,简称"民校条例"。该

---

① 参见周聿峨《东南亚华文教育》,暨南大学出版社1995年版,第186页。
② 参见巫乐华《华侨史概要》,中国华侨出版社1994年版。
③ 参见周聿峨《东南亚华文教育》,暨南大学出版社1995年版,第273页。

法的某些条款对华校有很大的限制。1921年,政府又颁布了《暹罗强迫教育实施条例》,规定7至14岁儿童必须接受泰文初小四年的强迫教育。由于华侨的反对,条例在颁布的最初十年未能在华校贯彻实施。

1933年,泰国发生政变。政变后的新政府将普及教育列为六大政纲之一,并严格执行《强迫教育实施条例》。其做法是:(1)命令华校办强迫班,华校学生年龄在7至14岁的必须进强迫班;(2)强迫班每周必须学习泰文25小时,而学华文的时间不得超过6小时;(3)华文学校的教师必须参加泰文考试,泰文考试的程度由初小三年级提高到初小四年级;(4)确定华文处于一种外国语文的地位。此外,政府还经常派人员视察华校,如果认为哪些华校不合规定,便勒令停办。1933年至1935年间,被政府查封的华校达70多所。但即便如此,1936年至1939年,泰国的华文教育还出现过一个短暂的发展期,又有一批新的华校开办,且中华中学还增设了高中部。到1939年初,泰国的华文学校将近300所。

1939年8月,銮披汶·颂堪(海南籍华人后裔)改暹罗国名为泰国,并以狭隘的民族主义推行泰化运动和"大泰族主义"。1940年有51所华校宣布停办,剩下的240多所更全部封闭,仅剩两所兼教中文的学校。1941年太平洋战争爆发,日军进驻泰国时,泰国已无任何华文学校存在。

**(三)战后华校的复办(1946—1947)**

第二次世界大战结束后,泰国也和东南亚其他国家一样,出现了华文教育的大发展。

1946年1月23日,中国同泰国签订《中暹友好条约》,规定"此缔约国人民取得依照彼缔约国之法律章程,享有设立学校、教育其子女之自由,暨集会、结社、出版、礼典、信仰之自由"。这为泰国华文教育的发展创造了条件,但很有限。后经中国驻泰使馆与泰国教育部谈判磋商,达成三项协议:(1)初级小学(即强迫班年龄的学生)一年级每周教授华文的时间为10.5小时,二年级为11.5小时,三、四年级为12.5小时。(2)除非教泰文的教师,华文教师不再参加泰文考试,但其所授之课程,应有合格证书或学位。(3)允许男女同校。这为泰国华文教育的发展提供了重要保证。

第二次世界大战后泰国复办、新创办的华文学校很多。新创办的华文中学有南洋中学、潮州中学、介石中学等。其中南洋中学设有小学部、中学部、夜学部、师资训练班和文科专修班,后又增办以泰文为主的高中部,学生达1500多人,是泰国影响最大的一所华校。

1945年年底,泰国成立了泰国华侨教育协会。该协会直接领导和联络的华校有100多所,会员遍布全国各地。协会曾举办过三期教师培训班,还出版《教育通讯》,发挥了重要作用。

据泰国教育部统计,1948年注册华校426所,在校学生6万多人。这是泰国华文教育史上最辉煌的一页。①

**(四)同化政策下华文教育的日益衰落(1948—1987)**

1948年5月,泰国政府通令全国华文学校,对华校进行注册管理;限制华校中文课只能上到初小四年级止,且每周授课不超过10小时;规定华校的董事和校长必须是泰国人,华校教师必须通过泰文考试,持证上岗;规定华校必须使用泰国教育部编写的中文教材,其中不得提及中国历史、文化、风俗等;还规定,不得开办新的华校及续办中等华文学校,侨办小学一律改称民办小学,一切校务和教务活动必须接受泰国教育部民校局的管辖监督。②

1948年6月15日,泰国当局又派警察包围了华侨教育协会和南洋中学,逮捕53人;接着关闭南洋中学、中华中学、改黄魂中学等为泰文中学。至此,泰国的华文中学已不复存在。经过一系列打击、查封,1951年全泰华校剩下230所,全部是华文小学。

此后,泰国政府接二连三地修改条例(1954),公布《发展国家教育方案》(1960),以及改变学制,压缩华校华文课的课时。1955年,泰国华校剩下217所;1956年减少到195所。以后不断减少,到1987年时剩下132所,1992年时剩下129所。20世纪80年代初,泰国全部华文日校初小一至四年级,每周只准教华文5小时。

泰国不断打击华文教育,原因有二:一是当局把钳制华文教育作为其推行

---

①② 参见周聿峨《东南亚华文教育》,暨南大学出版社1995年版,第276～279页、第280页。

同化政策的一个部分;二是认为华文是"社会主义语文",有害于国家安全。这一政策收到了实效,据 1987 年调查,泰国华人家长送子女进入泰文学校的占 94.6%。

**(五) 华文教育有了新的局面**

1988 年,泰国华人纷纷发表言论,采取行动,要求政府放宽华文教育政策,得到批准。从 80 年代末开始,政府华文教育政策的改变和放宽表现在多个方面:(1)泰国内阁在外语教育语种中(原有英、日、法、德)增设华文,华文可按照泰国外文教育教学政策合法进行教学。在各类学校中,教授华文的教师和教授英、法等外文的教师享有同等待遇。(2)放宽对华文教师的资格限制,准许学校聘用不懂泰文的外籍教师到泰国教授中文,只要他们具有学士学位即可。这些外籍教师可到泰国执教两年。(3)在小学里,凡是现有一至四年级教授华文的学校,可将华文教学延长至六年级;还未教授华文的学校,也可以从五年级起教授华文。(4)在中学里,过去只有下课后的补习教育可以教授华文,如今在外文教学政策下,华文与其他外文一样成为学生们的选修课。(5)华文可从小学一直教到高中。[①]

90 年代初,泰国仅有 110 余所华文小学,学生也很少,且只有一至四年级开课,每周 5 小时。自从泰国政府放宽华文教育政策后,情况大有改观。除原有学校延长教授年级、增加华文教学时间外,不少学校新开了华文课,也新建了少数华文学校,如 2003 年新建的潮州中学。

与此同时,泰国华人 1991 年年底提出创办华侨崇圣大学的申请,很快获得政府批准,并蒙泰皇御赐泰文校名。1994 年 3 月 24 日华侨崇圣大学举行揭幕典礼。这是一所综合性大学,以注重华文教育与研究、沟通中泰文化和适应社会需要为己任,设人文、理工、法商、医学四个学院,人文学院有泰文、华文、英文各系,以华文为重点之一。华侨崇圣大学的创办,使泰国华文教育跨上了一个新的台阶。

1999 年,泰国政府又将中文列入大专联考外语的选考科目,2000 年教育

---

① 参见周聿峨《东南亚华文教育》,暨南大学出版社 1995 年版,第 291~292 页。

部又正式通过了高中的汉语课程,许多学校包括一些专科学校、一般中学也陆续开设汉语课,每周二至四节不等。

在新的华文热潮中,发展最快的形式要属语言中心、私立语言学校。从实质上讲,这类学校已不是传统公益事业型的教育单位了,而变成满足民众学习需要的一种文化产业单位。从90年代初至现在,这类机构在曼谷有三四十所,在全泰国有200所左右。其中有代表性的如:东方文化书院,1992年由泰国华文教育基金会创办;中华语文中心,1992年由中华会馆兴办;曼谷语言学院,1998年创办,除了学院总部外,在许多大商场开办了连锁分院,等等。

目前学习汉语的泰国人是10年前的10倍。2001年,中文成了学生第二最爱外语。泰国全国开设汉语课程的私立中小学在近6年来增加了70家,已达187所,加上公立学校,已经超过350所。2006年1月11、12日,泰国教育部决定将中文列为第一外语,并将在2008年前将汉语课程全面纳入泰国2000所中小学,使中文与英文具有同等地位。泰王蒲眉蓬倡设的远程空中教育1998年5月通过卫星转播中文教学节目,使乡村人口有机会接触及学习中文。

此外,泰国高校开展汉语教学也很普遍。根据泰国官方1991年度工作报告,当时泰国20所国立大学和26所私立大学大多开设了汉语课程。目前,泰国所有71家公立、私立大专院校,全部开办了中文班,请来许多中国教员。

目前泰国学习中文的人数估计超过25万人。[①]

## 五、菲律宾

由于历史的和国情的原因,菲律宾的华文教育与其他东南亚国家有不少不同之处。

### (一)新华校的创办及其自由发展(1899—1945)

1898年,美国占领菲律宾以后,取消华人甲必丹管理制度(起用华人作管

---

① 参见刘振廷等《全球竞学中文,泰国订为第一外语》,《亚洲周刊》2006年3月5日。

理人员,其官职为甲必丹),改为中国设置领事馆。首任领事陈纲提出设立华校的倡议,得到华商的广泛支持。于是利用马尼拉甲必丹衙门设置蒙馆,以领事馆余款及私人捐款办学。当时仅有学生20余人,授《四书》、《五经》及尺牍等。四年后,该蒙馆正式称为华侨中西学堂,成为菲律宾历史上第一所华侨学校。[①]

1914年,菲律宾华侨教育会成立。该会以振兴华侨教育为宗旨,在筹款、统筹建立和管理华侨学校方面发挥了巨大的作用。1915年开始,华侨小学纷纷开办;1918年至1923年,培元中学、华侨第一女子中学、华侨中学相继开办。到1940年,菲律宾已有华校124所。

华侨学校是由华侨兴办、华侨管理的私立学校。其学生都是中国籍华侨子弟;课程、教材完全遵照中国的体制;教师多从中国聘请;学生的中文程度不逊于中国学生,回国升学衔接不成问题。所以,总体上说,它是中国教育的延伸。但是,与其他东南亚国家的华侨教育相比,菲律宾华侨教育有两个特点。一是双学制,即上午上中文课,下午上英文课。其小学部的中文课程是语文(国语、文法、书法)、社会科学(公民、常识、历史、地理)、算术、劳美音(手工、图画、音乐);中学部的国文分阅读与作文、文学与历史;社会科学中有本国史、本国近代史、本国地理("本国"指中国)等,至于菲律宾历史等则以英文开设。二是双督察制,即这种华校一方面要接受中国驻当地领事馆的督察,并通过领事馆转呈中国国内立案注册;另一方面其英文部要向菲律宾政府私立教育局立案,接受它的督察。双方的督察都是较认真的。总体而言,这一阶段的华侨教育属自由发展性质,政府并没有太多的限制。

(二) 第二次世界大战后的复校热潮(1945—1955)

1942年日本占领菲律宾,所有侨校停办。日本投降后,菲律宾华校纷纷复办。由于战时连续三年没有招生,原有学校已无法满足大批适龄儿童的入学要求,于是在复校的同时不断有新校创办。据记载,1946年菲律宾有华校93所,1947年有149所。

---

[①] 参见朱敬先《华侨教育》,台湾中华书局1972年版,第96页。

1947年,菲律宾与台北签订了《中菲友好条约》,条约规定了华侨在菲设立学校的自由和依法开办中文课程的权利,同时承认菲方可以督察各立案华校的主权。从此,菲律宾私立教育局成了华校的顶头上司,华校的双重课程改为上午一律上英文课,下午改上中文课,与原来相反。①

### (三)政府加紧督察后华校的变迁(1956—1972)

早在1952年,菲律宾议会就提出教育菲化案,其要点是:所有华侨学校,须一律由菲人或美国人任校长;所有华侨学校董事会董事,须有6/10为菲人。违反上述规定之侨校,予以严格取缔。经台北方面与菲律宾政府交涉,双方签订了备忘录,承认了菲政府对侨校的督察权力。1956年,菲政府对华侨学校实行全面督察。凡不依法立案并接受督察的侨校,将予关闭。1956年5月16日,政府发布教育部私立教育局第三号公告,对华校的中英文授课时数也作了规定。

尽管这样,台湾方面仍然对菲律宾华校进行督察。1957年4月,在台湾当局驻菲人员的安排下,菲律宾华侨学校第一次代表大会召开,参加大会的有131所华校的代表,约占全菲华校总数的90%。

菲律宾政府全面督察华校后对华校的影响之一是学生的华文水准有所下降。到了60年代,大部分华侨子女说菲语比闽南语流利,有的甚至丧失了说闽南语的能力。不过,华校的数量并无明显减少趋势。1956年菲律宾有华校153所;1962年有225所,学生8.38万,是菲律宾华校发展的高峰;1973年有华校212所,学生六七万。

### (四)外侨学校菲化后华校的衰落(1973—1990)

为限制华文教育的发展,菲律宾政府于1967年宣布停止批准成立新的华文学校。不仅如此,1973年4月13日,马科斯总统公布了有关境内外侨学校菲化的第176号总统命令书。到1976年绝大多数华文学校实现了菲化,从而使原侨办学校转变成菲籍华人主有的菲律宾学校,昔日的华侨教育转变为华文教育。

---

① 参见施雪琴《论菲律宾华文教育的发展阶段及其特征》,《南洋问题研究》1996年第1期。

菲化后的华文学校主要教授英文、菲文课程,中文课程每天以 120 分钟为限,从幼儿园到大学皆然。华校禁止使用台湾编印的教材,教师也只能当地聘用,凡带有"中国"、"中华"字样的校名一律得改。

菲化后的菲律宾华文教育急剧衰落,因为教师缺乏,学生不想学;也因为菲律宾华校没有及时调整办学方针。1974 年菲律宾有华校 154 所,菲化后剩下 126 所,到 20 世纪 80 年代只有 140 所。

**(五) 20 世纪 90 年代以后的改革努力**

菲化后的菲律宾华校在艰难中生存。其中少数学校进行了扩充,办成了幼儿园、小学、中学连贯的学校,并扩大校舍,充实设备。例如,历史悠久的原菲律宾华侨中学菲化后改名为菲律宾文化中学,在总校和分校都附设幼儿园及完全中学,并重建校园,后又易名为菲律宾侨中学院。该校在 20 世纪 90 年代末有学生 4500 余人,教职工 308 人。据台湾"侨务委员会"统计,1991 年年底,全菲华文学校有 212 所,其中完全中学 28 所,初中 28 所,小学 154 所,学院、职业学校各 1 所。

菲化后,改革和拯救华文教育的呼声越来越高。1991 年 5 月,"菲律宾华文教育研究中心"应时成立。该中心经过调查研究主张:处于历史新时期的华文教育必须转轨,菲律宾华校应以培养具有中华文化素质的菲律宾公民为目标,合理设置课程;华语教学应走第二语言教学的新路子,重编教材,改革课堂教学,等等。为推动这一工作的进展,该中心还主编出版了《华文教育》月报和有关华语教学的书籍,承办了汉语水平考试,主持召开了华语教学讲习会,主持召开了菲律宾华校华语教学研讨会(1993 年 10 月),并组织侨中学院资深教师和北京语言大学两位副教授编写了《菲律宾小学华语教材》(1997 年 4 月 10 日首发),与之连贯的《中学华语教材》也很快编就。该中心已经成为菲律宾华文教育改革的中坚,发挥了很大的作用。[①]

在 1993 年 10 月的菲律宾华校华语教学研讨会上,代表们发出了五点呼吁:(1)根据新的情况和第二语言教学理论,制定《菲律宾中、小学华语教学大

---

[①] 参见温广益《菲律宾华人重振华文教育》,《华侨华人历史研究》1997 年第 4 期。

纲》；(2)尽快编出一套具有科学性、趣味性、实用性的华语教材；(3)改革课堂教学，让学生最大限度地动脑动口动手；(4)考试制度要相应改革，口试笔试并重；(5)教师要有计划、有步骤地进行培训，以提高专业水平，新师资来源要设法开拓，教师的社会地位要提高，待遇和福利要改善。① 在社会各界的努力下，菲律宾的华文教学有了很大的改观。

　　1991年年底，菲律宾华文教育研究中心与日本东京大学东洋史学院合作进行了一项题为"菲律宾华人学生文化背景与认同意识"的调查。结果显示，菲律宾华人年青一代不只在理智上，而且在感情上明显倾向于自己的国家菲律宾。在语言习惯上，他们已认同当地，菲语(泰加禄语)已成为他们的第一语言。另一方面，他们大多希望接受华文教育，保留中华文化的素质。当问及"华人应进华校"时，赞成和非常赞成者为70%，反对和非常反对者为16%；当问及"华校没必要存在"时，赞成和非常赞成者为10%，反对和非常反对者占72%。② 又有调查显示，过去华校几乎都是华人血统的学生，而20世纪90年代中期华人血统学生的比例已大幅下降，在首都马尼拉地区仅占30%左右，而菲华混血的学生却占了60%以上；在马尼拉郊区，纯华人血统的学生比例更小。③ 由于华语实用价值的日益提高，菲律宾族子女进华校的比例也十分可观。有的省份，如伊沙贝省，当地的毓侨和南星两所华校中，菲律宾族学生已分别占2/3和4/5，而菲律宾南部的一些华校，菲律宾学生都占一半以上。④

　　综合这些情况，可知菲律宾华文教育特色明显，有关方面在20世纪90年代以来所作的探讨和改革方法是可取的，方向是正确的。虽然菲律宾华校已经完全纳入国民教育系统，但每周有10个小时的华文课的确是难能可贵的。

## 六、日本

　　日本华侨华人数量不多，1954年11月有华侨4507人。华侨学校也不

---

① 参见《菲律宾华文教育》1993年11月15日。
② 参见周聿峨《东南亚华文教育》，暨南大学出版社1995年版，第250页。
③ 参见王燕燕《菲律宾华校华语教学评介》，《南洋问题研究》1996年第3期。
④ 参见温广益《菲律宾华人重振华文教育》，《华侨华人历史研究》1997年第4期。

多。日本的华侨教育资料比较缺乏，原因之一是日本在1923年曾经发生大地震，以及曾经经历第二次世界大战(1939—1945)，华侨的侨产、档案荡然无存，现有的文献记述不详。

### (一) 华侨学校的创立(1897—1939)

据记载，1897年，在孙中山的帮助下，由侨商邝汝磐、冯镜如等发起，在日本横滨设立中西学校，旋改名大同学校。后因为该校为康党(康有为"保皇党")所包办，革命党人大约在1907年另设了横滨华侨学校，并于1912年向南京政府呈请立案，获临时大总统孙中山赏赐匾额。这两所学校都采用粤方言教学。1898年，浙江籍华侨郭外峰等设立中华学校，采用宁波语教学。1923年日本关东大地震，大同、华侨、中华三校同时毁损。1924年1月，三校合并建校于山下町，易名广东小学、中华公立小学堂。1945年横滨遭受空袭，该校校舍被毁。

与横滨中西小学(大同学校)差不多先后诞生的还有东京高等大同学校(1899)、神户同文学校(1899)、长崎华侨时中学校(1905)。另据记载，大阪也曾办过华侨小学，但无详细资料可查。辛亥革命前，日本的华侨学校大约是7所。1929年3月，东京华侨学校在驻日公使和当地侨领的赞助下建成。

日本华侨学校的课程大多数遵照中国教育部颁订的课程标准及有关法令实施，采用与国内一样的标准，同时为配合侨居地语言的应用及将来的升学等，另增日语、日文、日本社会等科。其中小学部从三年级起加修日语，日文、日本社会为中学生必修，且中学生还修英文；有的学校为加强学生对祖国语文和文化的了解，还加开国语文、史地、公民、尺牍等科目。在教学语言方面，各校不一，教法也各自为政。据有限的资料可知这些华侨学校的办学层次有幼儿园、小学、初中、高中，比如神户中华同文学校1943年9月增设高中部。日本华校的规模都不太大，比如长崎华侨时中小学1936年有学生105名，东京中华学校1925年有学生80名。

### (二) 第二次世界大战后华侨学校的复办(1946—1960年代)

日本在第二次世界大战前对侨校颇多限制，战后这些限制概予取消。且日本宪法规定，学校在政治立场上是超党派的，并保障学术自由，虽订有私立学校法，但对于侨校并无特例，除规定登记外，其余概不过问。日本官方向来不到侨校视察，对侨校的施政方针、教材内容等不加干涉，也无特殊规定。

第二次世界大战后日本的华侨学校迅速恢复。由于经费缺乏，多数华校暂借日本小学校为校舍。1946年3月，关西中华国文学校于大阪创办，该校以小学为主，另设华语、英语专修科，有学生200余名，其中日韩籍学生竟超过半数；1948年设中学班，1955年建新校舍。1946年9月1日，横滨原广东小学校（中华公立小学堂）新建，改称横滨中华学校，并向台湾侨委会立案。同年10月1日开学，用国语教学；第二年增设中学部。当时全校有幼儿园、小学及中学三个部分，学生800多名，教师30多位。1948年10月，原东京中华学校（1936年3月改名东京华侨小学校）重建，1957年4月增设高中部。该校1948年有学生352人，1957年有学生430人。战后华校师资依然缺乏，原因是待遇异常菲薄。

1946年1月和4月，日本华侨学校举行了两次校务会议，会议决定成立留日华校教育会。

抗日战争胜利后，日本的侨校和教育团体共有10所，它们是：东京中华学校、横滨中华学校、神户中华同文学校、大阪中华学校、长崎华侨时中学校、静冈中华学校、京都中华学校、岛根中华学校、北海道中华学校、留日华侨教育会。1948年9所侨校有学生3500人。另有约1500名华侨子弟在日本学校就读。[①]

第二次世界大战后，日本华校都改用普通话教学。

### （三）近年来日本华文教育概况

1972年，中日恢复邦交。此后，中国前往日本的移民渐增。21世纪初在日的华人华侨约50万人，主要集中在一些大中城市。

目前日本有多少华侨或华文学校，尚未确切统计。早年兴办的老华校多数仍然存在，例如几经演变的横滨山手中华学校已度过百岁生日，现有幼稚部、小学部和中学部，2003年共有学生386人，其中20%为日本学生，50%是

---

① 参见臧广恩等《日本华侨教育》，台北华侨教育丛书编辑委员会1959年版。

日本华人子弟。该校用日语、汉语进行双语教学,从三年级起加授英文(日本学校从中学起才授英文)。2003年,横滨山手中华学校又在着手建新校舍。日本的3所亲台湾华侨学校东京中华学校、横滨中华学院和大阪中华学校发展良好。随着华人移民人数、子女人数的增加(有资料显示,在日本15岁以下儿童人口连续第21年减少的同时,1990年至2000年的10年间,在日华人儿童人口却增加了1.1倍,2000年达25934人),新华文学校的诞生也为数不少。比如,名古屋及其周边地区1993年就有多所中文学校诞生,其中名华中文学校创办于2002年4月,创办之初有学生近40名。据报道,2003年,日本新华侨华人和日本友好人士筹办创建了日中学校。这是一所全日制华文学校,2003年4月开学。在强调中文和日文双语教育的同时,突出新华人的优势,从小就对学生进行英语和IT教育。此外,更多的教学形式是中文班、周末班、中文教室等。比如,玉县川口市芝园小学开办了中文班,各年级都有;同源中文学校(周末班式的)1995年11月开学,2003年时有学生300人,24个班,教师15人。据报道,仅东京周边地区的中文学校、中文教室就达40多家,每天有500左右人次在学习汉语。

日本的中学、大学汉语教学也非常普遍。据报道,2003年,日本有353所高中开设中文课,占高中总数的6.4%。2004年,日本有475所高中开设中文课。1996年,日本把汉语正式列入大学入学考试科目。日本500余所大学几乎全部开设了汉语课程,其中85所大学设立了中文专业,95%以上的大学把汉语作为第二外语。新成立的秋田全球大学2002年将中文、中国概况列为主科。有人估计,2003年日本学汉语的人数世界第一,有100万,甚至有人估计超过150万。1991年中国在海外设立HSK考点时只有日本、韩国、新加坡3个国家;2003年日本HSK考生达4000人。同时,日本国内有一种中国语检定考试,每年报考的人数达30000名之多。[①]

---

① 可参看臧广恩等《日本华侨教育》,台北华侨教育丛书编辑委员会1959年版;朱敬先《华侨教育》,台湾中华书局1972年版;巫乐华《华侨史概要》,中国华侨出版社1994年版;王洪顺《三十年来日本的"汉语热"》,《云南师范大学学报》2003年第2期。

## 七、朝鲜

朝鲜半岛与我国相邻,历史上是中国人移民最为便利的国家。近代中国人大批移居朝鲜半岛是从 1840 年以后开始的。1902 年,仁川华侨成立了一所华侨小学,这是华侨自己创办的第一所宣传中华文化、教育自己子女的正规学校。到 1945 年 8 月 15 日朝鲜半岛从日本统治下解放时,共有华侨小学 22 所;华侨中学(光华中学)一所,设在汉城(今首尔)。此时一条北纬 38 度线将朝鲜半岛分成两个国家:朝鲜和韩国。

1945 年 8 月前朝鲜半岛的华侨学校都是华侨自办的,教科书由中国教育部门供给,教学用语是中国语(北京话),教学按中国的教学计划进行,与朝鲜政府无关。1949 年初,朝鲜境内有华侨小学 50 余所,学生 3000 人,教师 150 名;华侨中学 1 所,即 1947 年创办的平壤华侨中学校。

1949 年初,中共东北行政委员会决定将朝鲜各地的华侨中小学移交朝鲜政府管理,当年 4 月 1 日,朝鲜政府正式接管了全部华侨学校。这是朝鲜华文教育的第一个转折点。接管后的华侨学校改名为中国人人民学校(小学)和中国人中学。学校行政(人员、经费)由政府负责,但校长仍由中国人担任,学制、课程设置和教学计划仍旧,教科书仍由中国提供,教学用语仍是中国语,只增加了一门朝鲜语。到 1950 年初,朝鲜的中国人人民小学增至 101 所,学生 6738 名,教师 300 余名;中国人中学 2 所。

1950 年 6 月朝鲜战争爆发,华侨学校受到严重破坏。1953 年 7 月停战后,朝鲜华侨教育得以恢复和发展。1961 年有中国人人民学校 53 所,在校生 2400 名,教员 370 名;中国人中学 3 所,高级中学 1 所,学生 1300 名,教员 150 名。当时朝鲜各大学允许华侨高中毕业生报考,不少华侨青年考入了当地著名大学。

1961 年 8 月开始,朝鲜华侨教育开始走下坡路。主要原因是中国派出的校长全部撤回,同时,朝鲜华侨联合会要求旅朝华侨加入朝籍,导致一批华侨回国。不久,各地中国人人民学校减少到 13 所,初、高中仍 4 所,所有在校学生只有 1300 名,华侨教员只剩下 39 名。

1963年8月,朝鲜的华侨教育发生了第二次大转折,进入全盘朝鲜化阶段。当时,朝鲜政府教育部门发布了17号令,决定中国人中小学校不再使用中国提供的教科书,全部改用朝鲜通用教材;教学按朝鲜教学计划进行,授课用语为朝鲜语,只保留一门中国语课仍用中国话授课,但教材也由朝鲜政府编撰。到1972年,华侨教育已失去了独立存在的地位。

1973年以后,旅朝华侨人数锐减,朝鲜华侨华人子弟的华语文水平下降很快;他们操一口流利的朝鲜话,但自己的母语中国话却不熟练,对中华文化所知甚少。在朝鲜的著名国立大学里,再也见不到华侨学生的踪影。从1980年开始,中国政府每年从旅朝华侨青年中选拔几十名高中毕业生到暨南大学、华侨大学深造,至今已有约500名毕业,绝大多数留在中国发展。据2003年1月统计,朝鲜共有中国人学校13所,其中小学9所,中学4所。[①]

## 第三节 北美洲的华文教育

### 一、美国

华人移民美国的时间并不长。早期移居美国的华人以旧金山、夏威夷和洛杉矶等地为主,其华文教育也以这几地为最集中、突出。

**(一) 早期美国的华文教育**

19世纪中,华人社会开始在美国本土和夏威夷群岛形成。由于早期华人儿童数量少,一些家长不得不为子女聘请家庭教师。19世纪60年代末,学龄儿童数量接近500名,建立华文学校的条件基本具备。根据史料,19世纪70年代私塾式华侨学校已经出现,1880年旧金山市华埠人口普查中已出现10余位华文教师。在清光绪年间(1875—1908),旧金山市这样的私塾、专馆至少有10余所。除了私塾外,旧金山华人社团还于1888年开办了一所金山学堂,

---

[①] 参见慕德政《朝鲜华侨教育的现状》,《延边大学学报》(社会科学版)2003年第2期。

不久更名为大清书院。大清书院是一所采用传统教材授课的旧式学堂,学生约 60 名。大清书院的教学内容是《四书》、《五经》、《左传》、《故事琼林》等,并有对联习作课。其教学水平大致可与同期中国国内的私塾专馆相比,其中成绩较好者在回国升学时也不会遇到太大困难。在檀香山,1881 年建立了华童学堂。1899 年檀香山先后两次设立中西学校,均不久停办。

由于美国国内的排华情绪高涨,1870 年以后华人儿童被禁止进入加州的公立学校就读。经过斗争,州政府修改教育法规,允许为华人学生设立隔离学校。1885 年 4 月 13 日,旧金山开办了这样一所学校,即华人小学。

早期美国的华侨教育还有一些其他办学形式。1860 年代,传教士在檀香山创办英文学校,不久这类学校增设了中文班。此后,华人基督教会也办了一些中文班,多用粤语授课;1890 年圣彼德教堂开办的中文班则用客家方言授课。1899 年,基督教七日会和华人教徒转向与华人领袖合办中西学院,兼授中英文课程。①

总之,19 世纪末美国的华文教育主要是私塾式的侨民教育以及多种形式的中英文双语教育。

**(二) 20 世纪初至第二次世界大战前的华侨教育**

20 世纪初美国从事华文教学的私人专馆继续存在。据记载,1911 年这样的专馆有 6 家。

1906 年,远东公立学校建立。此后,多座城市建立了类似的种族隔离学校。

这一时期,虽然仍有旧式学校诞生,比如 1901 年波特兰建立了旧式华文学校,但总的特点是新式华校的普遍建立。1902 年,清政府革新教育制度,颁布《钦定学堂章程》,要求各省设立新式学堂。1907 年,朝廷派员赴北美兴学。在中华会馆的配合下,于 1909 年开办了一所新式学堂。其教学内容包括经学、修身、国文、历史、地理、习字、体操和唱歌。学校开办时有学生

---

① 参见麦礼谦《传承中华传统:在美国大陆和夏威夷的中文学校》,《华侨华人历史研究》1999 年第 4 期。

110名,由中华会馆负责主持校务并提供资助。此后又在萨克拉门托、芝加哥、西雅图和英属维多利亚等地建立了华校。建于1884的大清书院,毁于1906年地震,后利用清政府赈灾款所建中华会馆大厦部分房间开课,至1911年改名中华侨民公立学校,保持着华文教育的领导地位。1920年该学校开始招收女生,1922年增设初中部,1926年将广州白话正式定为教学的标准用语。1927年,该校扩建,改称中华学校。1928年成为北美第一所开设高中课程的华校。

1910年到1919年,美国华人学龄儿童数量增加迅速,且集中在加州。1921年后中国教育家蔡元培等到洛杉矶访问,建议兴学,美国华人社会办学形成风气。旧金山、洛杉矶、屋仑(今奥克兰)、市作顿、斐市那,以及美国中部的芝加哥、东部的波士顿,本土以外的夏威夷都成立了华文学校。其中,旧金山最著名的3所华校是中华中学校(由大清书院发展而来的那所中华学校)、圣玛丽学校(创建于1921年)和协和中学(创建于1924年),这几所学校都设有高中。洛杉矶最著名的是由正校和两所分校组成的中华学校。该校创办于1927年秋,1933年开办中学。夏威夷群岛最著名的侨校有檀香山的明伦学校和中山学校。1934年,檀香山有中文学校12所。其中明伦学校有学生1348人,教师28人,规模为全美之冠。其他影响较大的华侨学校如旧金山的晨钟学校(1919)、孔教学校(1929)、建国中学(1937),以及檀香山的华侨国语文补习学校(1939)。华侨国语文补习学校的学生经常参加演讲比赛和电台广播,以推广使用国语。

据不完全统计,20世纪30年代美国有华侨小学60多所,中学6所。到1940年左右,美国华侨教育达到鼎盛阶段。其中旧金山被公认为美国华侨教育的中心。美国的华侨学校基本上属于中西兼学的"二部制",其西学部分多在正规的学校(远东学校之类)学习,所以华文的学习基本上属于补习性质。但是这时的华侨学校都有校舍,都由各地中华会馆之类社团主办,部分由宗教团体和文化团体主办。其教学的主要目的是向学生传授中国语言文化知识,培养他们在华人社会中谋生的技能,而如果需要,他们还可以较顺利地回国继续升学。其教学内容已具备现代教育的性质,但基本上还沿用中国的教学模式,并使用中国的中小学课本。

(三) 第二次世界大战时及战后的停滞阶段(1941—1960)

第二次世界大战给美国的华侨学校特别是檀香山的华侨学校以重创。珍珠港事件后,夏威夷岛上所有学校被关闭,到1943年才重新开放语言学校。州议会曾通过法案,禁止任何组织用英语以外的语言对未完成四年级课程或不满15岁的儿童进行教育,除非这些儿童超过了英语学校的一般水平。经过檀香山中华总工会的努力,1949年当地议会判该法案违宪。

1949年以后,中美关系持续恶化,美国华侨华人被隔断了与中国大陆的交流。

1943年美国国会废除排华法案,允许华人享有归化入籍的权利,但仍限制华人移民配额。从此,美国华人开始在主流社会中寻找出路,大批在新环境下成长起来的年青一代,很容易地适应了美国主流社会,英语成为他们的社交用语,这对中国语言及传统的保持造成很大的冲击。

所有这些因素,都导致在第二次世界大战期间以及之后,美国的华侨教育出现停滞。1948年在檀香山及周边地区5所中文学校复办,当年招生781人,而战前这些学校的学生数是2538人。到了20世纪50年代,战后人口生育高峰带来了华人人口的增长,为华文学校提供了新的生源。但像明伦这样的学校,学生人数长期保持在500多人,与1941年的1221人相比还是降低了很多。

由于经济地位的提高,由于抗日战争引发的爱国主义热情的影响,美国大陆在第二次世界大战期间仍成立了11所新的中文学校。1946年至1961年又增加了15所。1957年,美国本土共有中文学校31所,学生4286名,教师152名。其中至少有20所集中在拥有48%华人人口的加州,而旧金山又以8所学校,2114名学生的业绩继续保持其在美国本土的华文教育中心地位。

第二次世界大战后美国华文教育发生了几个变化。首先是教师匮乏引起学生学习时间的减少。在美国大陆中文学校最为集中的旧金山,学校将课时由每周6天19个小时缩减为每周5天10个小时。其他地区的学校也作出了类似的调整。其次,缺乏适于本土学生理解水平的教材。这个问题战前即已出现,但直到战后很久美国中文学校仍旧使用中国同级的教科书。随着战时中文课时的减少,这个问题更加突出。而且,这一时期,华裔青少年对西方文化认同感增强,更感到课本中介绍的中国观念和中国人的生活十分生疏。直到1961年,由台湾"侨委会"编写的针对北美华人特点的教材才得以出版。第三,传统的中文学校一般都建在华人聚居的唐人街内,随着旧金山地区华人家庭散居于城市的各个地区,新华校的建立提上了议事日程;而在郊区,华人教会成为兴办新的中文学校的先锋。

从第二次世界大战到20世纪50年代末,美国华人青少年的汉语水平比战前下降了许多。很多在华校就读的儿童,很少讲中文,甚至根本不会讲。美国的华侨教育也随着华校的变迁和华人入籍的普遍而演变成华文教育。

**(四) 复兴和再发展阶段(20世纪60年代以后)**

20世纪60年代以后,美国有几次华人移民热潮。1965年以前,入美华人移民配额严格限定在每年105个之内,其新移民中有的讲普通话。50年代末从香港和台湾赴美接受高等教育的移民显著增长,他们中很多人,特别是来自台湾者,学成后留在了美国。

1965年,美国国会放宽移民法后,华人移民显著增长。此后,七八十年代港台移民大批到达美国,70年代末80年代初又有大批越南、老挝、柬埔寨华人移民美国。1992年,美国国会又通过一项法案,给中国大陆留美学生永久居留权。这几批移民潮的持续波动彻底改变了美国华人社会。尽管广东人依然占相当大比例,但讲其他方言尤其是普通话的群体迅速增加;老华埠因此更为多元化,一些新华埠也在远离唐人街的郊区陆续出现。

与此同时,美国社会的平权运动此起彼伏,社会多元化的观念也开始为更多的人所接受。这些都为华人发展华文教育事业提供了宽松的环境。伴随着华人侨居心态的消散和对美国认同感的增强,人们不再把中文看作是在美国社会谋生的必备技能,而仅仅是为了让子女能了解一些祖先的优良传统,才送孩子上中文学校。这样,50年代后期出现的周末中文班就成了一种理想的中文学校形式。它既减轻了学生上过去那种中文学校的课业负担,又为他们创造了学习中华语言、文化的机会。

周末中文班最先在一些华人居住较为分散的地区尝试性地开展,到20世纪60年代才得到普遍推广,并很快成为美国各地华人所接受的教学模式。此后,新建的中文学校很少,已有的华埠内的中文学校坚持每日教学的方式,但到70年代中期加开周末班,有的学校的周末班学生人数超过了日常班的人数。更多的是在各邻近郊区、邻近州开设的周末中文学校(班)。1989年,大纽约地区(含纽约市、纽约州、新泽西州、康狄涅克州、宾夕法尼亚州)有中文学校94所,学生1.5万,其中25所在纽约市。至于檀香山,则依旧保持每周一至周五下午上课的形式。1995年全美已有中文学校634所,学生8.3万人,教师5500人,分布在美国的47个州,其中85.2%的中文学校只开设周末课。

周末学校通常每周提供2至3个小时的学习时间,主要学习汉语。但教育水平无法与中国大陆、港台,甚至东南亚地区同级学生相比。为了激发学生对中华文化的兴趣,很多学校都在课后举办中国舞蹈、武术、烹饪、绘画和篮球等文娱活动。

当前美国的中文学校大体上分为五种:(1)旧有的华校。多是早期华人移民所开办,办学时间长,办学设施比较齐备。他们还用原有的教学模式,利用每周一至周五下午的时间,对学生进行2至3小时的中文教育;还用传统教学内容,都用粤语进行教学。(2)台湾移民办的学校。建于20世纪五六十年代,是家庭式、互助型的中文学习班,用普通话授课,都采用周末补习的办学形式,在租借的宗教场所或美国学校的教室上课。基本采用台湾"侨委会"编写和免费赠送的美洲版中文课本,教授繁体字、注音符号。(3)大陆新移民开办的学校。起步较晚,但发展迅速。基本都是周末中文学校,多用全美中文学校协会与中国国务院侨办合作策划、暨南大学华文学院编写的《中文》教材,教简体字、拼音,用普通话授课。到2003年年底,这类学校已达284所,遍布美国41个州的几乎所有大、中城市,学生5万多人。其中华夏中文学校有14个分校,遍布美国11个州,有学生3000多人。(4)由印支华人建立的学校。其学校多以"中山"命名,教学语言采用汉语方言和普通话的学校各占一半。(5)香港新移民所建的学校。建于20世纪80年代中后期,教学语言基本采用粤语。①

美国的中文教学在逐步进入国民教育体系。1985年,全美已有250多所华文中小学作为正规学校被纳入美国教育体系。1993年5月,旧金山教育委员会全票通过一项法案,承认包括华文学校在内的各私立学校的外语成绩,在经教育局考试检测合格后成为申请大学录取的外语分数。1994年4月,美国大学教育委员会也首次在其举办的高中生报考时学术性检测SAT(Scholastic Aptitude Test)中将中文列为考试语种之一,这对华文教育的影响是深远的。西部的犹他州更是颁布法令,要求全州的公立中学把中文作为必修课。2003年年底美国的大学委员会作出一项决定:启动汉语和中国文化进阶先修课程和考试(Advanced Placement,即先修课程,或称跳级生课程,是专门为学有余力的高中生开设的大学课程,简称AP课程。高中生通过AP课程的学习,能提前拿到大学学分,为自己上名牌大学增添筹码)。将中文与法文、德文、西班牙文同列入可供高中生选修的外语课程设置计划清单,从而使汉语正式进入美国国民教育体系。定于2006年秋天正式开设的AP中文项目,由中国政府与美国大学委员会合作创设,中国政府已承诺负担整个计划所需费用的一半。虽然选修AP课程属于个人选择,但却是美国名牌大学在录取新生时的重要参考之一,因此,启动中文AP课程被视作美国中文教育一个新时代的开始,不仅学中文的人数将大大增加,而且也将改变华文教育现状。美国大专院校委员会2004年的一项调查显示,有2400所中学有意在2006年开设中文AP课程。

1987年,美国已有200多所大专院校开设了中文课,学生超过万人。90年代,美国大学出现中文热,在许多外语的注册学习人数大幅下降的同时,注册学习中文的学生却大幅增加。2002年全美首个中文学士课程在加州州立大学洛杉矶分校开始招生,从而打破了中文一贯作为外语公共课程教育的体制。目前,全美近3000所公立、私立高校中有约1/3设有中文科目,300多所中小学开设了中文课程。②

---

① 参见肖炜蘅《当代美国华文教育浅析》,《八桂侨刊》1999年第3期;刘伯骥《美国华侨华人教育》,台北华侨教育丛书编辑委员会1958年版。
② 参考《汉语崛起:10年内必学 2050占互联网语文40%》,中广网2005年6月10日。

## 二、加拿大

加拿大早期华侨人口少，因而华文教育发展缓慢。1947年以后这种情况略有好转，80年代以后情况大有改观。

### (一) 私塾式教育阶段(18世纪末至19世纪末)

1875年，首批移居加拿大不列颠哥伦比亚省维多利亚市的50多户华侨创办了一个讲习班，教授信札、簿记、珠算等课程。1884年，维多利亚中华会馆成立，当时侨社已有私塾或家庭教师。1899年，侨商李梦九等在中华会馆设立乐群义塾，是加拿大最早设立的侨校。该校招收学生四五十人，分为甲、乙两班，甲班教授《四书》、经史、《千家诗》，乙班教授《三字经》、《百家姓》之类启蒙书，教学语言是粤语。据记载，19世纪90年代，维多利亚这样的私塾共有八九家。1900年，维多利亚、温哥华成立爱国学校。此外，加拿大还有华源私塾和泰源学校。

### (二) 新华校的创办和发展期(20世纪初至1941年)

1907年，维多利亚乐群义塾改称华侨公立小学，加拿大开始有了侨办的新式学校。同年，维多利亚还成立了爱国学堂，不久停办。1908年，温哥华中华会馆创办爱国学堂，1912年改为华侨学校。1914年多伦多中华基督教长老会创办华侨学校，另有多伦多华侨小学、乃磨华侨小学创立。1916年卡尔加里善乐社创办华侨义校。1917年温哥华又创办华侨公立小学，这是当时加拿大规模最大的侨校。以后各地侨校相继出现。其中，创办于1925年的温哥华文疆学校于1937年办高中。1931年到1941年是加拿大华侨教育的鼎盛时期。1941年时全加拿大有华人社团设立的侨校15所，华侨教育会附设的幼稚园或小学11所，共计26所，有学生1万多名。其中温哥华8所，维多利亚7所。

早期创办的华侨学校，凡在清廷或民国政府注册的，可获得中国政府部分资助。

### (三) 停滞期(1942年—20世纪60年代末)

加拿大政府于第二次世界大战后取消了禁止华人入境的政策，1948年开始准许华侨子女前往加拿大。但由于各种原因,直至20世纪70年代,加拿大华文教育没有多大发展。①

1950年加拿大共有华校12所,学生计1045人,教师38名。1959年有华校18所。60年代中期华校总数维持在18所,但其中办得较好的不过六七所。②1968年全加拿大有华校14所。其中温哥华华侨小学学生人数最多,约有五六百人;文疆中小学是加拿大唯一设有中学的华校,大公义学是全免收学费的华校。③1970年,加拿大仅剩下10所华校,且全为小学。

加拿大华校学生每日只有下午4时以后才到华校上课,学习中文课程2小时。由于学生负担重,学费不菲,住处分散,加上华文实际应用受限等问题困扰,学生逐渐减少。

**(四)振兴发展期(1970年以后)**

1967年后,随着华侨华人人口的急剧增长,以及加拿大多元文化政策的实施,加拿大华文教育发展很快。

1971年,特鲁多总理宣布了多元文化政策,规定政府在国家统一的前提下促进各文化集团的交流接触,并帮助移民学习其中一种官方语言,以便全民投入加拿大社会。1982年,政府将多元文化主义写入加拿大宪法。1988年7月又通过了加拿大多元文化法,加强了多元文化的政策地位,为此政府还拨了数亿元的经费。④

此后,加拿大华文教育有了明显发展,新的华校和补习班不断涌现。1980年温哥华市中华文化中心办的华校首批招生30多名,到1997年时在6地开了7所分校,2000年时共有9个教学中心,学生3500多名,教师105位。1988年,中国台湾移民在温哥华创办了第一国语学校,与当地社区学院合作招生,使用台湾编的北美版汉语教材。1993年安大略省教育局办了685个粤

---

① 参见李天锡《北美洲华文教育的历程及其特点》,《华侨大学学报》(哲学社会科学版)2000年第4期。
② 参见黄昆章、吴金平《加拿大华侨华人史》,广东高等教育出版社2001年版。
③ 参见朱敬先《华侨教育》,台湾中华书局1972年版,第211页。
④ 参见李宝贵《加拿大华裔中文教学现状分析》,《世界汉语教学》2005年第1期。

语班,49个普通话班;天主教会办了150个粤语班,5个普通话班。据不完全统计,目前加拿大的不列颠哥伦比亚省有私立华文学校200余所,学生2万多人,教师500多名。其他地区著名的华文学校如魁北克省蒙特利尔的佳华学校(创建于1994年)现有学生1000多人,教师50多位;渥太华的欣华中文学校(创建于1996年)现有学生1100多名,教职工50多名;安大略省的维德中文学校(创建于1981年)现有学生2500多人。①

1983年,中华学院在维多利亚创办。它是华人开办的高等学校,开设国际经济贸易专业,招收中国各大学和企业来的学生。1985年开办中医研究院,招收当地学生。此外还设有汉语、中国画、书法等学科。

20世纪70年代起,在多元文化政策的指引下,加拿大各省纷纷制订了"祖语教育计划",利用政府的财力、设施和各民族地区的人力资源,大力开展祖语教育。华文教育作为其祖语教育工作的一部分,得到了很大的发展。这主要表现在华文教育在其常规学校里有了一席之地,而且越来越受重视。在华人聚居的多伦多和温哥华两大城市,汉语正逐步成为许多中学的正式外语课之一。对于一些中学毕业后打算进大学主修"亚洲研究"之类专业的学生,汉语已经成为获取中学毕业证和跨入大学的必修课程。为了统一教学水准,温哥华地区还设置了"汉语省考"。据介绍,1995年,安大略省和多伦多市共有27700多人读中文班。2005年,多伦多公立学校中有100所开设了中文课程。此外,在阿尔伯达省、曼尼托巴省和安大略省,已有几所常规学校实行了中英文双语课程。② 1994年9月起,加拿大政府承认华文考试成绩可以作为大学认可的一种外语分数。1994年,温哥华76所华文小学获得了政府的资助。

加拿大华校的华文教育属补习性质。华裔适龄儿童白天在公立学校念书,只有在夜晚、周末或节假日才到华文学校上课,一般每次3个小时。学生有青少年,也有成年人;有的学校还为4岁多的儿童开办了幼儿班。其班级有

---

① 参见李宝贵《加拿大华裔中文教学现状分析》,《世界汉语教学》2005年第1期。
② 参见王燕燕、罗庆铭《加拿大的祖语教育与华文教育》,《语文建设》1998年第3期;朱志平等《机遇与挑战——加拿大中学汉语教学考察研究报告》,《北京师范大学学报》2001年第6期;黄昆章、吴金平《加拿大华侨华人史》,广东高等教育出版社2001年版。

普通话班、粤语班、音乐班、舞蹈班、书法班、国画班、武术班等。早期的学校一般用粤语授课,现在不少学校则用普通话授课。有的学校用繁体字、注音字母,有的用简体字、汉语拼音方案。① 其教材则分别用中国台湾和中国大陆编写的北美教材。

与美国一样,加拿大的华校大多数没有自己的校舍,师资也非常缺乏。华文教师多数是兼职,还有不领薪水的义务教师。他们中不少学历很高,但多不是学中文的,且没有受过正规的师范训练。

## 第四节 大洋洲的华文教育

大洋洲地处南、北美洲和亚洲之间,包括澳大利亚、新西兰、巴布亚新几内亚及法属波利尼西亚等国。大洋洲华文教育比较发达的是澳大利亚,其次是新西兰。②

### 一、澳大利亚

据记载,1890年澳大利亚华侨已有49700人,但由于居住分散,澳大利亚的华文学校直至20世纪初才出现,不仅学校少,学生人数也少。

(一) 单一语言政策下的华文教育(20世纪初至60年代末)

这一时期,澳大利亚经历了单一语言政策从兴盛开始走向解体的过程。

20世纪初,澳大利亚华侨儿童少,既没有华文私塾,也没有华文学校,但政府所设学堂对华侨子弟一视同仁,华侨子弟多入本地学堂学习西文。1908年和1909年,有识之士在报纸上撰写文章阐述兴办华侨学校的重要性,主张土生华侨应以中英文为中国服务。③

1909年11月,澳大利亚华侨在墨尔本创办了华文夜校,有学生30人,利用夜间上课,教授华文。同年,粤籍人士叶炳南等在悉尼成立中华蒙养两等小

---

① 参见黄昆章、吴金平《加拿大华侨华人史》,广东高等教育出版社2001年版。
② 参见李天锡《大洋洲的华文教育》,《八桂侨刊》1999年第1期。
③ 参见黄昆章《澳大利亚华侨华人史》,广东高等教育出版社1998年版。

学堂。所谓两等,指初等(5年)和高等(4年)。学校以开启智慧、发明爱国合群之义为办学宗旨,招收6至15岁的学生,贫寒子弟可破格录取。学校为全日制,设修身、经学、国文、算术、史地、体操、图画及唱歌等,教学语言是粤语。其性质和教育制度与中国无异。此后所兴办的华文学校不多,且多为晚间或周末上课。[1]

从1909年到第二次世界大战期间,澳大利亚有案可查的华侨学校有如下几所:墨尔本《警东新报》人员在报馆内开办的夜学(1911,不久停办)、赵国俊在悉尼开办的华侨学校(1913,该校三起三落,最后一次复办和停办在1925年)、新南威尔士州中华商务总会开办的中华学校(1924)、维多利亚国民党支部创办的华侨夜学(1925,3年后停办)、墨尔本中国领事馆创办的中文学校(1931)、悉尼的国民党总支部创办的华侨学校(1931)等,此后一直到40年代,未见新华校成立。

第二次世界大战以后,尤其是20世纪50年代以后,澳大利亚的华文教育小有发展。50年代,墨尔本国民党支部办中文夜校。1965年改名为中华学校,利用周末上课。

20世纪从20世纪初至60年代,由于澳大利亚实施白澳政策,华侨华人人口减少以及居住分散等原因,澳大利亚华侨举办的教育事业日趋式微,既无独立存在的华文学校,连补习班性质的学校也只有零星的几所。

60年代中期到70年代初期,澳大利亚的单一语言政策逐渐解体,代之而起的是多元文化政策。澳大利亚开始被认为是亚太地区的一部分,联邦政府努力促使公众认同多元文化观念,深化对亚洲语言和文化价值的认识。在此情况下,在学校里教授亚洲语言也逐渐受到重视。

1964年有3所大学开设中文,即澳大利亚国立大学、悉尼大学及墨尔本大学。同时,在澳大利亚高等院校开设的亚洲语言课中中文居第二位。

### (二)多元文化政策下的华文教育(20世纪70年代以后)

从20世纪70年代开始,一批曾在中国受过教育的华人新移民赴澳大利亚定居,华人人口迅猛增长。70年代中末期,印支半岛上的大批华人逃离战

---

[1] 参见黄昆章《澳大利亚华侨华人史》,广东高等教育出版社1998年版。

火,定居澳大利亚,也增加了澳大利亚华人的比例。更加重要的是,1970年以后特别是1979年以后,澳大利亚开始重视亚洲语言和文化,并维护多元文化政策,给澳大利亚华文教育与汉语教学以极大的推动。

1970年,《联邦关于澳大利亚亚洲语言和文化委员会的报告》发表,此后华文补习学校数目大增。1979年,澳大利亚颁布了新的移民政策,其中规定移民将成为澳大利亚文化社会的一分子,成为多元民族;他们应融入到澳大利亚的多元文化社会里,但允许他们保留与传播各自种族的文化及特色。

1987年5月,澳大利亚制定了《国家语言政策》,更奠定了中文教学的地位。文中确定中文是澳大利亚在国际关系中最迫切需要的、要特别发展的、对澳大利亚最具有重要性的主要亚洲语言之一。1988年,《1988年高等教育白皮书》和《澳大利亚全国语言要略》发表,进一步强调了中文的重要性,提出要不遗余力地加以介绍、推广和提高。为此,政府还制定了《全国中文课程规划》、《全国高等中学语言大纲》、《发展澳大利亚的语言潜势:中文卷》等规划,制定了中小学中文教学课程大纲和高等中学最后一年中文测试大纲。

在这些政策、措施的影响下,澳大利亚的华文教学有了较大的发展,进入20世纪90年代以后发展更快。

1974年,墨尔本华文学校创办,设于市属天主教学校内,有5所分校,每所分校有学生数百人,其中斯普林维尔分校最盛时有学生600人。同年,澳洲华人社团侨青社创办中文儿童班,1977年在此基础上创办悉尼中文学校,到1990年,该校已有10个年级,41个班,学生约800名,从幼儿识字一直教到初中中文毕业。其教师分别来自中国大陆、香港、台湾以及新加坡,教材采用新加坡版课本及自编的《中国的节日》、《中国的发明》、《中国著名的地方》、《中国古代史、近代史》等,教学语言是普通话和粤语。1985年,墨尔本开办斯普林维尔华裔公立中华学校,受到当地华人的赞助和地方政府的补助,学生从幼儿到初中都有。1987年,悉尼华人又筹资兴办了悉尼中华语言学校。1981年悉尼有中文学校16所。[①] 1989年澳大利亚共有被称为民族学校的中文学校49

---

① 参见李天锡《大洋洲的华文教育》,《八桂侨刊》1999年第1期。

所,学生 9727 人。1993 年,这种学校增至 96 所,学生 15152 人。

进入 21 世纪以来,澳大利亚华人子弟学习标准华语蔚然成风。2003 年,仅维多利亚省和悉尼市两地中文学校就超过 100 家,学习人数约 2 万人;其他地方的中文学校也很多,而且很多中文学校规模很大。例如,创办于 1971 年的维多利亚省侨友社华文学校有两所小学,一所中学,学生 500 名。由印支华人兴办的南澳华联会中文学校占地 2 万平方米,有教室 24 间,还有办公室、大礼堂、球场、停车场、小卖部。目前该校仅汉语班就有 35 个,学生 800 多名,教师 40 余位。同时还兼办民族舞蹈班、书法班、英语班、数理化补习班,成为南澳规模最大的一所正规周末汉语语言学校。①

这些中文学校都是补习性质的,每周末上课 2 至 3 小时。以昆士兰大学的中文儿童学校为例,近百名儿童被分为初、中、高级 3 个班,参照中国国内中小学教育经验,制订粗略的教学大纲,旨在让学生掌握汉语拼音和上千个汉字,能造句、作文,并理解中文的一些常用成语、少量的著名古诗以及中国文化的一些基础知识。学校属非营利机构,其经费主要来自学生缴纳的学费、社团赞助费和当地教育部门微薄的补贴(每个学生每年 30 澳元)。②

这些中文学校的教学语言现多已改用普通话了,其教材有选用中国国内编写或新加坡编写的,也有自编的。

除了华人主办、以华人子弟为主要教学对象的周末补习学校外,澳大利亚中小学及大学也广泛开展汉语教学。1988 年澳大利亚有 2230 名小学生在学习中文,1991 年猛增至 12300 人。1988 年有 6682 名中学生在学习中文,1992 年增加到 10122 人。1995 年澳大利亚有 113 所中小学开设了中文课;2003 年增加到 485 所,学生总数 58000 余人。③

1981 年澳大利亚有 11 所大学开设中文课程,1992 年增加到 22 所。澳大利亚的中文教育倾向于多样性和实用性,不少新兴大学将中文教育引进商业、经济专业,如迪金大学、La Trobe 大学都设有商业汉语课程,而在悉尼科技大

---

① 参见靳丽华《南澳华联会中文学校综述》,《海外华文教育》2005 年第 1 期。
② 参见曹季南《澳大利亚的中文教育》,《语文教学与研究》2000 年第 19 期。
③ 参见黄磊《澳大利亚华文教育之现状》,《暨南大学华文学院学报》2003 年第 4 期。

学,学习各种专业的人都可以加读一个中文双学位,把专业与语言结合起来。[①]

## 二、新西兰

华人移民新西兰已有 100 多年历史,但 1987 年以后的新移民占新西兰华人总数的 60% 以上。

20 世纪上半叶,新西兰实行强迫教育政策,凡儿童在 6 至 16 岁之间必须接受普通教育,侨童也一样,不过对侨童学习华文不予鼓励,也不加干涉;侨校也准开设,聘请教员入境也许可。

新西兰是个多民族的国家,多元文化包容并蓄,使得华文教育有了自己的生存土壤。新西兰华侨、华文教育起步较晚,其兴起与基督教会有着很深的渊源。早期基督教会为了方便传教和帮助华工,曾派牧师到中国广州学习中国语言,并建立了教会学校。比较有名的教会学校如白鹤洞真光教会学校。第二次世界大战后,教会人士又协助侨眷到新西兰与亲人团聚居留,与华人建立起深厚感情,华人信众增加,华人传教士和教会相继出现。接着,惠灵顿的圣公会和浸信会两个华人教会开设了中文补习班,成为新西兰最早的华文教育形式。[②] 1955 年新西兰有华校 5 所,学生 3000 余名。1968 年,屋仑华侨会所建立华文义校一所,是比较正式的华文学校。同时,其他形式的华文语言班、中文学校和义校的兴办从未间断。

1987 年新移民潮开始后,新西兰于 1991 年兴办了一所中文学校新华学校。该校是由新西兰华人互助联合会举办的,得到新西兰首都惠灵顿市长和中国大使馆的帮助。1996 年,该校有 7 个班,140 多名学生,属业余中文学校。新华学校之外,惠圣顿还有华人圣公会办的中文班、汉语学校以及翁斯洛学校的夜校中文班等,全是业余学校形式。1995 年,新西兰学习华文的中小学生有 244 人,1996 年达到 2373 人;1997 年新西兰有 60 所中小学、13 所大学开

---

① 参见张昌柱、陈申《澳大利亚的中文教育概况》,《世界汉语教学》1995 年第 4 期。

② 参见梁小钢《蓬勃发展的新西兰华文教育》,载吕伟雄《海外华人社会新观察》,岭南美术出版社 2004 年版。

设华文课程。

　　有的华文学校采用中英文对照的课本,因为新西兰的官方语言是英语,华文教师都能讲流利的英语。这些学校也采用普通话和英文作教学语言,教简体字和汉语拼音方案。教师们认为,汉语拼音方案比"国语注音符号"容易学,英、法语国家或地区的儿童学起来更为方便。

　　在正规学校,新西兰各大中小学除开设英语、毛利语以外,还开设外语选修课,其中日语、法语、汉语是选修较多的几种外语。在20世纪80年代,新西兰就设立了"中六的华文证书",作为学生的校内评估。1998年,新西兰教育部正式宣布将华文列入全国大学入学考试的外语科目之一。1999年,首届华文考试成功举行。2000年,教育部将华文列入新西兰中学会考,使华文成为外语考试科目。这些政策和举措,对于促进华人和非华人的华文学习都有很大帮助。

## 第五节　欧洲的华文教育

　　欧洲的华文教育起步较晚。第二次世界大战后有记录的华文班只有荷兰有,其余国家都是空白。欧洲华文教育的普遍开展在20世纪六七十年代以后,大力发展则在80年代以后。据报道,1980年至1986年,英国、法国、德国、荷兰、比利时一些大中城市先后创办了20所中文学校。据估计,2003年全欧洲共有华校300余所,其中英国160至180所,法国、荷兰各三四十所,德国20多所。下面对英国、法国、德国三个国家的情况作一简介。[①]

### 一、英国

　　1935年英国曾有1所华侨学校。20世纪60年代中后期,英国曾开办几

---

　　① 参见高伟浓、杨晶《二战后欧洲华文教育的历史与前景的初探》,《暨南大学华文学院学报》2004年第2期;章志诚《欧洲华文教育的历史与现状》,《八桂侨史》2003年第1期。

所中文学校（补习班）。其中包括伦敦共和协会创办的一个儿童中文识字班和旅英华人社团在曼彻斯特创办的一所中文学校。70年代是英国中文学校发展的高潮时期，伴随着香港移民的大量涌入，英国成立了各类中文学校（班）。1987年，英国的中文学校达96所，学生12036人，遍布英伦各地，整体办学规模居欧洲各国之首。此后，英国的中文教学继续发展。2003年英国的中文学校在120所以上。据《欧洲时报》报道，2005年英国中文学校有200多所，几乎每个华人社团都有自己的中文学校，社区中心也设有中文学校，学生人数2万多，绝大多数是华裔子弟，也有少量当地的英国人；在中文学校里授课的教师1000人左右。为了鼓励更多的人学习中文，促进中文教育的发展，"英国中文教育促进会"专门在2002年创立了华文教师节，每年10月份的第四个星期天举办庆祝活动。

下面介绍几所比较有影响的英国中文学校。

1968年，英国伦敦华人社团共和协会创办儿童华文识字班，当时仅有学生8人，教师1名。到1981年增设帮助侨生获取英国中学中文文凭的补习班。后来发展成为拥有500多名学生、26名教员的大型中文学校，设有幼儿、小学、中学等共19个班次，用粤语教学；另设普通话、中国民乐、太极拳等学习班。经费主要来自募捐和自筹，同时伦敦教育当局、香港驻英办事处等机构也给予了少量资助。

1968年，英国华裔总会中文班在伦敦成立。刚成立时，仅有学生20名。1977年扩建为英国华裔总会中文学校，设有幼稚园、小学、中学以至大学预科，自成完整的教育系统。该校用粤语教学，另设普通话班、国画班等。到1987年，已有学生1400余人，同时拥有一座大楼作为校产，号称欧洲最具规模的中文学校。

1980年，曼彻斯特中国教育文化社团协助中心创办中文识字班，有学生500多人，年龄在5至18岁之间。识字班用粤语授课，设有语文、常识、普通话、舞蹈、戏剧、武术、成人英语和师资训练班。

1980年，旅英中华专业协会在伦敦北郊恒屯创立了第一所采用普通话教学的中文学校，自此开始了普通话教学在英国的进程。

英国的中文学校大多没有自己的校舍,只是在星期天租用当地的中小学教室授课。他们的办学规模和办学质量也不尽相同。多数学校开设粤语班、普通话班,有的还开设中文电脑、民族舞蹈、中国音乐、武术、绘画、书法等课程。

另外,英国的正规小学、中学、大学也开设了汉语课程。英国已将汉语纳入英国教学大纲所规定的初中结业考试和高中会考科目中。2001年,约有2400名学生修读了英国初中会考普通话课程,3200名学生修读了高中程度的普通话课程,学生几乎全部来自华人家庭。2002年,有150余所中学开设了汉语选修课。不少学校采用英国文化委员会与中国国家汉办合作出版的《快乐汉语》教材。2000年左右,伦敦金斯福德社区学校成立。它是英国第一所将汉语列为必修课的中学。为了搞好汉语教学,该校从中国北京、上海招聘了6名教师,分别教授汉语课和数学课。2003年,英国高校约有30所开设了汉语课,当年全英学习汉语的所有人员,包括正规小学、中学、大学以及民办中文学校的学生,约4万名。英国政府还计划在未来5年内拨款100万英镑在英国公民中普及中文。

## 二、法国

法国华人兴办的中文学校从20世纪80年代开始不断出现,迅速发展。这里简述一些比较突出的中文学校的创办和发展情况。

1981年,巴黎十九区中华学校创办。创办人是法国丁氏公司负责人丁伟星、李文瑛夫妇。2000年该校有学生700多人。每逢星期三、六下午和星期日上午上课。学校用中国台湾的"华语"教材,根据学生程度分成学前预备班,第一至第十二册各班,法国高中毕业生会考(BAC)中文辅导班,以及成人初、中、高班。同时,还有象棋班、武术班、电脑班、钢琴班、中国烹饪班等。在校任课的10名老师是中国大陆和台湾高等学校毕业的硕士、博士。

1982年,由法国华裔互助会举办的华裔会中文班开课。据2003年1月报道,该中文班历经20个春秋,从未间断。该中文班每年开办6个不同程度的班级,分别在周三、六、日下午授课,且开有暑期班。由于近年采用北京华文学院编写的《汉语》教材,学生人数逐渐增加。2004年有学生200人,从6岁的稚童到50多岁的长者都有。初学者大都是法国土生土长的孩子,经过数年学习可认上千个汉字,具备一定的阅读和朗读能力,也可以用汉语进行一些交谈。

1986年,法国华侨华人会在已有中文班的基础上成立了中文学校。建校之初,这所中文学校只有1个班,30几名学生。到2002年春,学生增加到570人,15个班级。2003年秋,学生增加到700多人,19个班级,成为法国规模最大的中文学校。

1986年前后,法国潮州会馆中文班开班。2001年,该中文班有学生350多人。他们采用北京华文学院编写的《汉语》教材,依册为学生编班授课。2000年该机构又开设中文电脑班,至2002年已举办6期,学生有350多人。2005年,该教学机构共有544名学生,19个班。他们与北京华文学院合作开办汉语暑期夏令营活动,效果良好。

法国巴黎《欧洲时报》早在20世纪80年代就兴办了中文学校,2004年该校有学生400余名,14个中文班和1个武术班。该中文学校的学生都是7到16岁的华人子弟。他们采用中国暨南大学华文学院编写的《中文》和北京华文学院编写的《汉语》进行教学,每周三、六、日上课,每次一个半小时;有的班每周上两次课,有的班只上一次。1987年,由巴黎《欧洲时报》主办、巴黎友和有限公司赞助的法国华裔青年赴华学习汉语团创立。该机构每年利用暑假开办汉语学习团一期,每期持续两个月,由北京语言文化学校(今北京华文学院)承担培训工作。

1996年,法国青田同乡会中文班成立。该班的大部分学生是青田华侨华人的子弟,另有少数法国学生。

2004年5月5日,法国新世界中国城集团开办中文语言文化学校。该校招收华裔青少年和法国友人,采用小班上课,汉语为主,法语为辅。课程分汉语课和中国文化课两部分,每次3小时(其中汉语2小时,中国文化1小时)。

2003年,巴黎中国文化中心根据中法两国有关协议成立。该中心成立后举办了多场展览、讲座,也开设了汉语学习班。2005年,该中心共有15个法国学员汉语班,2个中国绘画班,学员人数将近300人。这些汉语学习班的特点是:主办方为半官方性质,学员主要不是华人子弟。

2000年,巴黎法中语言学校成立。后来该学校发展成为一个法中集团,包括法中语言学校、高等经济学院、礼仪公司和中法人才交流服务网等分支机构。2004年,法中集团创办法中中文小学,旨在为法国的华裔孩子提供中国小学生六年制基础教育。该小学采用中国现行小学教材,从中国聘请有经验的专业教师任教,根据学生的年龄和中文程度,分设学前班、一年级至六年级班。他们计划在5年内办起初中和高中,使华裔子弟能够接受正规、系统的中文基础教育。

据介绍,2001年,法国有中文学校30所。2004年全法有108个协会和机构设有汉语教学,华裔学生15000多人。这些中文学校大多数是华人社团兴办的,规模不大,校舍多借用正规学校的校舍或社团办公用房,办学形式绝大多数是利用星期三下午与周末。教材多用中国大陆或台湾编的,个别学校直接采用大陆小学教材。法国华人有讲潮州方言、粤方言、温州方言的,但绝大多数会讲华语。为了提高教学质量,各学校重视开展演讲比赛等活动,包括校内和校际的比赛。各地政府都很重视中文学校,政府官员经常出席中文学校的活动,有的地方官员还向中文学校免费提供教室。由于法国高中毕业会考(BAC)有中文口语考试,所以华人子弟学习中文有较高的积极性。与很多国家相似,法国的中文教师也很缺乏。

法国小学、中学、大学开设中文课比例很大。2005年法国有1000多所小学、150多所中学开设了汉语课,其中学生绝大多数是法国人,华人子弟约占10%。其中中学学汉语的人数是9330人。在大学,汉语课的开设也很普遍。有超过100所大学开设了汉语课,学习者数以千计;有13所大学开设中文专业,学生达6000多人,其中有5所大学有硕士学位,2所有博士学位。法国已继日本、韩国之后成为参加汉语水平考试考生人数居第三位的国家。近年为了推动汉语教学,法国自己也举行汉语水平考试。法国总统希拉克鼓励法国青年学习中文:"这是对未来的一个极佳选择。"

## 三、德国

中国人在19世纪后期开始移居德国。到2004年年底,德国华侨华人达15万人左右。据记载,1973年德国汉堡中华会馆创办了一所中华子弟学校,使用中国台湾编写的教材,并得到台湾"侨委会"的资金支持。

1984年4月,不来梅一对热心的夫妇联系侨界人士创办了不来梅中文学校。

1985年,慕尼黑的"西德华人联谊会"和越棉寮华裔联合会创办了慕尼黑中文学校。1986年该校招收5至25岁的华裔学生60多人,大都是在校学生,按年龄分成两个班教学。其课本由中国驻德国大使馆提供,利用星期六上午上课,教室在慕尼黑市政府支持下设立于一所公立学校内,学生免交学费。

1985年9月,波恩一批侨界热心人士创办了波恩华侨中文学校。该校建校初期只有两个班,2004年有10个班,在校学生超过160人,设初、中、高三个班次。学校在中级班还开设中国地理、历史课,在高级班开设中国文化知识课。

1986年,杜塞尔多夫中文学校创立。1994年该校有学生50余人。

1992年,柏林华德中文学校创办。2000年该校拥有20多个班级,320多名学生,11位教师。

此外,比较知名的中文学校还有柏林中文学校、法兰克福德华中文学校、美茵茨中文学校、斯图佳中文学校、莱茵台北中文学校、埃森的德华中文学校、明斯特中文班等。2005年,德国有中文学校70多所,分散于各地。其中,巴伐利亚州7所,柏林地区10所,汉堡地区9所,波恩地区13所,法兰克福超过5所。

德国的中文学校都是周末学校,基本上只有周六上课。德国没有唐人街,华人社团也没有会所,因此中文学校一般租用当地学校的教室上课。这些中文学校普遍采用暨南大学华文学院编写的《中文》教材,按册数划分班级,每所学校一般有10个左右班级,每班10至20名学生。除了中文课外,还开设中国地理、历史等文化知识课,以及中国舞蹈、书法、绘画、剪纸、武术、乐器、电脑等兴趣班。有的学校还开设成人德语汉语双语课。一些与中国台湾"侨委会"关系密切的学校使用中国台湾方面提供的教材。在中国台湾"侨委会"的推动和支持下,2001年3月5日,德国中文学校联合会在汉堡成立。

**思考和练习**

1. 海外华文教育可粗略分为私塾教育、华侨教育和华文教育(华文教学)几个阶段,简述各阶段的起止界限及特点。

2. 当前的海外华文教育有几种形式?各有什么特点?

3. 海外华文教育在师资和教材方面都有困难,请作一些调查分析,具体说说是什么样的困难,如何解决?

4. 对照不同形式的华文教学及各国小学、中学、大学的汉语教学,从学时、教学目标、教学效果等方面作些分析。

5. 当前海外华文教学有走向正规化的趋势,请说说具体表现有哪些?如何评价海外华文教学的正规化?

# 第四章　华裔学生的特点及其对华文学习的影响

## 第一节　华裔学生特点概说

如果给来华留学的语言生做一个平面分类,结果大体是:华裔、韩日生、其他英语母语者、其他非英语母语者。在这个平面分类中,华裔是其中一类。如果从海外的汉语学习来看,华裔作为汉语学习的主体,应该是相对于非华裔而存在的概念。由于资料所限,本章所言华裔(学生)一般是指来华学习汉语的华裔留学生。

这样的分类具有重大意义。它可以加深对包括华裔在内的不同类别的留学生特点的认识,带来从教材到编班,再到教学管理等一系列的重大变化。例如在文化教学上,对华裔的教学应该甚至必须表现出它的强烈的特殊性。我们不能以面向华裔的文化教学施教于非华裔,反过来,以淡化文化的语言教学施教于华裔同样也是不合适的。"在教学目标上,华文教学与对外汉语教学是不尽相同的,对华裔留学生与外国留学生的教学应该是不一样的。对对外汉语教学来说,衡量对外汉语教学的成功与否的唯一标准,就是学习者是否掌握了汉语这一交际工具,而华文教学的目标不仅仅如此——它是不能仅以 HSK 等级考试来作为唯一目标的,它除了要教会华裔留学生掌握汉语的基础知识、基本技能之外,还要在此基础上,保持并发扬中华文化情结,培养并丰富他们的中华文化人格。"①

　　进一步而言,同是华裔,东南亚华裔跟欧美华裔也有很大的不同;同属东南亚华裔,由于各个国家不同的语言、文化、国情等,华裔学生的特点也必然不尽相同。但因为是华裔,他们也必然表现出不分地区、不分国别的共性特征——即华裔特征。这正是我们关注的焦点。华裔特征会强烈地影响到华语教学,对华语教学既有积极的一面,也有消极的一面。那么,华裔学生的总体特点有哪些呢?这些特点对华文教学又会产生什么影响呢?

## 一、年龄适合学习

　　华裔学生年龄偏小是多年来普遍存在的一个现象,研究者对这一特点也给予了充分的认识。有学者对1999年2月至2002年2月间的100名华裔学生的入学年龄进行了调查,统计结果是他们的平均入学年龄为17.8岁。② 因为年龄偏小,一些学生的学习状态不够稳定。由于他们还不能像家长那样对华语的重要性有明确的认识,对祖籍国语言的感情也比较淡薄,所以他们的华语学习更多要靠兴趣支撑。家长的要求、教师的鼓励、教学方法的灵活多样等外在因素往往会成为影响他们学习的重要因素。当然,这只是就年龄偏小的华裔生来说的,而对于年龄稍长一些的华裔来说,他们的学习状态和学习成绩通常是相当好的。另外,近年来华裔生的入学年龄有了一定的提高,年龄很小的学生几乎很少看到,同时年龄很大的学生也没有,大多集中在高中到大学这一年龄段上。显然,这是一个比较适合学习的阶段。

## 二、语言学习经历复杂

　　这一点也是华裔生的一个普遍特点。受生活环境的影响,他们通常需要掌握而且一般也能够在不同程度上掌握若干种以上的语言。所在国语言是必

---

① 参见张宝成《浅谈开展文体活动在对华裔留学生教育和管理工作中的作用》,www.gqb.gov.cn/node2/node3/ node12/node14/node49/userobject7ai645. html - 21k -。
② 参见李善邦《华裔学生的汉语口语教学及其相关因素》,《华侨大学学报》2002年第4期。

须掌握的,这是生存的需要;英语是国际上的强势语言,一般也是所在国的首选外语,当然要学;汉语方言往往是父辈们的语言,甚至也是较大的华人社区的通用语言,例如在印度尼西亚的棉兰、马来西亚的槟城,福建话(闽方言)就相当通用,而在几乎整个泰国,闽南话则是华人(甚至包括一些当地人)的通用语言,当然也要学;华语是海外华族的族语,跟汉语方言相比,华语的使用率越来越高,优势越来越强,当然也要学。这样,在华裔人群中,哪怕是青少年,往往也不同程度地掌握几种语言。

复杂的语言生态环境,使华裔已普遍适应不同语码之间的转换,学习第二、第三语言对他们来说显得并不那么可怕。我们曾经看到过一个来华学习的印尼学生不但华文学得很好,而且利用跟韩国人、泰国人、巴拿马人同学的机会,认真地学习韩语、泰语、西班牙语。显然,多语学习的背景对汉语学习是十分有利的,可以使他们保持一个相对积极、乐观、轻松的心态。

### 三、很少真正的零起点

所谓"零起点"是指,对一种语言(应该包括这种语言的方言)听、说、读、写能力完全为零的情况。这个"零"不是绝对意义上的,仅仅会说几个词或者一两句问候语显然是算不上具有该种语言的语言能力的。

汉语言能力上的零起点在非华裔来说是普遍的,而对华裔来说则正好相反。如果说华裔生没有"零起点"有点绝对的话,零起点的华裔生的确很少则是不容置疑的事实。以印度尼西亚华裔为例,尽管华语被禁了30年,但调查表明,被调查对象均有一定的华语或汉语方言能力,不会说的也能听懂一些。[1]

华裔青少年历来就有家庭、社区的华语文背景,华语作为华人的种族标志也历来为家长所重视。特别是近年来随着中国国际地位的提升,华语在全世

---

[1] 参见王爱平《印尼华裔青少年语言与认同的个案分析》,《华人华侨历史研究》2004年第4期。

界得到重视,学习华语、使用华语的环境得到显著改善,华裔更是以会说华语为骄傲,华语补习班一类的语言学校在东南亚一带相当普遍。近年来,不仅很难再看到真正意义上的零起点华裔生,而且他们入学时的华语水平普遍有了明显的提高。

这个"非零起点"现象对我们的传统教学安排显然是一个挑战。起点不同会直接影响到学习的进度。我们发现,哪怕是按部就班地跟着零起点的班级走,华裔生在起始阶段的进步也是飞快的。有些学生刚来中国时觉得读初级下可能还有些吃力,但读过初级上之后则会跳到中级上,这在非华裔几乎是不可想象的。"非零起点"对传统教学的挑战还体现在华裔学生起点语言能力的不均衡上。例如:有的学生听说读写都已经有了初步的能力;有的会听说不会读写;有的虽然不会说,但是会听;还有的即使没有显性的语言能力,但华语或者汉语方言早已经在他身边浸润了很久(这不妨可以看作是隐性的语言能力),一旦有了合适的外部条件,它必然会突飞猛进地发展。

### 四、"融入性"学习目的突出

学习目的的不同,必然会直接影响到学习内容甚至学习方式。不管是华裔还是非华裔,学习目的表面上似乎都可以简单地分为明确(例如为了工作)、不明确(例如感兴趣),但实际上这两类学习者之间是有本质区别的。因为是华裔,他们有族群意义上的华语学习的明确性、坚定性,这一点仅从个别学习者身上不容易观察到,甚至还有可能看到相反的东西,但从华人的华语学习历史看,就最明确不过了。华语学习的目的动机可以有很多,但是其中有一条是非华裔没有的,这就是:华人就应该会说华语。这条潜在的"理由"或多或少地强化了其他外显的、明确的学习目的和动机。表4—1是一个华裔与非华裔学习目的比较表,从中我们可以清楚地看到华裔与非华裔在汉语学习目的上的不同,也可以看出华裔在汉语学习目的上的优势:[①]

---

[①] 此表来自王志刚等《外国留学生汉语学习目的的研究》,《世界汉语教学》2004年第3期。

表 4—1

| 目的类型 | 均值比较 ||||  排序比较 |||
|---|---|---|---|---|---|---|---|
| | 华裔 | 非华裔 | 均值差 | P值 | 华裔 | 非华裔 | 位差 |
| 1. 为通过汉语水平考试(HSK) | 2.48 | 2.85 | −.38** | .008 | 19 | 11 | 8① |
| 2. 为获得汉语培训的资格证书 | 2.82 | 2.35 | .48** | .000 | 17 | 16 | 1 |
| 3. 为在中国大学学习作准备 | 2.74 | 2.22 | .52** | .000 | 18 | 17 | 1 |
| 4. 为找一份好一点的工作 | 4.10 | 3.50 | .61** | .000 | 4 | 7 | −3 |
| 5. 为增加将来工作提升的机会 | 3.83 | 3.16 | .67** | .000 | 9 | 9 | 0 |
| 6. 便于学习专业知识 | 3.57 | 2.84 | .73** | .000 | 11 | 12 | −1 |
| 7. 为满足任职公司或企业的要求 | 2.92 | 2.65 | .22 | .126 | 16 | 15 | 1 |
| 8. 为满足自己对中国文化、习俗、艺术和汉语的兴趣 | 4.03 | 3.79 | .24* | .022 | 6 | 3 | 3 |
| 9. 为满足父母、朋友的要求 | 3.30 | 2.21 | 1.09** | .000 | 12 | 18 | −6 |
| 10. 便于在中国旅游 | 3.80 | 3.25 | .56** | .000 | 10 | 8 | 2 |
| 11. 便于与说汉语的人交流,结识更多的朋友 | 4.22 | 3.97 | .25* | .011 | 1 | 2 | −1 |
| 12. 便于欣赏中国电视、电影、戏剧和歌曲 | 3.93 | 3.55 | .39** | .001 | 7 | 6 | 1 |
| 13. 便于了解中国人的生活 | 4.19 | 3.79 | .40** | .000 | 2 | 3 | −1 |
| 14. 想使自己成为一名中国人 | 3.03 | 1.69 | 1.34** | .000 | 15 | 19 | −4 |
| 15. 想使自己显得更有知识和教养 | 3.91 | 3.06 | .85** | .000 | 8 | 10 | −2 |
| 16. 满足自己的自尊心 | 3.20 | 2.73 | .47** | .000 | 14 | 13 | 1 |
| 17. 满足自己好奇、探索新知识的需要 | 4.13 | 4.00 | .14 | .165 | 3 | 1 | 2 |
| 18. 体现自我价值 | 4.09 | 3.60 | .50** | .000 | 5 | 5 | 0 |
| 19. 想使自己像中国人一样思维和做事 | 3.21 | 2.71 | .49** | .001 | 13 | 14 | −1 |

---

① 此处原文为"7",有误,引者更正。

从表 4-1 的数据中可以看出如下几点：

1. 华裔的学习动机比非华裔更为强烈。
2. 在 19 个学习目的中，华裔与非华裔只有两个条目(7、17)不存在显著差异。
3. 观点完全相反的条目有五条(均为华裔肯定，非华裔反对)：6、9、14、16、19。这些条目均与"融入性"目的相关，说明华裔与非华裔的学习目的的区别主要表现在"融入性"上。

"融入性"会强有力地影响到学习，教学上要注意到这些不同，并作出反应。例如，课程难度、进度不妨加深、加快，文化性、实践性也都要加强。我们的这一认识在吴建玲的研究中得到了证实，"绝大多数的华裔学生对汉语学习的期望值较高。这种直接的学习目的，带来了学习的紧迫感与压力，使他们的汉语学习带有很强的主动性和积极性"。[①] 总之，在目前的对外汉语教学模式中，华裔生在初级阶段吃不饱的现象是普遍存在的。可见，"零起点"和"工具性"的教学思路并不适合华文教学。

## 五、中华文化底蕴

华裔的文化背景是什么呢？简言之就是以中华文化为主导的多元文化。华裔置身于一个新的文化环境，特别是加上政治因素，不可能不受到所在国文化的强烈冲击。但毋庸置疑，华裔——哪怕是三代以上的华裔——也大多努力地保持着中华文化的方方面面，甚至在某些方面比生活在中国大陆的人更为认真和执著。

与中国人"神似"的传统文化背景，使华裔在来到中国之后生活上不会感到太多的所谓"文化震撼"，自然也很少有因需要适应新的文化而带来的麻烦。华裔会更加自然顺畅地融入到大语境中，从而使他们的学习更多地附加上"习得"的色彩。特别是口语的学习，会更加迅速。中华文化底蕴对汉语学习具有强力促进作用，"不论从教的角度还是从学的角度，都不应忽视这个特点，而且

---

[①] 参见吴建玲《对一百名华裔学生语言文化情况的调查报告》，《语言教学研究》1996 年第 4 期。

应因势利导,积极地、有意识地发现和利用汉文化的正面效应,以取得更好的教学效果"。①

### 六、有更好的学习环境

这个问题可以从主客观两方面去看。

客观上,华裔的语言环境要好许多。就来华的华裔生而言,他们选择就读的院校跟他们的祖籍地、跟他们在国内的亲属关系有很大的联系。亲属关系(以及由此衍生的朋友关系)实际上就意味着一个良好的语言环境。一般说来,这样的语言环境是非华裔所没有的。另外,还有一些因素表明华裔生的客观语言环境是优于非华裔的。例如,面对一个金发碧眼的老外,我们的第一反应是他们不是中国人,不会说汉语;而面对华裔我们则没有这样的心理预期,相反,我们会有"华裔会说汉语"的预期。由此会引导出完全不同的对话方式,极端的情况是对非华裔,中国人可能会主动放弃汉语,改用对方的语言,或者用英语交谈。毫无疑问,这种不利于汉语学习的情况不会发生在华裔身上。

事实上,即使客观环境相同(例如都没有中国亲戚),华裔跟非华裔仍然身处一个区别显著的主观环境中。客观存在的语言环境对学习者来说是死的,需要他去激活,去把大环境变成一连串组合起来的小环境,从而使无效的客观环境变成有效的主观环境。在如何激活语言环境上,不同的学习个体表现会千差万别,但华裔与非华裔呈现出一些总体区别。例如,华裔生一般不会像许多韩国学生、日本学生那样把自己封闭起来学习汉语,而是有更明显的习得型学习过程,如跟中国人交谈(因为他们许多已经有了初步的口语能力)、看华语电视、听华语歌曲、用华语独立完成生活化的交际(就餐、购物、旅游等)。这一切并不仅仅是起点的不同所致,而是有更深刻的文化上的因素。

总之,华裔与非华裔在华语学习方面的一系列区别,导致他们在激活语

---

① 参见吴建玲《对一百名华裔学生语言文化情况的调查报告》,《语言教学研究》1996 年第 4 期。

言环境(即创造小的、个人化的语言环境)上表现出巨大的不同。

## 七、学习过程持久

就来华学习的华裔学生来说,他们往往来华前就通过各种方式学习过汉语,有些学生汉语学习的历史甚至长达几年。其次,华裔在中国的汉语学习一般持续时间也比较长,最少也在一年以上。再次,华裔即使离开中国大陆,汉语学习一般也不会因此而彻底停下来,因为海外华人社会仍有一定的语言环境,初步的华语能力会得到发展。总之,华裔的汉语学习过程往往会表现出一个细水长流的态势,这种表现无疑更接近母语学习状态。

以上所谈华裔学生的特点大多是对学习有利的一面,这是主要的。这些特点往往也包含了不利的一面。例如,复杂的语言学习经历固然对减轻学习的心理障碍有帮助,但也有可能使学生对学习语言产生厌倦;非零起点的情况对学习者的影响也相当复杂,在有些学习者那里会完全变成负面影响——自恃会说一些汉语,学习不努力,徘徊不前;优越的语言环境也有时可能使学习者产生挫折感,因为中国人极有可能会过高地估计华裔学生的语言能力;细水长流的学习方式也会导致华裔生不会抓紧时间,不能很好地珍惜全日制、高强度、高速度的学习方式,依旧拖拖沓沓,不紧不慢。这些情况在教学上都是经常遇到的。

除了上述特点,华裔还表现出受所在国文化的影响而呈现出的一些特征。例如,众所周知,韩日学生不喜张扬,欧美学生则长于表现,那么华裔又怎样呢?显然不能用这样简单的划分来观察华裔,需要进一步联系所在国的文化。西方文化熏陶下的华裔跟东南亚华裔必然不会相同,而同是东南亚华裔,泰国学生跟印尼学生又不一样,前者似乎更加活泼好动。

**思考和练习**

1. 华裔生的一般特点是什么?

2. 华裔生"非零起点"现象给华文教学带来哪些不同于一般对外汉语教学的变化?

3."融入性"动机会给学习带来哪些影响?

4.华裔和非华裔来华留学生所处的语言环境有什么不同?为什么?影响是什么?

5.华裔和非华裔对待汉字的态度有什么不同?如果有可能,请以此为主题做一个语言调查。

## 第二节 华文学习的语言、文化、家庭和社会背景

上一节主要讨论了华裔学生在中国大陆学习汉语时具有的一些特点。本节则进一步分析华裔学生汉语学习的一些背景因素,以及这些背景因素对学习的影响。这些背景可以分为四个方面:语言背景、文化背景、家庭背景和社会背景。

### 一、语言背景

#### (一)所在国语言背景

华裔分布在世界各地,绝大部分集中在东南亚,占世界华侨华人总数的82.4%。[1] 所在国语言会影响华语学习是一个共性,这里以东南亚华裔使用最多的四种当地语言为例说明它们对华语学习的影响。

1.他加禄语和马来语

他加禄语也称菲律宾语,是菲律宾的国语,属于南岛语系马来—波利尼西亚语族,和马来语等南岛语系诸语言有亲缘关系,他加禄语的使用限于菲律宾。马来语是东南亚最大的语种,使用范围遍及东南亚多个国家,如印度尼西亚、马来西亚、文莱、东帝汶,都以马来语作为国语。新加坡、泰国的少数人口也以马来语作为自己的母语。据称马来语已经继华语、英语和西班牙文语后,成为全球第四大通用语言,全球估计有2亿5千万人使用马来语。[2] 他加禄语

---

[1] 参见马来西亚《国际时报》2003年12月3日。
[2] 参见周南京《世界华侨华人词典》,北京大学出版社1993年版,第936、937页。

和马来语都使用拉丁字母作为书写符号系统。

另外需要明确的一个概念是印度尼西亚语,上文所言的马来语其实是包括了印度尼西亚语的。所谓印度尼西亚语是印度尼西亚独立后将自己的马来语换了一个名称,突出"印度尼西亚",是国语的象征。印度尼西亚语和马来语主要是政治上的区别,同时由于政治的原因,也导致了在拼写法和词汇上的一些区别,但总的来说是可以相互沟通的。

他加禄语、马来语与汉语的最大不同是有些语义类型的定语和状语后置,但在语言的基本结构上显示出了东方语言的一致性,如以语序和虚词而不是复杂的形式变体来决定语义,有量词系统等。他加禄语和马来语在发展过程当中从周围其他语言——当然也从汉语,特别是福建话中吸收了不少词汇。

据孔远志的研究,马来语中有大量汉语借词,见表4-2:[①]

表4-2

| 词典 | 注明是汉语借词的 | 别的词典注明是汉语借词的 | 总计 |
| --- | --- | --- | --- |
| 印度尼西亚大众词典 | 155 | 89 | 244 |
| 印度尼西亚语现代词典 | 99 | 28 | 127 |
| 印度尼西亚语大词典 | 94 | 43 | 137 |
| 印度尼西亚词典 | 17 | 66 | 83 |
| 雅加达方言词典 | 29 | 105 | 134 |
| 马来西亚德宛词典 | 158 | 103 | 261 |
| 现代马来语(马华双解)词典 | 464 | 0 | 464 |
| 马来语-英语词典 | 305 | 34 | 339 |

八本词典共收汉语借词511个,其中来自闽南方言的借词456个。这仅仅是词典反映的情况,而实际使用的借词,据孔远志的研究,至少有1046个。

---

① 参见孔远志《从闽南方言借词看中国与印尼、马来西亚的文化交流》,载福建社会科学院网页:http://fass.net.cn/fassNews/fass_readnews.asp? NewsID=992。

这些借词大都是贴近日常生活的词语,如饮食、日用品、风俗习惯、称谓、数量等,对华裔的华语学习有着非常积极的作用。

2.泰语和越南语

泰语旧称暹罗语,属汉藏语系侗台语族台语支。泰语是一种孤立型语言,基本词汇以单音节词居多,构词中广泛使用合成和重叠等手段。泰语同汉语以及东南亚其他主要语种一样:没有形态变化;词序和虚词是表达语法意义的主要手段;基本词序是主谓宾。泰语跟汉语属于同一个语族,也是声调语言。泰语有5个声调:33、21、41、45、14,有4个声调符号,第一声调不标符号。句法上跟汉语的主要不同表现在:定语在中心词之后;状语有的在中心词之前,有的在后;数词、量词和名词组合时,一般是名词在前,数词居中,量词在后。

泰语的很多词汇跟汉语有关系。有些可能是有共同的来源,有些是借自汉语。这些词可以分为上古关系词层、中古借词词层和晚近的潮汕方言词三个层次。据考察,单单从潮汕方言借入的词就有361个,例如:阿、阿伯、阿弟、阿公、阿老、阿妈、阿妹、阿婶、阿兄、阿姨、忠臣、重庆、粥、猪、抓、桌、粽、醉、座、山等。[①] 由此可见,汉语对泰语的影响是持久而且大量的。

泰文字是相当有特色的,它没有走"西化"的道路,而是坚持了传统。泰文属于音位文字类型,是将孟文和高棉文加以改造而成的,以后经过历代的改革形成现代泰文。

越南语(京语)是越南的官方语言,尽管很多语言学家认为越南语属于南亚语系,跟汉语不属于同一个语系,但是越南语跟汉语有着非常密切的历史渊源。越南历史上使用汉字、崇尚汉字(汉字被尊为"圣贤文字"),是汉字文化圈的一员,20世纪初才放弃汉字和由汉字演化而来的喃字(或称字喃),改用拉丁字母作为书写系统。越南语是受汉语影响最深的语言之一,吸收的汉语词汇(汉越词)高达60%以上,1950年汉学家陶维英编著的《简要汉越词典》里收录了约5000个单音节汉越字以及40000个多音节汉越

---

[①] 参见龚群虎《汉泰关系词的时间层次》,复旦大学出版社2002年版。

词。在正式公文里,汉越词高达80％,甚至90％。[①] 一直到今天,越南语仍在大量吸收汉语词汇,虽然书写形式已经西化,但形式的西化并没有改变或阻止语言结构和内容的汉化。汉文化对越南文化的影响使越南人民更愿意接受由汉语语素搬过去的汉越词(经过越南语语音改造又不可避免地保留了汉语语音痕迹的词),例如汉语由"supermarket、microwave stove、3－D"意译出了"超市、微波炉、立体",越南语从英语引进(音译)这些词的同时还从汉语引进了这些词,并且更加受民间的广泛欢迎。越南语跟汉语的语音系统有极大的相似性。音节结构跟汉语一样可以再分为声母、韵母、声调,韵母也还可以再分为韵头、韵腹、韵尾。由于历史上大量吸收汉语词汇而形成的"汉越音"(经过越南语语音改造的、保留了汉语语音痕迹的越南语音)一直到今天在吸收翻译汉语的过程中仍然使用,例如 $k^6 a:t^7 vɒŋ^6$(渴望)、$kiŋ^1 te^5$、(经济)、$kek^7 tən^1$(革新)。[②]

　　由此我们可以知道,尽管有学者把越南语定为南亚语系,把他加禄语、马来语定为南岛语系,认为它们跟汉语没有渊源关系,但从这些语言的面貌上可以看到,不管它们跟汉语有没有亲缘关系,地缘关系都是显而易见的。就好像华人在东南亚落地生根一样,汉语(华语)也跟当地诸语言有着相当程度的融合共生——这个影响是深远的。

　　东南亚当地语言跟汉语的这种关系对华裔学生(也包括对当地原住民)学习华语有积极的影响。例如,越南语和泰语都是声调语言,对越南、泰国学生来说,即使受本国语声调的影响,汉语声调把握得不够准确,但这个不准确更像是方音,很规律(例如拉长韵尾),而绝不会像西方人初学汉语时那样完全没有调值、调类的感觉。我们在教学中发现,东南亚学生中(包括华裔和原住民),特别是越南、泰国学生中更常见到一些汉语学习的"天才"——进步神速。这显然是他们的母语跟汉语更接近的缘故。例如泰语数目字的现代发音跟现

---

　　① 刘晓峰《汉字背后的东亚史》中认为"越南语约90％的词汇来源于汉语",见《读书》2005年第11期。
　　② 韦树关《论越南语中的汉越音与汉语平话方言的关系》,《广西民族学院学报》2001年第2期。

代汉语的发音非常接近、意义也相同的至少有如下12个,占常用数目字的一多半,见表4—3。

表4—3

| 汉字 | 汉语发音 | 泰语发音 |
| --- | --- | --- |
| 三 | [san] | [saam] |
| 四 | [sɿ] | [sii] |
| 六 | [liu] | [hok](lok 古) |
| 七 | [tɕi] | [cet] |
| 八 | [pA] | [pɛɛt] |
| 九 | [tɕiu] | [kau] |
| 十 | [ʂɿ] | [sip] |
| 几 | [tɕi] | [kii] |
| 半 | [pan] | [ban] |
| 双 | [ʂuaŋ] | [sɔɔŋ] |
| 百 | [pai] | [paak] |
| 万 | [wan] | [mɯɯn] |

在华语教学的层面,应该尽量利用这些积极的影响。例如,考虑到东南亚语言跟汉语的关系,面对以这些语言为基础的学生(其中自然主要是华裔),跟普通的对外汉语教学设计相比,华语教学初级阶段需要作出如下"两简两增"的调整:

(1) 简化句法教学。

(2) 简化语音教学。

(3) 增加词汇量。

(4) 增加阅读量。

**(二) 汉语方言和华语背景**

1. 方言背景

在华裔与非华裔的众多区别当中,华裔学生的方言背景应该算是最为突出的一项了。华裔的方言背景可以从方言源流和方言程度两个方面来看。

方言源流是指学生所操的是哪种方言,例如粤语、闽南话、客家话等。操这些方言的华裔人数最多,同时它们跟华语的差别也非常大,不经过专门学习就互相不能沟通。但尽管有这样大的差别,但就语言系统上说,存在着相对整齐的对应关系。一般认为,差别主要集中在语音上。其他方面,如句法、词汇,尽管存在一些差别,但并不太多。

方言程度是指学生对该方言的掌握达到了一个什么程度。方言源流是基础的、概括性的,具体到每一个学生身上,都必须跟方言程度结合起来考虑。方言程度由弱到强的变化就是汉语作为第二语言教学到汉语作为第一语言教学的变化。这个变化会强烈地影响华语的"学"和"教"。从"学"的方面,对方言的掌握程度关联着华语学习的难度,方言能力越强,华语学习的难度就越低。从"教"的方面,问题要复杂一些,面对不同的教学对象,很难说哪个更容易教,哪个更难教,问题的关键是要深入把握这个变化在不同程度上的特点,做出反应。我们可以把这个变化系列粗略地分为下面四种情况:

(1)较流利的听说能力。

(2)一定的听说能力。

(3)初步的听说能力。

(4)初步的听力,只会说一点。

(1)、(2)类只可看作是特殊的汉语母语教学,不能把它们混同于普通的汉语作为第二语言教学,应该走一条不同于一般第二语言教学的路子。(3)、(4)类则是特殊的汉语作为第二语言教学,走第二语言教学的路子没有错,但必须是极具特质的汉语作为第二语言教学。目前来看,这两种汉语(华语)教学在国内做得还很不够,我们还缺乏这方面的专门教材和专门师资。

前一种专门教材应该体现为立足母语教学,兼顾汉语作为第二语言教学的特点,跟现有的对外汉语教学模式相比,它应该是速成的、重点突破的——重点扫除语音、汉字两个障碍,是以方言为媒介、为导入、为突破口的特殊母语教学。后一种教材的专门性则体现为以方言为媒介、为导入、为突破口的特殊第二语言教学。

汉语方言背景对华语教学提出的最大要求,或者说最特别的要求是教师应该会说该方言。一般说来,会讲闽、粤两种方言应该是华文教师的一个基本功。

2. 华语背景

华语是现代汉语标准语的域外变体。不同地区的华语有不同的特点,就东南亚地区华语来说,它在一定程度上受到了南方方言和东南亚当地语言的影响,其表现形式跟台湾的国语、大陆的普通话有一些差别,但并不大,远远小于中国大陆南方诸方言跟普通话的差别。

华语跟普通话的差别目前还没有见到全面系统的研究成果,现据已有的文献作些简要介绍。

语音上:受南方方言的影响,华语基本没有轻声和儿化,却在一定程度上存在着入声;在声母方面,平舌翘舌相混;韵母前后鼻音不分。

语法上:华语的语法跟普通话基本相同,只是个别句式偶有不同,例如:

(1)"有"+V

你有吃吗?有看吗?有去过

(2) V+O+一下

关灯一下;谈话一下;帮忙一下

(3) V+Adv

去先;走先;吃饭先

华语跟普通话在语音和语法上的这些区别我们并不觉得陌生,因为它们也广泛存在于汉语的方言中。华语和普通话在词汇上的差别要比语音和语法大得多。

词汇是语言要素中最活跃的一部分,由于华语跟普通话的发展相对独立,受当地语言和生活环境的影响,华语的词汇跟普通话慢慢就有较大的不同,可以分为四类:[①]

(1)名称相异而所指相同(民乐——华乐,西装——大衣,摩托车——电

---

[①] 参见郭熙《海外华人社会汉语(华语)教学的若干问题:以新加坡为例》,《世界汉语教学》2004年第3期。

单车)。

(2) 名称相同所指不同(卫生所:殡仪馆,药房:诊所,计算机:计算器)。

(3) 名称和所指相同,色彩和用法不同("遣送"、"一小撮",都无贬义,是中性词)。

(4) 各自特有词语或流行语(巴刹、组屋、娘惹)。

对于词汇上的差别,我们可以从两个方面看:

一是完全不同的词语并不是很多,多数差别都是同中有异,接受起来并不难;二是从绝对数量上看差别词,跟从常用词或者说基础词上看差别词是很不一样的。虽然有区别的词绝对数量比较大,但具体到常用词差别就不大,可以说,以共有词汇完成一般的交际是完全没有问题的。

从上面的介绍我们能够进一步推知应该如何面对有华语基础的华裔学生。华语基础与汉语教学是正相关的。如果教学对象只是希望把华语(汉语)作为一种商业语言或普通使用语言,语音、语法方面的一些细微差别基本可以忽略不计。如果教学对象的目的语使用取向是教师或者媒体,那就另当别论了。

同具备汉语方言基础的华裔一样,有华语基础的华裔也应当根据他们的华语水平,首先确定应该对他们施以什么性质的华文教学,第一语言还是第二语言。我们倾向于就高不就低,尽可能将有华语基础的学生纳入汉语作为第一语言的教学中来,但必须强调的是它的特殊性,是"特殊的汉语作为第一语言"的教学。

## 二、文化背景

语言是文化的载体,又是文化的一部分,它们相辅相成。总的来说,文化是大于语言的,是语言的背景。

中华传统文化在海外,特别是在东南亚一带得到了较好的保存。比如,春节、元宵节、中秋节、清明节、端午节等都完好地在东南亚华人社会中保持着。苏哈托时代的印尼华人甚至不惜花钱买通地方官僚,也要在春节时举行舞龙舞狮等庆祝活动。另外如饮食服饰、中医中药、阴阳五行、吉凶祸福、伦理纲常、亲戚称谓、社交礼仪等等,无一不体现着华人对中华文化的执著。

文化背景的差异,给华裔和非华裔的汉语学习带来显著的影响。

第一,语言文化以及其他方面的一些文化内容,都会或直接或间接地同语言关联起来,构成一个显著不同的语言学习的历史和现实环境。例如,是不是把"春节"当作一个重要的节日对学习该文化项目下相关的知识(当然包括语言知识)必然会有显著的影响;有没有中文姓名对汉字的认识大不相同,从小就有中文姓名的华人即使不认识几个汉字,但恐怕也不会有"汉字是一幅画"的想法;在七大姑八大姨的亲戚群体中长大的孩子,绝不会像"老外"那样对汉语的亲属称谓感到困惑。所以,即使是自认为零起点的华裔,特别是在东南亚这样成熟的华人社会中成长起来的华裔,跟欧美零起点学生并不在同一个起跑线上;而且,他们在学习过程中对华语文的理解、接受也不会在相同的层次上。笼统地说"零起点",是只看到了所有学习者表面的"同",而忽视了华裔和非华裔深层的"异"。

第二,中华文化背景会给华裔学习者带来情绪状态上的良好适应性,非华裔来华后可能会有文化上的震荡和冲突,而华裔则通常不会有,这是很有利于学习的。

第三,文化的认同就是身份的认同,而作为华人身份认证的重要标志——华语无疑是华裔必须拿到手的一份证明。随着中国的崛起,这种身份认证的追求将会越来越强烈。

## 三、家庭背景

家庭是最早的语言学校,家庭对语言学习的影响是不言而喻的。例如印度尼西亚苏哈托时代禁止华语文,但许多家长冒着被抓去坐牢的危险,偷偷地教孩子学华语。表4—4的统计可以生动地说明家庭在华语学习中所起的作用。[1]

---

[1] 参见吴建玲《对一百名华裔学生语言文化情况的调查报告》,《语言教学与研究》1996年第4期。

表 4—4

| 这次入学前学习汉语的经历 | 没学过 | 半年 | 一年 | 二年 | 六年 |
|---|---|---|---|---|---|
| 学生数(%) | 39 | 19 | 15 | 23 | 4 |
| 这次来华前的汉语水平 | 零起点 | 只会少量词汇 | 听得懂说不出 | 能简单表达但是听不懂 | 听说较好不认汉字 | 听说好认汉字 |
| 学生数(%) | 11 | 35 | 11 | 18 | 20 | 5 |

该表显示,来华前没学过汉语(华语)的受访者占 39%,而零起点的受访者却仅有 11%,这表明一些受访者来华前靠家庭的影响获得了初步的华语能力。而选择学习过华语的受访者中自然也不能排除他们同时受到了家庭的熏陶。这个比例可以用下面的算法初步估计出来:

在华语学习过程中家庭背景有正面影响的家庭比例:

$(39-11)\div 39\times 100\% = 71.8\%$

这个数据跟另外一个数据很接近,"在印度尼西亚尚未对学习汉语解禁之前,有不少家长冒着被抓去监禁的巨大风险,悄悄地为子女补习中文,这样的情况占 72%"。[①] 家庭在华语的启蒙教学上有这么大的作用,这样的情况在非华裔的家庭是绝不可能的,由此可见华裔家庭背景的特殊性。其实,华裔家庭对孩子的华语影响更主要的恐怕还不是来自家庭本身的直接教学,而是给孩子灌输了"是华人就应该学习华语"的理念。一项涉及印度尼西亚、菲律宾、泰国三个国家,受访人数 102 人,年龄 9 至 40 岁的调查结果显示,"选择'是华人就应该学习华语'的人最多,占总人数的 98%;同时分值也最高,不管哪个年龄组均如此"。"父母、长辈的教导对于传承中华文化起着不可替代的作用。9 岁的儿童就懂得'是华人就应该学习华语',这种本能的认同从何而来? 这只能是从小就受到长辈的教育及家庭影响的结果"。[②] 由此可见家庭影响之大。

尽管信念不能代替实践,家庭不可能代替学校,但事实证明,只要有了"家

---

[①] 参见王爱平《印尼华裔青少年语言与认同的个案分析》,《华人华侨历史研究》2004 年第 4 期。
[②] 参见王爱平《东南亚华裔学生的文化认同与汉语学习动机》,《华侨大学学报》2000 年第 3 期。

庭背景",华语便能经得起历史的考验,虽有一时之低迷,却不会完全断绝血脉。一旦有了适宜的外部环境,又会一片繁荣。

## 四、社会背景

历史上一直到今天,东南亚都是华人最集中的地方,华人数量的巨大使华人成为一个特殊的"社会"。在这个社会中,华人没有属于自己的政府(新加坡是个例外),但是有属于自己的工厂、企业、商店、学校,以至报纸杂志、电台电视台;在马来西亚还形成了属于华人自己的从小学、中学一直到学院的完整教育体系。华人社会不但给华裔的汉语学习提供了强大的背景,而且提供了美好的前景;不但提供了丰富的滋养,而且提出了更高的要求。华人社会背景的具体情况在第二章和第三章已经多所涉及,此处不再赘言。

表4—5列出的是中国和新加坡、马来西亚华人社会的语言情况:[①]

表4—5

|   |   | $L_1$:华语 | $L_1$:方言 | $L_1$:英语 | 华语为母语 | 华语为第一语文 | 单语环境 |
|---|---|---|---|---|---|---|---|
| 中 | A | + | − | − | + | + | + |
|   | B | − | + | − | + | + | + |
|   | C | + | + | − | + | + | + |
| 新 | A | + | + | − | + | − | − |
|   | B | + | + | + | + | − | − |
|   | C | − | + | + | − | − | − |
|   | D | − | − | + | ? | − | − |
| 马 | A | + | + | − | + | + | − |
|   | B | + | − | − | ? | − | − |

从表4—5可以看到,新马部分华人社会是以华语为母语的。而以华语为母语的(相应地,华语教学就应该是母语教学)情况并不是仅存于新马地区,在比较大的华人聚居区,华语与当地语言有可能成为"第一语言群"。

---

[①] 参见郭熙《中国社会语言学》(增订本),浙江大学出版社2004年版,第342页。

**思考和练习**

1. 以泰语为例,简述华裔所在国语言对华语学习的影响。

2. 你认为面对一个能较流利地使用某种汉语方言,例如粤语或闽南话,但是不会写或认汉字,也不会讲普通话的华裔学生该采取怎样的教学策略?这种教学的基本定位是什么?

3. 简述华语在语音、句法和词汇上的特点。

4. 中华文化背景给华裔生在华文学习上的影响是什么?

5. "只要有了这个家庭背景,整个的华语文的基础——个人的和群体的——就经得起考验了",你怎么看这句话?

## 第三节　目的语的应用前景及影响

实用价值是学习一种语言最大的兴趣点,也是最终的决定性因素。一种语言理论上的价值能不能真正变成学习者利益天平上的一个砝码,能不能变成学习的动力,另外还取决于多种因素的综合作用:

第一,该种语言所代表的文化价值。

第二,该种语言的国际地位。

第三,该种语言的应用前景。

第一点是最隐蔽的,它最终会通过第二点得到体现。第一点和第二点对某种语言的所有学习者是一样的,而第三点则关涉到学习者这个变量。这里,我们不以个体为出发点来讨论这个问题。就个体来说,每个人都不同,但个体的不同是蕴涵在群体的相同中的,如果我们从"群体"的高度把握学习者,"目的语的应用前景"则会表现为一个"因类而异"的、体现学习者主体特点的一个变量。

如果把学习者分成华裔和非华裔两个大的群体,可以看到,他们在目的语的应用前景方面有一个根本的不同:非华裔汉语学习的指向是华人社会(包括中国在内的全世界华人社会,但主要是中国大陆);华裔汉语学习的最后指向当然也是华人社会,但这个"华人社会"就不能笼统而言了,它更多的是指所在国的华人社会,它在更多时候是华裔学生汉语学习的起点和终点、目的和归宿,是汉语(华语)运用的舞台,也是汉语(华语)生息的家园。这个"不同"的影响是全面而深刻的。举个简单的例子,假如学习汉语的目的都是为了做生意,非华裔恐怕主要是为了跟中国人做生意,或者把中国货买来,卖给自己的国人,或者把自己的国货卖到中国去——不管怎样都可能只是在交际的一端使用汉语(华语),而华裔则可能在交际的两端都使用汉语(华语)。

不同的应用前景直接导致不同的学习目的,例如很多华人学习华语可能是为了使自己显得有知识有修养,并且语言很可能只是第一关,接下来还要在中国的大学学习专业知识——反过来,这样的学习目的又很好地刺激了华语在海外的应用前景。

下面我们以东南亚为例对华语在海外的应用前景作一个展望,并进一步认识由此带来的华裔学生的学习特点以及我们应该采取的策略。

## 一、新形势下华语文教学和华语文生活

20世纪60年代以前,东南亚各国的华文教学普遍保持在母语教学的水平上。60至70年代以后,各国华文教学普遍被所在国当局封杀或被苛刻限制(只有马来西亚是个例外,马来西亚的华文教学、华文教育体系一直较完好地保存并缓慢发展下来,没有出现大起大落的变化)。然而自90年代以来,随着中国的国际地位和经济实力的日增,东南亚各国的华文教学开始进入复苏阶段。特别是进入新世纪以来,华文教学在各国都开展得如火如荼。

(一) 新加坡

新加坡独立后(1965年8月9日),尽管政策上有四种官方语文:马来文、华文、泰米尔文、英文,但事实上,出于政治的考量(更深层的原因是务实的经济因素的考量起着决定性的作用),至20世纪70年代初"以英语为主的多语政策,逐渐定型"。[①] 华语被放在了次于英语的地位,华人社会的华语能力也

---

① 参见云惟利《新加坡社会和语言》,〔新加坡〕南洋理工大学中华语言文化中心1996年版,第63页。

日益走低。

新加坡的周清海先生在20世纪90年代初对新加坡的巫人、华人、印度人后裔的语文能力进行比较后得出下列结论:①

1. 从双语能力看,马来族学生的双语能力最好,其次是印度族学生,再次是华族学生。

2. 英语能力最强的是华族学生。

3. 母语能力最强的是印度族学生,其次是马来族,华族学生的母语能力最差。

在同样的语言政策下,华族的英语能力最强,母语能力、双语能力最差,华人社会的务实作风可见一斑。

1979年开始推广的讲华语运动,初期目标是在华人社会内部推广华语,以华语统一方言,作为华人社会的共同语。资料显示,使用华语的家庭从1980年的26%增加到1996年的64%。讲华语运动从1992年开始,鼓励讲英语的家庭以多讲华语为新的目标,理由是"华语将成为华族的母语,懂得华语会得到额外的好处"。"再根据1993年新加坡报业控股集团研究及资讯部所做的调查,华人可流利地讲华语的占56%,可以讲但不太流利的占39%,只可讲几句或完全不会讲的只占6%,足见现在的新加坡人,大都能讲华语或听懂华语,这证明自1979年以来推行的华语运动,已经取得辉煌的成绩"。②2004年的《〔新加坡〕华文课程与教学法检讨委员会报告书》更生动地显示了讲华语运动的成效:③

表4—6

|  | 年级 ||||
| --- | --- | --- | --- | --- |
|  | 小四 | 小六 | 中二 | 中四 |
| 我能自在地讲华语 | 43.6 | 59.9 | 71.4 | 77.5 |
| 我说华语时很不自在 | 33.6 | 36.8 | 26.3 | 无 |

---

① 参见周清海《文化、智力、性别与双语能力——以新加坡双语能力为例》,载谢泽文编《新加坡华文教学论文集》,北京语言学院出版社1994年版,第8页。

② 参见云惟利《新加坡社会和语言》,〔新加坡〕南洋理工大学中华语言文化中心1996年版,第148~150页。

③ 参见《〔新加坡〕华文课程与教学法检讨委员会报告书》,2004年11月,第109、110页。

可见,现在的新加坡不仅是一个华人社会,而且是一个华语社会(或者说华英双语社会),这基本是符合客观实际的。新加坡是东南亚唯一一个以华人为主的国家,经济也较其他各国发达,因此新加坡在华文教学上的态度、举措和成就在某种程度上对其他华人社区有着示范和导向作用。

(二) 印度尼西亚

印尼是东南亚的大国,也是东南亚华人最多的国家。华语在印尼走过了苏哈托时代的低潮,苏哈托政府倒台后,印尼政府正式宣布解除华文教育的禁令。华语解禁后,印尼华人社会对华语迸发出的热情是惊人的。华语补习、教师培训如火如荼。据统计,2000年初,仅雅加达的华语补习学校就有150所左右。① 印尼政府也采取了积极的措施,例如延请中国大陆专家去印尼进行汉语师资培训,最后签发的结业证书就是中印尼(印尼教育部)双方共同签署的。2004年,印尼教育部决定中文作为正式课程,进入正规的国民教育体系,并从中国引进了教师。印尼教育部长多次表示政府要把中文推动为印尼的主要外语,使其与英语具有同等地位。"在改革开放时代,印尼政府不再限制中文教学。现在一些学校已有中文教学,中文补习班可以自由开办,大学里也可以设中文系。"②

这一切都显示了华语在印尼的强劲发展势头。在2000年初,老一代的华人最担心的还是师资问题,因为华文在印尼断层32年,华文教师青黄不接,绝大部分教师都年过半百,可是短短几年过去,我们看到,印尼新生代的教师就已经活跃在教坛上了,他们当中许多人来过中国留学。

跟华语同步复兴的是华语文的运用。华语运用最突出的表现在媒体方面。据统计,印尼的华文报纸由解禁前的唯一一家《印度尼西亚日报》(官方报纸),迅速发展到今天的10余家,例如《世界日报》、《国际日报》、《和平日报》、《印度尼西亚商报》、《新生报》、《千岛日报》、《诚报》、《华商报》、《印广报》以及获准在印尼当地印刷的境外报纸《文汇报》、《大公报》、《经济日报》等,期刊有

---

① 参见宗世海、季静《印尼华文教育的现状、问题及对策》,《暨南大学华文学院学报》2004年第3期。

② 参见佚名《断层卅年后重新出发 印尼华教复兴》,〔马来西亚〕《星洲日报》2003年5月12日。

《印度尼西亚与东协》、《呼声》、《印度尼西亚文友》、《拓荒》、《南风》等数种,华语电台、电视台也有数家,不少地区还能收看新加坡、中国台湾、大陆的华语节目。[1]

马来西亚星洲媒体集团总编辑萧依钊指出:"在马来西亚,华文报纸与华文教育体系基于相同的理念与使命,发展了密不可分或甚至可以'相互依赖'称之的内在合作关系。"[2]所谓相同的"理念与使命"就是中华文化和华语文;所谓"互相依赖"就是媒体宣传了学校,扩大了学校的影响,学校支持了媒体,是媒体的重要内容之一,从长远看,学校还为媒体的生存造就了读者。华文教学和华文媒体互相支持,共同繁荣,这是海外华语文生活中的一大特色,并不限于马来西亚,甚至也不限于东南亚,是几乎所有海外华人社会的一个特点。

在华语复兴的运动当中,华人社团在筹集资金、成立学校、招收学生、培养教师、创办媒体、组织华语活动,以至于计划未来的华语生活上都起着核心作用。例如印度尼西亚万隆福清同乡基金会、雅加达的吉祥山福利基金会、安溪会馆、印华总会以及苏北印华总会等,华社使华语的学习表现出强烈的组织性、民族性和使命感,这无疑加快了华语复兴的进程。

### (三)泰国

泰国是新时期以来华语教学开展得较好的国家之一。尽管 20 世纪五六十年代泰国也曾对华文采取高压限制的政策,但 70 年代初朱拉隆功大学开始率先教授中文,80 年代逐渐放松限制。1992 年全面开放华文教学以来,各种华文补习班、学校、学院如雨后春笋,生源众多,著名的如华侨崇圣大学、中国语文中心等。另外,不少泰国著名大学都开设有中文系,华语也被正式作为大学入学考试的外语选考科目之一。泰王室也非常重视华文教学,例如在泰国皇后大学有中国语言文化中心,在诗琳通公主开办的吉拉达王宫学校汉语也是必修课程,不但有本国的汉语教师,还从中国聘请教师上

---

[1] 参见佚名《断层卅年后重新出发 印尼华教复兴》,〔马来西亚〕《星洲日报》2003 年 5 月 12 日。
[2] 参见曾嘉《推广华文教育成为海外华文媒体重要使命》,中新社 2005 年 9 月 7 日。

课。可以说新时期以来，华文得到了上至皇室下至民间的普遍重视，是历史上的最好时期。

华文在泰国的实际使用也颇为可观。以曼谷为例，汉字招牌随处可见，华文报纸有《世界日报》、《星暹日报》、《中华日报》、《新中原报》、《京华中原联合日报》、《亚洲日报》、《曼谷时报》等7家。

针对泰国的华语热，国内有专家指出："90年代的华文热则是在中泰友好关系不断发展的条件下产生的。1999年11月泰国教育部长秘书颂博·乔披集表述得很明确：'华文对于泰国的未来将与英文同样重要，因泰中两国各方面交流越来越频繁。'显然，目前的华文热符合泰国的国家利益，并不是华侨华人民族主义的产物。"①

其他国家的具体情况各有不同，但发展态势大体相同。总之，整个东南亚地区的华语教学和华语文生活在新形势下焕发出勃勃生机。特别值得重视的是，由于东南亚华人社会的历史悠久，华人众多，形成了很成熟的华人社区，再加上历史上有华文教学的传统以及和中国大陆紧邻的地缘关系，新时期的华文教学一开始就表现出不同于第一语言教学，也大不同于传统所谓第二语言教学的特点。

## 二、华语的应用现状、前景对中国大陆华文教学的影响

本章前两节说明了华裔学生的一般特点，所在国语言、汉语方言以及华语对华文教学的影响，那么，东南亚的华语新形势及其前景对中国大陆的华文教学会有哪些影响呢？

上面谈到："新时期的华文教学一开始就表现出不同于第一语言教学，也大不同于传统所谓第二语言教学的特点"，这个特点就是：华语将重新成为东南亚华族的共同语，它或许永远是第二语言，但将成为真正"双语"中的一语。只要大的国际局势稳定，新加坡、马来西亚今天的华语生活就是明天全东南亚

---

① 参见吴群、李有江《二战后泰国华侨华人社会的变化》，《云南师范大学学报》(哲学社会科学版)，2004年第5期。

华族的华语生活——如果说有什么不同，就是过去不统一的汉语方言将被现在已经在新加坡、马来西亚华人社会通行的华语所替代。中国大陆的华语教学应该是为实现这个目标的教学。为了实现这个目标，华文教学就不能混同于一般的第二语言教学，不能照搬对外汉语教学的模式，而必须摸索出一套华文教学自己的办法。

在教学内容上，传统的对外汉语教学重听说，而对华裔来说，简单的听说并非异地求学的迫切需要——当地的教学及社区语言环境将满足这一初级要求，而加强读写教学、加强文化教学才是华裔的需求。

在教学方法上，细腻的教学操作、技巧层面的东西应该是华文教学特别强调的，因为教学方法、教学技巧上的欠缺是海外华文教学最头疼的问题之一。中国的华文教师不仅在本体知识上，在华文教学的一切方面都应该成为海外华文教学的榜样。相对于语文知识，我们更欠缺的是教学方法。卓有成效的教法，是吸引海外华裔来中国学习的重要手段之一。

在课程门类上，加强专门化的高级汉语教学必将是华文教学的主要特色。东南亚需要大量的华文教师及其他高级华语专门人才，在目前的情况下，这个重任理应由中国的华文教师承担。

总之，把握华裔学生的特点是华文教学区别于对外汉语教学的关键。华裔学生的特点有很多，其中对需求的把握，是关键中的关键。每个华裔学生的需求有所不同，但必定又有不同于非华裔的、体现了华裔共性的"大同"，把握和满足这个"大同"就是华文教学的特点了。

**思考和练习**

1. 书中谈到，"目的语的应用前景"会表现为"因类而异"，请结合东南亚华族社会的语言生活，谈谈你对这句话的认识。

2. 设定国际大气候不变的前提，请谈谈东南亚华人的巨大人口数量会对现在的华语学习和将来的华语发展产生什么影响？

3. 请搜集资料，了解新时期(20世纪90年代)以来越南、柬埔寨、老挝、缅甸、菲律宾的华文教学状况，并找出主要的问题。

4. 华语在海外的新发展对来中国学习的华裔生有哪些影响?

5. 我们的华文教学的总目标是什么？请你为实现这个目标设计一个总体的教学框架。

# 第五章 华文教学的设计

教学需要精心的设计。通常人们倾向于把语言教学分成"总体设计"、"教材编写"、"课堂教学"、"成绩测试"四个环节,这是对一个过程做了横向的切分。从表面上看,好像只有"总体设计"才是设计,但如果我们再对这四个环节的过程分别进行切分,我们会发现其实每一环节的第一步骤都是设计,都需要提前做好设想和计划。

确切地说,设计是一种准备性的工作。在教学的真正执行过程开始之前,教师应该做好充分的准备,这些准备既包括操作方法,更涉及心理观念。从实际情况和经验出发,我们筛选出与华文教学的设计密切相关的几个方面:大纲、教材、课程和课堂。本章将分别从这四个角度讨论教学设计中值得关注的问题。

华文教学的设计包括很多方面的内容,有些是宏观的,有些是微观的。比如说,一个教学部门某学期的总体设计,一位教师对某课程的教学设计和某课时的课堂设计等等。具体的设计方案是因人、因时、因地而异的,并没有固定格式。对于一位即将从事华文教学的人来说,重要的是掌握在设计中所要遵循的原则和理念,以不变应万变。因此,我们所谈的华文教学的设计也并非要展示大量具体的例子,以提供模仿的范本;而是要传达一些科学的设计观念,使大家真正明白应该怎样为华文教学做好准备。

华文教学区别于其他第二语言教学的最大特点是以华人为教学对象,所以一切设计都要围绕这个中心。我们的教学对象可能已经掌握汉语的某种方言,对中华文化有一定的了解,并具有一些本民族的性格特征。他们学语言除实用目的外,还有文化传承的因素,因此说他们不同于一般的外国留学生;但在另一方面,他们毕竟是外国人,所处的环境与中国国内有很大差异,因此,又不能把他们当作一般的中国学生来对待。总之,在编制大纲、课程、教材、教案时都要充分考虑华文教学的特点,把教学对象的学习目的、语言背景、性格特点、使用前景等诸方面的特殊性体现出来。这样才能真正有效地达到教学目的。

## 第一节　大纲设计

对于"大纲"这个概念,可能很多人在认识上还不太清楚,或者觉得这个东西离从事具体教学工作的人比较遥远。的确,我们在实际教学中,一般感觉不到大纲的存在,因为它不是我们直接的教学内容;而且,对不少人来说,他们或许从来不知道大纲,但照样上了几十年的课,甚至也教得挺成功。诸多表象蒙蔽了我们的意识,以为大纲只是一个高高在上的摆设。由于这种认识上的误区,大纲的制订常常被归为某些政策部门的任务,制订出来的大纲被视为束缚教学内容的枷锁。事实上,具备"大纲意识"对于一个华语教师来说,是相当重要的,这也是我们的教学活动走向科学化道路的重要一步。

### 一、大纲的性质特点

顾名思义,"大纲"应该是一种具有指导作用的纲领性文本。对于任何科学化的语言教学来说,教学大纲都是一项起码的要求。宏观上,它对教学进度规定了统一的标准;微观上,则对教学内容进行了罗列,从而保证教学操作遵循科学的秩序。具体地说,大纲的作用主要表现在以下几方面:

1. 安排教学内容——包括哪个阶段应教什么,哪些内容应先教,哪些应后教,等等;

2. 设置评价标准——学生到底达到了怎样的水平,我们必须有大纲作为评价标准;

3. 指导教材编写——教材的内容以及对内容的安排都得遵循大纲,这样才能保证教材的层级性、衔接性和适当性。

语言教学通常有两种大纲:水平大纲与教学大纲,一般直接从大纲名称就能体现出来。比如,《汉语水平等级标准与等级大纲》和《汉语水平词汇与汉字大纲》是水平大纲,而《对外汉语教学语法大纲》、《中高级对外汉语教学等级大纲》、《对外汉语教学初级阶段教学大纲》等则属于教学大纲。

两者的区别主要在于:第一,水平大纲用于检验语言学习者达到的水平等级;而教学大纲立足于教学,直接服务于教学。第二,教学等级大纲必须考虑语言和语言教学规律,从教学需要出发,决定各项目的先后排序,有时还需对语言项目进行必要的描写;而水平等级大纲则只要将内容分类罗列出来就行了。

按照事物的逻辑关系,既然我们的教学行为应在大纲的指导下进行,那么后者理应先于前者产生。但是,实际情况并不一定按照学理逻辑的顺序发生。比如说,由于各种现实因素的影响,国内用于指导对外汉语教学的大纲就是"后产"的,甚至可以说是"难产"。在对外汉语教学事业刚刚起步的阶段,一切都在摸索中前进。当时,首要任务是顺应时代要求,先把这件事做起来,至于更进一步的发展,都还没有详细规划。因此,教师、教材、教法都不够专业,很多东西都是临时性的,跟着感觉走。当然,在当时背景下也只能如此,我们没有理由指责这种做法。然而,随着这项事业的发展,特别是当它被提升到一门学科的高度时,所有不合科学的操作都逐渐暴露出潜在的问题。譬如说,教学对象的级别以及教学内容的范围慢慢细化,原先眉毛胡子一把抓的方式就不能适应了,而是必须清晰地为学生区分开哪个阶段应该掌握多少个词语、多少个汉字、多少个常用结构、多少项语法、多少条功能项目和多少言语交际技巧,它们具体是哪些,等等。在专家学者们的呼吁和努力下,各种大纲纷纷出台,但直到20世纪90年代中后期,对外汉语教学各项大纲才有了比较完善的面貌。

相对于早期对外汉语教学,华文教学事业的起点已经算是比较高了。而且前者曾经走过的弯路都能成为我们的前车之鉴。如今的华语教师都是经过专业教育和培训的人才,不能再倒退回"纯经验"时代。一名专业的华语教师必须具备科学的理念,懂得科学的方法,第一步就要把"大纲意识"根植于大脑。

## 二、华文教学大纲的编制

### (一) 大纲编制的目标

严格地说,目前我们还没有一部真正意义上的华文教学大纲。国内华文教学基本上都在套用对外汉语教学的大纲。但两者毕竟是有差别的,这种做法势必影响华文教学的效果。因此,对于华文教学事业来讲,在大纲的编写上,还有很长的路要走。华文教师将是完成这一任务的生力军。

由于教学对象背景的特殊性和差异性,华文教学囊括的情况五花八门,异常复杂。因此,华文教学大纲的编写并不是一件简单的事情。要想做出一份放之四海而皆准的大纲是不科学的,也是不可能的。根据实际需要,我们的一个基本想法是:华文教学大纲应该是含有多个项目的系列大纲。

首先,华文教学包括国内留学生教学中的华文教学活动以及在国外进行的中小学华文教育。就语言教学性质来说,它们是不同的:前者类似于外语教学,后者接近于母语教学。从这一点出发,我们应该意识到,它们不能共用相同的大纲。所以,华文教学的大纲实际上至少要制订两套:一是"华文教学国内大纲",一是"华文教学海外大纲"。这两套大纲应各自体现本身的性质和特点。国内大纲定性为外语教学大纲,以国内对外汉语教学为参照,同时考虑华人、华文的特点。海外大纲定性为母语教学大纲,以国内中小学母语教学为参照,同时根据海外具体环境做出调整。当然,海外的范围是比较广的,就理论上说,各个国家或地区(甚至同一国家或地区内部)也无法共用统一的大纲。所以,比较理想的做法是,"海外大纲"再细分为各种分纲,如"美洲分纲"、"东南亚分纲"等,这样既能保持一个基本统一的标准,又保证了各地的可操作性。

有时,正如前面说过的那样,海外的华文教学也可能不是母语教学,而是外语教学或者说第二语言教学,比如说,国外大学的中文系或补习班对零起点的华人学生进行的华语教学。对于这些特殊情况,在未来有条件的情况下也应该为之制订专门的大纲。

第二,根据教学大纲的类别,一共有两种大纲需要编制。一是"华文水平等级标准与等级大纲"。这就要求对所有的学习内容进行分类排序,做出一个水平等级。掌握了哪个级别的内容,就达到了什么水平。为了更清晰地呈现出所罗列的学习内容,等级大纲一般分为华文词汇、文字、语法、功能、文化等几个部分。其中,词汇、文字一般按音序排列,并以甲、乙、丙、丁分级制标明其常用程度;语法部分则按语素、词类、词组、固定词组、固定格式、句子成分、特殊句型、动作的时态、反问句、口语句式、复句等大类来排列。

相对来说,功能和文化项目的收集随意性更大一点。对外汉语教学大纲把功能项目分为以下 7 大类[①],可供借鉴。

  表达社交活动,如问候、寒暄、介绍、感谢等。
  表述客观情况,如询问、叙述、说明、描述等。
  表达理性态度,如同意、相信、拒绝、评论等。
  表达主观感情,如喜欢、愿意、后悔、称赞等。
  表达使令,如要求、建议、命令、禁止等。
  表达道德感情,如道歉、自责、同情、轻视、中立等。
  采取社交策略,如引开话题、引起注意、打断谈话、结束交谈等。

当然,对外汉语教学大纲在统计与筛选功能项目时,考虑的是外国学生在中国生活学习的情况;但华语教学大纲服务的对象还包括在海外学习华语的华人学生及外国人,大多数时候学生就是在他们自己的国家,那么其选择的标准应该结合学生的学习目的、学生的生活、工作环境等,挑选对学生来说有实用价值的功能项目。

此外,文化项目是华语教学的一个重点,这是由"华人学生"的身份决定的,所以这个项目的内容应该比对外汉语教学大纲更丰富一些,对学生水平的要求也要更高一些。我们可以把文化分列为历史、民俗、传统、宗教、艺术等几

---

[①] 参见杨寄洲主编《对外汉语教学初级阶段教学大纲(语法·词汇·功能·情景)》,赵建华主编《对外汉语教学中高级阶段功能大纲》,北京语言文化大学出版社 1999 年版。

个大类。

水平大纲主要用于指导华文水平测试,以确定学习者的华文水平的级别。根据华文教学发展的趋势,将来应该会设置类似于 HSK 的华文水平考试,那么华文水平考试就要严格遵循"华文水平等级标准与等级大纲"的标准。当然,这种华文水平考试也应分为国内和海外两种测试标准,在海外进行的母语教学有其当地的考试体系,我们制订的水平大纲一定要与之相适应。

另一种是"华文教学大纲"。教学大纲涉及到具体的教学操作,并指导教材编写、课堂教学以及成绩测试等整个过程。按照一般原则,"华文教学大纲"分为"华文教学初级阶段教学大纲(语法·词汇·功能·文化)"、"华文教学中级阶段教学大纲(语法·词汇·功能·文化)"以及"华文教学高级阶段教学大纲(语法·词汇·功能·文化)"。对于国内大纲来说,分级的标准可以参照对外汉语教学大纲,但整体上的要求应略高一些。如果是海外大纲,则应结合当地中小学华文母语教学体制的实际情况进行分级,例如,目前新加坡小学分为六个年级,而中学设有五种华文课程:华文 B、普通华文(工艺)、普通华文(艺术)、华文以及高级华文。那么,其华文教学大纲的阶段大致可以划分为四部分:小学基础级和提高级,中学普通级和高级。

教学大纲最大的特点是要确认某一级别的华文教学所应包括的内容,并且按照一定的学习和教学规律,把各项内容在实际教学中的合理顺序安排出来。这里说的"合理的顺序"是指符合华文教学和学习的规律。语法项目的教学排序一直是个难题,有些顺序是一目了然的,如应先教补语再教"把"字句,教了"了"才能教"是……的"句型[①],但还有不少顺序我们暂时还无法确定。在这方面,对外汉语教学的大纲已经进行了一些探索,可供我们参考。不过,我们还需要结合华人学习华语的特点进行更多的调研工作。

在功能、文化项目的排序上,主要考虑对学生的难易程度和实用程度。比如,从难度来看,"道德感情"、"社交策略"等功能项目应该主要安排在中高级阶段,而同样表示"拒绝",应先教直接拒绝,再教委婉拒绝。

---

① 这里是指像"我是昨天到的"这样的句型。

总之,成功的大纲需要经过科学的论证。不少人以为教学大纲是专家们闭门造车的产物,这是一种误解。事实上,大纲编制的前期工作是充分的论证及数据统计,当我们看到大纲的成品时,我们绝对想象不到在此之前要做多少繁杂琐碎的准备。因此,若想编制出一个理想的华文教学大纲,必须有理论研究成果作为后盾。我们现在对华文教学的研究才刚刚起步,还有大量的领域等待探索。

### (二) 大纲编制的原则

华文教学大纲的编制工作不是短期之内能完成的,也不是靠一两个人的力量就能胜任的。在编制大纲的过程中,要充分考虑华文教学的特点。具体来说,编写者应该贯彻以下几点原则:

#### 1. 要注意教学内容的全面性

一个成功的大纲应该是既全面又简洁的。全面是针对大纲所囊括的范围来说的,简洁则是对每一个项目的表述所作的要求。华文教学大纲服务于全球华文教学,因此与现有的对外汉语教学大纲相比,其教学内容囊括的范围更广,项目更复杂,大纲的编者视野应该更高。

现在,华语的使用已经遍布全球各地,而且各地使用华语的情况并不完全相同,为了保证教学内容的全面性,不能只看中国大陆的语言使用情况。在编制大纲前,一定要对海外华文使用情况进行调研,广泛收集海外各地华语圈盛行的特有的词汇、语法、功能项目,并在大纲中反映出来。除了像东南亚这样的历史上的华人移居地之外,近20年来,又出现了像加拿大、新西兰、澳大利亚等新兴的华人大规模移居地,它们将成为未来华文教学的重要基地,因此也应该加大对其华文使用情况的研究。如果说对外汉语教学大纲的词汇大纲编制者参照的是《现代汉语词典》,那么华文教学大纲应该以《全球华语词典》作为参考,后者正在积极编纂之中,我们希望该词典的编纂对华文教学的开展能起到积极的作用。

#### 2. 要采取适当的要求标准

有人觉得,华人学华文,应该比别的留学生容易得多,而且他们有责任继承自己的母语和文化,因此对他们要提出高标准、严要求。但是,这样做很可能会导致不良的后果,轻则影响学生的积极性,重则使他们对母语及其文化产生厌恶感。这些华人学生虽然是中华民族的后代,但在华文学习上他们也有自己的难处:第一,对国外华人来说,很多时候母语并不是普通话,而是方言。由于历史原因,海外华人使用最多的方言是闽方言、粤方言及客家话,这些方言与普通话的差异是比较大的,单以闽方言来说,有研究者认为词汇上的差距就有30%。第二,学生的语言学习压力大,除了母语以外,还需要学习自己国家的通用语和其他一些官方语言。即使是实行双语教育的国家,通常也不是平行的双语,例如,新加坡的制度就是以英语为主导语言的非平行双语教育。

所以说,华人学生不可能像普通中国学生一样轻松地学习华文,也不可能把华文学习放在所有学习任务的首位。我们在设计华文教学大纲的时候,一定要考虑到这些因素,提出适当的要求。

所谓"适当的要求标准",是不高不低、不偏不倚,既能反映华人与其他学生的不同,又不会让华文学习成为一种负担。举个例子。汉字承载着华语文化,所以识字写字往往视为华文教学的一个重点。海外一些国家和地区的华文教学秉承中国大陆母语教学的传统,教授了不少冷僻字。可是,根据新加坡教育部 2004 年组织的一项调查显示,不喜欢华文的学生所列举的理由大多是"我必须熟记许多汉字"。[①] 可见这样的教学目标给学生造成了多大的负担。事实上,考虑到学生使用汉字的实际,以及科技工具在书写汉字上的帮助,我们在教学大纲中没有必要对汉字的书写(包括笔顺、笔画)提出琐碎、严格的要求,而应该把认字阅读作为初始阶段的教学重点,同时,作为文化教学目标的一部分,引导学生欣赏汉字的结构美及其文化内涵。

3. 要利用学习对象的优势

我们的教学对象通常已经掌握了某一种汉语方言,或是多多少少能听懂一些,而且从小对汉字、民族传统、华人思维方式等都有一定的接触。这些是他们学习华语的优势。充分了解并利用这些优势,可以帮助我们设计出更科

---

① 参见《华文课程与教学法检讨委员会报告书》,官方资料,2004 年 11 月印制,第 101 页。

学、更有效的教学大纲。

比如说,在声调教学方面,对外汉语教学大纲中,首先安排了学生认识声调是什么、是怎么发出来的,有什么作用,等等,这些内容在华文教学大纲中就可以简略;相反,一般我们在对外汉语教学的初级阶段无须向外国学生介绍汉语方言和普通话的声调区别,而这个内容却要成为华文教学的一个重点。

又如,在教授句型的时候,对句型意思的解释无须多费时间,因为汉语方言与普通话在语法上差异并不是很大,而有差异的地方,则应作为教学重点。在文化教学方面,亲属称谓、传统节日等对外国人来说都是难点,在华文教学中则不是。

总之,在大纲编制之前,应该仔细分析学习对象的优势,一来能避免重复学生已经掌握的内容,二来有助于提高学习效率。

4. 要符合学习对象的使用前景

不管学习者是否华人,任何语言学习的目的最终都在于使用。与学汉语的外国人相比,华人学生使用汉语的机会和范围可能更多、更广。他们在自己的家庭里以及本国华人圈里都需要使用。海外生活的大多数华人在日常生活中,听说华语的机会比阅读多,而阅读的机会又比书写要多。在教学大纲设定的目标中,听说比读写重要,而在读写能力中,阅读又比写作重要。

我们还要考虑大纲安排的教学内容学习者在实际生活中是否用得上。譬如,在对外汉语教学中,常常会布置学生给父母或朋友写信,谈谈在中国的生活。实际上,大部分学生可能一辈子也没有机会写这样的信。可是在华文教学中,这个写作目标却是必要的、有用的。对于在国内进行的华文教学来说,更要注意这个问题,因为往往由于教学地点的缘故,编写者会倾向于以中国大陆的使用情况作为衡量标准。可是,我们还要照顾到学生回国后的使用需求,譬如,在东南亚等华语语音已经形成稳定特色的地区,大纲无须把儿化、轻声作为语音教学的重要内容,因为就算学生花费精力学会了这些内容,他们回到当地的环境中也无法使用,会觉得别扭,那么很快也就忘记了。同理,在词汇大纲中,尽量减少北方方言特有的词语,适当吸收从南方方言(特别是粤、闽方言)进入普通话中的词汇,适当吸收当地华人圈中已经通用的特有词汇。而且,词汇频率分级也要考虑当地的背景。比如,"公共汽车"和"巴士",就海外使用情况来说,后者应定为甲级词。

最后要提到一点,也是至关重要的一点:大纲一旦制订出来,必须在一定时期内保持稳定,但又不能就此彻底稳定下去。大纲的编订不是一项一劳永逸的工作,它需要不停地修订,趋向完美。原因主要有两个。一是语言自身的变化。语言变化虽然是缓慢的,但它对语言教学的影响却不可忽视。2004年,国家对外汉语教学领导小组办公室决定修订《汉语水平等级标准与等级大纲》和《汉语水平词汇与汉字大纲》,因为在这20年间发生的语言变化足以改变一个大纲的时效。随着社会变化,新词、新用法出现了,有些语言过时了,有些语言流行起来了。1995年,陈灼等人在制订《中级汉语课程词汇大纲》时就碰到过类似的问题[①],他们当时十分慎重地收入了一定比例的丁级词和超纲词,而事实上,那些所谓的"丁级词"和"超纲词"在当时的社会生活中已经是十分重要的词汇了。所以说,大纲如果不能与时俱进,就很可能会阻碍学生接触真正鲜活实用的语言材料。

另一个原因是对语言认识的深入。我们编写大纲只能基于当时的认知水平,而人们在某一时期的认识总是有限的,所以大纲需要一步步的完善。近年来,汉语研究和对外汉语教学研究出了很多新成果,其中不少对华文教学也有启发。今后,随着华文研究以及华文教学研究的发展,我们要不断将新知识、新成果引入教学大纲,这样才能使理论研究和实践结合起来。

## 三、教学大纲与教学

作为一个华文教师,应该对各类大纲达到谙熟的程度,这是华文教师的基本专业素质之一。只有这样,不管拿到什么样的教材,遇到什么样的学生,他们对于所要教授的知识都会有把握。

在所有的大纲里,直接影响到教学过程的是教学大纲。按照大纲进行教

---

[①] 参见陈灼《制订〈中级汉语课程词汇大纲〉的原则及理论思考》,《语言教学与研究》1995年第4期。

学,这是一种科学的方式。我们知道,学生学习的时候是以教师为主导的,他们自己并不懂得辨别教材中各个语言项目的轻重缓急,在他们眼中,只有已知的和未知的两种内容。这就需要教师以大纲为标准,在宏观上进行控制,使整个教学过程遵循科学的规律。

教学大纲除了规定教学内容,指导教学进程,安排教学顺序之外,还为教师的教学讲解提供了样本。比如说,在语法大纲中,教师可以看到每个语法项目的展示方式、语义分析和语用条件说明等,还可获得一些例句。教学大纲一般是集体智慧的结晶,往往经过了大量数据的检验,大纲对内容的安排是有理论依据的。用大纲指导教学,既省时省力,又有质量保证。

教学大纲虽然规定安排了教学内容,但它毕竟不是教师在实际教学当中直接使用的教材。大纲只有一套,而教材则五花八门,因而在教学中常常会出现教材和大纲之间的矛盾。华文教师应该怎么处理这些问题呢?

首先,要选择合适的大纲。教材是实际的具体的教学内容,是学生学习的材料;大纲是理想的概括的教学内容,是教师大脑里的一个衡量标准。大纲和教材一样都是服务于教学的,按理说,教材应该按大纲来编写,但实际情况可能做不到,特别是现阶段华文教材的状况还比较混乱。[1] 所以我们只能设法尽量减少大纲与教材的矛盾。一个办法就是选择合适的大纲作为标准。华文教学的情况复杂多样,而华文教学大纲也不是单一的,按我们前面的设想,它应该是包含几个系列的多套大纲。那么,首先要分析该华文教学活动是在哪里进行,是哪个阶段的华文教学,是否母语教学性质,等等。综合各方面的因素找到最合适的大纲,用这个大纲进行教学,那么出现矛盾的可能性会更小一些。

其次,要学会对教材进行处理。教师不能改变教材,但却可以根据大纲的要求对教材做些适当的处理。简单地说,就是处理教材内容"在纲"和"超纲"的问题。而且这个问题,在中高级阶段表现得更为突出。因为教学等级越往上发展,教学要素越繁杂,区分语言水平的界标就越

---

[1] 详细情况在本章第三节会谈到。

不那么清晰，所以对教材内容的人为控制力也比较弱。大量原文的选用，使教学各要素，包括语法、词汇、功能项目等都以一种无序的状态呈现出来，常常与大纲产生矛盾，也给教学带来了困难。我们首先应该承认，中高级教材的超纲问题是不可避免的，但这并不意味着中高级阶段的教学大纲失去了意义。恰恰相反，这个问题的存在，更要求教师充分了解和掌握大纲。这样才能辨识教材内容中在纲、超纲、不足纲的部分，以便区别对待。

"要有纲的制约，又允许有合理范围内的超纲，这是大纲使用的辩证法。"[①]只要教师心中有大纲这把尺子，就能掌控教学的局面。教师、学生、教材构成了教学的三角，学生、教材这两方面都存在许多不定和混乱的因素，教师以确定的尺度统辖无序场面，大纲就是重要的指挥棒。

教学大纲对教学的指导作用是毋庸置疑的，但这只是两者关系的一个方面。另一方面，教学大纲也得接受教学的检验。教学大纲并非凭空捏造出来的，是教学实践给它提供了无穷的源泉。教学大纲取自教学，用于教学，并持续获得反馈，这是一种辩证的良性的循环。特别要提到在海外从事华文教学的教师，一定要利用这种身临其境的机会，多做调研，深入了解华人社会的背景，研究华人学华语的特点，以不断完善我们的华文教学大纲。

总之，我们要意识到，编制大纲不仅是某些政策部门的职责，相反，在大纲的编写上，最有发言权的就是来自教学第一线的教师和研究者。教师不但是大纲的执行者，更应该成为编制大纲的参与者。这样制订出来的大纲才能永远保证它的科学性，保持它的活力。

**思考和练习**

1. 大纲对教学的指导作用主要表现在哪些方面？

---

① 参见李杨主编《对外汉语教学课程研究》，北京语言文化大学出版社1997年版，第370页。

2. 华文教学大纲不是单一的一个大纲,它应该包括哪些大纲?

3. 华文教学大纲在考虑学生语言背景方面,应采取一些什么调整措施?

4. 跟对外汉语教学大纲相比,华文教学大纲的词汇大纲有什么特点?

5. 如果你是一名派往泰国从事华文教学的教师,在泰国华文教学大纲的建设方面你可以做些什么贡献?

## 第二节　课程设置

当某个班级的学习生活开始之前,学生们首先会拿到一个课程表,上面有课程的安排:一共有哪几门课、每天上午上什么课、下午上什么课,每堂课多长时间,一个星期某门课要上几次。当然,学生看到的只是一个安排的结果,却看不到安排的过程,更想象不出来,在这安排的背后,有多少个为什么。

从华文教学的专业角度来看,这是一项十分重要的教学设计工作,用专业术语称为"课程设置",它涉及到选择哪些合适的课型、每种课型安排多少课时、各个课型之间怎么搭配以及它们的先后顺序等等问题。那么,什么是课型?具体课程有哪些?各自的功能是什么?搭配安排的时候要遵循什么规律?等等。只有熟悉这些知识和原理,才可能顺利地完成课程设置这个任务。

### 一、课程的门类

按照不同教学内容而设计的不同形式的课就是"课型"。华文教学虽然表面上只是一门语言的教学,但却并不是一种单一课型的教学。因为除语言本身以外,它还涉及与语言相关的方方面面。比如,从语言内部来看,它有语音、词汇、语法等不同内容,同时还有听、说、读、写、译等不同技能。从语言与外部的关系来看,跟语言紧密相关的包括社会、文化、文学、历史、哲学,等等。因此,华文教学可以设置的课程门类是十分丰富的,我们按性质分为五类,并列举一些具体的课程名称:

1. 语言技能课:以教授语言技能为目的的课程。有综合各种技能为一体的精读课或称为"综合课";还有专项技能课,如口语课、听力课、阅读课、写作课等。语言技能课也可以与某一教学手段或某一专业知识联系起来,如:视听说、报刊阅读、热门话题、新闻听力、应用文写作、商务翻译,等等。

2. 语言知识课:以教授语言相关知识为目的的课程。语言知识一般包括语音、语法、词汇、文字等方面的知识,比如:华语语音、华语词汇、华语语法、汉字课等。

3. 中国文化课:以教授语言相关文化知识为目的的课程。语言文化知识一般包括文学、历史、民俗、国情等。具体可设置的课程有:现当代文学、文学简史、当代中国、中国文化概况、中国历史、旅游地理、中国哲学、古文选读、中华民俗,等等。

4. 专业语言课:以教授某一专业领域内的华文为目的的课程。例如:商务华语、科技华语、医学华语、旅游华语,等等。

5. 其他辅助课:和语言间接相关的一些课程,实践性和趣味性较强,常常作为语言学习的延伸或辅助,可以帮助学生提高语言水平,同时激发学生的学习兴趣。比如华文信息处理、民乐欣赏、华语学唱、华语影视欣赏、书法、国画、武术,等等。

当然,一般情况下,我们并不需要设置上述所有的课程,至于到底挑选哪些课程并进行搭配,哪些课程应必修,哪些为选修,就要根据具体情况来决定了。这方面的知识,我们后面将详细讨论。

华文教学应该包括各式各样的课型,这在今天并不难理解。但课型多样化的观念并非一开始就为人们所认识。在早期对外汉语教学活动中,由于各方面条件不成熟,基本上都是一门课包打天下,也就是我们所说的"综合课"。这种单一课型制的弊端是十分明显的:首先,由于教学方式的笼统,学生的各专项技能无法得到有针对性的训练;其次,由于教学形式的单调,学生很容易产生疲乏感,失去学习的兴趣;再次,把语言从社会中孤立出来,仅仅为教语言而教语言,没有体现语言的丰富内容。

人们很快认识到了这种单一死板的教学方式的不足,一些专家、院校开始寻求改进的方法。北京语言学院(今北京语言大学)进行了"两条线教学"试验,即分听说和读写两种课型进行教学,效果不错。于是开始尝试课型改革,取消综合课,开"听说"或"读写"打头的课,突出专项技能的训练。后来,随着教学研究的深入和教学形势的发展,越来越多的课程被纳入汉语教学的范围。到今天,各地院校基本上都是采取"一主多副"的课型设置方式,即以综合课为主干,配合综合课,再开设各类专项技能课和文化知识课。

回顾对外汉语教学课程设置的发展轨迹,我们可以看到华文教学课程设置的一些基本走向:第一,课型丰富化。一方面,华文教学不能仅仅局限于单纯的语言教学,而要结合华人及华人社区的特点和需求设置丰富多彩的课程。同时,我们也不能满足于目前已知的课程,华文教学将来还需要依据形势的变化而不断拓展课型。比方说,汉字的认读、书写是学习华语的一个难点,影响了学生学习华语的积极性,更影响了学生在生活中阅读华文的效率。那么,我们可以尝试设计一种专门的认字课,除了使用传统的认字技巧之外,还可结合各种先进的输入法,满足学生在阅读方面的需要。再比如,考虑到学生的方言背景,可以设计一些方言与普通话对比的课程,供不同方言的学生选修。第二,课型的研究越来越重要。特别是在课型种类日益增加的情况下,其质量就更要很好地把握。并不是什么样的新鲜课程都可以随意引入华文教学,任何课程的增删、变革都要经过研究及实验的论证。1999年出版的两本书:《对外汉语教学初级阶段课程规范》和《对外汉语教学中高级阶段课程规范》,对初、中、高三个阶段近20门主干课程的性质、目的、任务、内容要求、教学环节与教学方法的规范,进行了详细的阐述,在课型研究方面具有十分积极的意义。这对华文教学的课程研究是很有启发性的。华文教学课程的研究才刚刚起步,在很多方面有待开发,这类研究对于我们进行更合理的课程设置,并确立规范化的课程操作手法,具有重要的意义。

## 二、课程设置的原则

课程编制是对教学的宏观控制手段,其目的是调节教学活动、保证教学质量、获取最佳教学效果,其具体内容包括选择课型、设定课时、搭配课程等几个环节。

若要建立一个科学的课程体系,必须遵循科学的原则。在华文教学课程设置的过程中,我们需要考虑的问题包括:

1. 课程的全面性以及侧重点

前面已经介绍了不少具体的课程名称,对于一个学习者来说,当然希望能接触到越多课程越好,但是由于客观条件比如说学习时间、学习目的等的限制,往往只能给学生提供某一部分课程。虽然数量有限,但在所挑选的课程范围内,首先应该保证课型的全面性,以使学生对各方面的技能和知识都有所掌握。所以说,课程的全面性并非指提供全部的课程,而是指在有需要及条件允许的情况下尽可能地使课程类型丰富多彩。

然而,全面并不意味着一视同仁。在语言教学中,不同课程的地位是不同的。要把握好课程的侧重点,就得理清几类课型之间的辩证关系:

综合课和专项技能课:根据语言技能的共性和个性,分设了综合课和专项技能课。综合课(或叫精读课)对听、说、读、写等语言技能和语言交际技能进行综合训练,是一门集语言知识和必要的语言文化背景知识、语言技能以及交际技能教学为一体的课型。事实证明,不管进行怎样的改革,综合课的主体地位从来没有改变。专项技能课的作用是配合综合课,对综合课的教学起到辅助的作用。除了保持综合课的主体地位以外,各专项技能课也应有轻重之别。根据华人使用华文的现实情况,在各专项技能课中,华文教学要把侧重点放在说话课和阅读课上,听力虽说也很重要,但因为学生通常都听得懂一门方言,在华语的听力理解方面相对而言比较容易提高。

语言技能课与语言知识课:在任何种类的语言教学里,学习语言首先主要都是学习语言本身,即语言的各项技能。但是,单纯只学习语言技能是不够的。因为语言并不是无趣的语言,它含有各种丰富的知识;语言也不是孤立的语言,它与社会的很多方面都有关联;所以,完善的语言教学,不但应有技能课,还应有知识课。但是,"对培养技能来说,知识只能起促进作用,不能以掌握知识代替掌握技能"。[①] 学好语言知识是为了更好地理解语言,从而最终促

---

① 参见朱纯《外语教育心理学》,上海外语教育出版社1994年版。

进语言技能的应用。因此,虽说提倡华文课程的丰富化,但华文教学作为语言教学的一种,仍然应该以"技能课"为主,"知识课"为辅。有人认为华人学习华文应该把文化教学放在第一位,显然是不合适的。

2. 课程的合理搭配

课程的安排需要从横向和纵向来考虑,只有在两个方向都做到合理,才是真正有效的课程设置。

所谓"横向搭配"是同一级别的不同课程之间的关系,要求各课程形成互补,不要造成重叠。这里的"互补"有两层意思,一是说形式上互为补充,同一类型的课不需要出现两个以上的课程,比如有了听力课就不应再设置听说课或视听说课,有了应用写作就不应再设置公文写作。另外是说内容上互为补充,一方面规定平行课之间有一定数量相重叠的语音、语法、词汇内容,有人把这种重叠的内容称为各课型的"共核"。① 除了"共核"之外,各门课程还要延伸有自身特色的东西。

所谓"纵向搭配"指不同级别的相同课程之间的衔接,要求体现各课程之间的连贯性和阶段性,既前后衔接又互相独立,在难易程度、内容性质等方面形成一个阶梯。此外,纵向搭配还应考虑不同的教学阶段有不同的侧重点。一般来说,初级阶段应突出听说,中级阶段听说读写全面要求,高级阶段则要强调读写。

3. 合理的课时比例

在课时安排上,人们通常以为无论什么课程,课时越多效果越好。这其实是一种误解,考察课时安排的科学性正如评价一个人的身材,不在于绝对数量的多少,而在于比例合理。

衡量课时比例的时候,通常以"周"为单位,即比较不同课程在一个星期内的课时总和。怎样的分配才算合理呢?简单说,重要的课程课时多,次要的课程课时少。具体来说,语言技能课应该比知识课多,综合课应该比分项技能课多。精读课是重点中的重点,要保证每周有 8 到 10 个学时,说话和听力是两

---

① 参见李杨主编《对外汉语教学课程研究》,北京语言文化大学出版社 1997 年版,第 24 页。

项基本的技能，每周各要安排 4 个学时，阅读可以安排 2 到 4 个学时，写作和翻译通常只需安排 2 个学时。在同一个层次上，通常只需安排一到两门语言知识课，每门课 2 个学时。

还要提到的一点是，除了必修课外，还应安排 2 到 4 个学时的选修课；除了课堂课程外，每学期还应安排一两周的课外实践课程，这些课外学时可以分散于各周，也可以集中进行。

### 三、课程设置的程序

下面来讨论一下华文教学课程设置的具体操作。任何课程设置的方案都应与具体情况相适应，仅从理论出发而不联系实际，肯定设置不出合理的课程计划。华文教学包括形形色色、复杂多样的情况，因此，在设置课程计划之前，首先需要做的工作就是详细分析教学活动的性质特点。从教学性质来看，可以分为：在国内进行的华文教学（基本上类似对外汉语教学）、在国外进行的对华人子弟的华文教学（基本上类似母语教学）以及在国外进行的对外族人的华文教学（基本上类似外语教学）。从教学对象来看，可以分为华人和非华人，成人和非成人，单纯的学生和有职业者。从教学周期来看，可以分为短期班和长期班。短期班学习包括普通短期学习、夏令营性学习、参观性学习、旅游性学习、培训性学习；长期班学习包括学期制学习、华文本科学习、其他本科专业学习。从学生的学习目的来看，可以分为：普通语言学习、职业进修培训、商务、旅游、跨文化交流、家庭内部交际、族群内部交际、文化传承，等等。

每一种情况都有各自的需求，这些区别应该在我们设置的课程方案中体现出来。在正式的设计工作开始之前，整理出一个课程设置的需求表，包括下面的内容：

1. 按教学目的的需要设置课程

教学活动要达到什么目的，就要设置什么样的课程。这里一方面指教学理论上认为必要或适宜的课程，例如为高年级的本科生开设论文写作课，为华文幼儿教师培训班增加幼儿教育心理、幼儿游戏教学等课程。另一方面还包括学生自己认为需要或感兴趣的课程。对华文教学来说，后者十分重要。因为华人后代学习华文大多带有奉命行事的性质,如果能够让他们自己来决定部分课程,则可以激发他们学习的主动性。若条件允许,还可以采取访谈、问卷等形式就设置课程的问题征询学生意见。

2. 按教学对象的程度设置课程

这是华文课程设置中的一个难题。因为华文教学的教学对象情况是千差万别的,有些华人由于家庭环境的影响,华语水平比较高,有些则非常差。如果是在中国国内进行的华文教学,可将他们安排在不同的级别,这不会有什么问题。但如果是国外华文母语教学,学生年级安排一般以入学年龄为标准,笼统地为同一年级的学生设置相同的华文课程,往往会出现顾此失彼的后果。对于这样的情况,建议采用设置"阶梯课程"的方法,把华文课程分为三级:深入课程、核心课程、基础课程。水平较高、对华文感兴趣的学生选择深入课程;水平较差的学生选择基础课程;核心课程则为所有学生的共同课程,考试也以其为主要内容。这样可以满足不同学生的需求,又保证了学校考试的统一标准。新加坡有些学校试用了类似的制度,就实践结果来看是可行的。

3. 按教学地区的情况设置课程

华文教学的课程设置还受到很多现实条件的限制,如所在学校对华文教学的政策,所在国家或地区对华文教学的政策,等等。这个问题在海外华文教学中表现得特别明显。例如,华文作为母语教学,只是众多学科中的一种,那么就不可能设置太多的课型和课时,如果仍按国内对外汉语教学的课程标准来设置,则会给学生造成太大的负担,甚至影响学生的升学。所以说,华文教师要了解当地的教育制度和考试机制,在有利于(或至少不影响)学生继续升学的前提下,他们才可能积极参与华语的学习。

在做完了需求分析之后,就可以着手设计课程表。具体来说,包含以下步骤:

第一步,确定教学阶段,即根据教学对象的语言水平确立其所处的教学阶段。具体教学阶段的划分方法各地各校都不同,一般把语言学习者分为初级、中级、高级,这里面还可以细分,比如初级分为初级上和初级下,或分为A、B、C、D班。如果是本科学生,则为一、二、三、四年级。比较短期的学习可以分为基础班和提高班。其他基于职业需求的培训,比如华语教师班等,则根据学员的实际情况来决定教学阶段,通常认为他们相当于国内师范院校的一年级学生。国外的华文母语教学是按学生所在年级来定的,一般不需要再划分语言水平级别,除非采用上面建议的"阶梯课程"法。

第二步,选择相应的课程。宏观上应该兼顾到各类课程,但要把握其在不同阶段的设置比例。初级阶段的学生一般以语言技能课为主,到中、高级逐渐增加其他类型的课程。短期班则要较早地引进一些实用课程。综合课一般来讲都是必需的,它就像一道主菜,然后再根据教学对象的水平、类别、目的等因素选择一些其他课程进行搭配。如果同时做几个连续级别的课程设置时,不能把任何一个阶段孤立出来对待,要注意它们之间的连贯、过渡和衔接。

第三步,按比例安排课时。先确定周课时,然后再计算总课时。每天安排4到6个学时的教学活动是比较合适的,安排得太满不利于学生消化吸收。有些时候华文课程的总课时是由学校统一规定的,由于教学时间的有限性,可能会无法安排原先选择的所有课程,那就需要删减一部分,或者改换成选修课或课外实践课的形式。

第四步,安排课程的具体搭配。也就是把选定的课程拼在一起,做成一个周计划。搭配课程的原则之一是尽量使之显得丰富多彩,包括同一天内不能重复,前后两天最好不重复,这样才能让学生保持新鲜感而不至于心生厌倦。语言教学是一种综合性的活动,各项技能、知识的教授相辅相成,它们共同组成一个有机的整体。我们在搭配的时候要处理好各课程之间横向和纵向的关系,按照一定的先后顺序安排课型,让它们以一种接力赛的方式进行,只有这样,才能发挥各门课程的优势,并使它们达到一个统一的目的。

**思考和练习**

1. 华文教学的课程分为哪几类?请举例说明。
2. 针对华文教学的特点,你认为还可以拓展出哪些新课程?
3. 课程的横向搭配和纵向搭配分别指什么?
4. 对海外华文母语教学来说,"阶梯课程设置"是一种怎样的方法?这种方法有什么好处?

5. 某个菲律宾小学为了提高教师的华语水平,派 20 名华文教师来中国进行 6 个月的培训,这些教师都是华人,从没来中国学过华语,所说的华语带有方言口音。请利用你所学的知识,为这一教学活动设置课程表。

## 第三节 教材的编写和选择

教材是教师教学活动和学生学习活动的主要依据。教师在开始具体教学活动之前,首先必须对教材进行了解和分析,然后设计出具体的教学方案。所以说,教材是教学活动所要着手准备的第一步。

事实上,教材本身就是一种教学设计的产品,因为其内容都是编写者精心挑选、安排。教材基本上决定了教学活动的大概框架,从一定程度上来说,左右着教学活动的成败。一本优秀的教材,应该让教师使用起来有得心应手的感觉,这就是编写教材的技术和艺术。

当然,教材的好与坏不是绝对的,就像衣服对于人一样。要想进行成功的教学设计,首先要为教学活动挑选一本合适的教材。否则,再好的教学方法也无济于事。

教材编写是一门学问,教材的选择也不简单。这一节将分析华文教材的现状和困境,也将特别探讨如何编写和选择华文教材的相关问题。

### 一、教材编写概况

新中国的对外汉语教学事业始于 20 世纪 50 年代,汉语教材也随之诞生、发展。从早期简陋的讲义,到今天丰富多彩的各式课本,这期间,教材的编写也经历了曲折的探索过程。

基于教材在教学活动中的地位,教材建设一直以来都是对外汉语学科建设的一项重要内容。1972 年北京语言学院恢复后,为了加强教材建设和研究工作,成立了编辑研究部,这是我国第一个编写对外汉语教材和研究对外汉语教学的专门机构。20世纪80年代以来，这项工作受到了教育主管部门、各有关院校和广大对外汉语教学工作者的普遍重视，编写、出版的教材数量和品种空前增加，不少教材的针对性和适用性也有所加强。90年代以后，在教材编写方面更是出现了百家争鸣、百花齐放的局面。

然而令人遗憾的是，目前国内编写的针对华人的华文教材却寥寥无几。

事实上，20世纪80年代以来，除了国内出版发行的对外汉语教材以外，教育、侨务部门与有关院校和学术团体互相配合，也组织编写过一批专供国外使用的教材，比如1981年出版的刘珣等编的《实用汉语课本》，1986年出版的胡裕树主编的《今日汉语》，1987年南开大学与美国明尼苏达大学一起编写的口语教材《开明中级汉语》，等等。但当时所理解的"海外市场"还是比较模糊、宽泛的，并未进行什么细化的分析和有针对性的研究。那个时候还没有全球"大华语"的概念，教学对象也不是针对华人，除了个别调整，如采用繁体字、增加练习量等，在编写理念上和国内的对外汉语教材没有本质的区别。

如今，顺应社会形势的需求，华文教材的编写被提上了日程。各国的华文教育界人士、教师、学生都急切盼望能有一套针对自己国家的华文教材。由于长期缺乏专门的教材，一定程度上也阻碍了华文教学事业的健康发展。从印尼的情况就可以看出当前华文教材的严峻形势。印尼目前所使用的华文教材大致可分为三类：

一是中国大陆、中国香港、中国台湾以及马来西亚、新加坡等地使用的对外汉语教材和函授教材。规模较大的补习班和正规学校一般采用此类教材。其中使用最广泛的是暨南大学编写的《华文》、北京语言文化大学编写的《汉语301句》和北京大学编写的《初级汉语口语》。

二是中国大陆使用的普通中小学语文教材。部分规模较小的补习班和家教采用。这些教材的内容是针对中国国内编写的，不符合印尼国情、习惯和特点。有的甚至会引起许多不必要的麻烦，如课文中出现"我爱我的祖国——中华人民共和国"等内容。

三是印尼的汉语教学专家编写的教材，以及各补习班、学校自编的教材。这些主要是作为教学辅助材料，针对性强，符合印尼国情和学生的特点，有印尼语注释,但由于编写者汉语水平有限,语言方面还存在一些不规范的地方。

印尼的华文教育虽然一度被中断,但华文教学的基础在不少地方还不错,印尼的华文教材情况尚且如此,就更不用说别的一些华文教学刚刚起步的国家了。华文教学与对外汉语教学有着明显的区别,海外华文母语教学与国内的母语教学也不尽相同,采用共同的教材显然是十分不科学的做法;若不使用合适的教材,华文教学就无法达到理想的目标。现在,随着华人移民海外的数量越来越多,华文教学将会在世界各地逐渐开展起来,未来的发展空间不可限量。有针对性的华文教材的出台,已经成为一个迫在眉睫的需求。华文教材的编写任务不但万分紧要,而且十分艰巨。

## 二、华文教材的编写事项

华文教材与对外汉语教材有共性,在编写方法、讲解注释等方面可以借鉴后者的一些经验;但同时华文教材因其教学特殊性又表现出不同于后者的鲜明特点。掌握华文教材的编写原理是华文教师的专业素养之一,这些知识一方面能在将来的实际教材编纂工作中发挥作用,而且也有助于教师更好地理解教材,更有效地使用教材。

### (一) 基本程序与方法

跟其他语言教材一样,华文教材的编写主要包括以下几步:(1)挑选教学材料;(2)制作生词表;(3)语法点注释;(4)功能项目注释;(5)设计练习。"编写语言教材首先要解决的一个问题是怎样编排语言要素(具体言语现象中的语音、词汇、语法等)以及怎样解释有关的言语现象。"[①]所以,教材编写者在着手工作之前,先应该明确编写的方法。华文教材的编写设计包括诸多方面的内容,比如,贯穿教材的线索是什么？重点是什么？教材内容主要以什么形式出现？教材的格局分配如何？等等。设计的方式五花八门,各有千秋。下面我们从不同的角度来谈一谈。

1. 编写主线

---

① 参见吕必松《对外汉语教学研究》,北京语言学院出版社1993年版,第13页。

从编写主线来看,可以分为以下几种类型:

(1) 结构型。

以结构为纲,按照语言的结构形式给言语现象分类,按照结构形式的难易程度编排教学顺序,对每一类言语现象的解释也是着眼于结构特征。教材中每个单位的目标是教授某个语法点,围绕着语法点练习词汇、句型。这样做的优点是教学内容系统全面、井然有序,缺点是死板、与生活脱节。

(2) 功能型。

以功能为纲,按照语言的功能和意念给言语现象分类,并以其为中心编排教学内容,对言语现象的解释侧重于使用的场合。教材中每个单位的教学目标是用语言实现某种功能,围绕着功能提取语法点、词汇和句型。优点是灵活实用,缺点是教学内容的出现没有规律,常常不符合难易顺序。

(3) 功能—结构型或结构—功能—文化型。

以结构—功能为纲或以结构—功能—文化为纲,对言语现象的解释兼顾结构和功能两个方面,教学内容基本上按照语言结构的难易程度编排教学顺序,但同时又注意贯穿功能项目的教学。这是一种理想的方法,然而,知易行难。在实际操作中,大部分"两结合"或"三结合"教材,总是顾此失彼,最终还是选择以"结构"为主体,功能、文化只是附属地位,因为人们通常认为,以结构为纲,也能兼顾交际功能,反之,若以功能为纲,就不可能兼顾语法教学的系统性。这种方法的缺点是教学内容比较杂乱,教学中心不明确,因为想两者都兼顾而影响了实际教学效果。

2. 教学内容的表现形式

从教学内容的表现形式来看,大致有以下几种情况:

(1) 以语法或句型为主体。

教材以系统语法为线索,由于语法常常通过句型来表现,所以教材内容在形式上以句型为主体,每一课编排一到两类句型,围绕该句型编写课文,学习生词,设计练习。

(2) 以词或字为主体。

教材以词汇教学为目标,通过词汇的学习来练习句型和语法。另外由于汉语构词的特殊性，语素教学表现出重要性，因而也有一些人提出以"字本位"的观念来编写教材，通过一个个语素的学习来扩展词汇，进而扩展到句子和语段。母语初级教材常常采用这种方法。

（3）以功能或情景为主体。

教材围绕功能或情景编写，每一课的题目就是目标交际任务或交际情景，如"自我介绍"、"在银行"等。

（4）以文章或话题为主体。

教材每一课的主体是一篇或多篇课文，围绕课文提取生词、语法、功能项目等，并设计相应的练习。通常教材以话题讨论为主线，每一课设置一个话题，围绕该话题选取多篇课文。

3. 内容编排方式

按内容编排方式来分，大体有直线型教材和螺旋型教材两种。

（1）直线型教材。

将语法点按难易排列，每课安排一到两个语法点，一个一个问题依次解决，从第一课开始教到最后一课。目前大部分教材都采用这种方式。其不足之处在于：靠学理上的难易程度排序的语法点可能与学生的实际需要脱节，一些在实际生活中急于运用的形式可能安排得很靠后。

（2）螺旋型教材。

将话题与句型结构根据交际需要并适当照顾难易度分成几个圈，每圈都将主要话题和句型出现一遍，而圈与圈之间又逐步加深难度，呈螺旋式上升或同心圆扩大之势。这种方式符合语言学习的循环规律，但编写起来有一定的难度。

4. 教学材料的来源

从教学材料的来源来看，可以分为人工语言型和自然语言型。

"人工语言"是指编写者基于一定的控制需要和规范标准而刻意编写的教学材料。

"自然语言"是指教材中的句型、对话、文章等内容完全来自自然生活中的真实语言材料。

从实际情况看,初级阶段的教材,内容明确、简单,基本上是人工编写的语言。进入中级阶段以后,学生必须接触真实的语言材料。这些真实的语言材料多为汉语母语者撰写的文章,其在词汇、语法、功能、文化等各项目上都是混乱无序的。这个时候若要使教材遵循教学大纲,则需要进行改写、缩写、注释等,这样一来又免不了人工安排的痕迹。所以说,在教材中采用纯粹的人工语言和自然语言都是不现实的,实际的教材往往是两者的结合。

5. 教材格局

从教材格局来看,有单课制和单元制设计。

在单课制教材中,教材由多课组成,每一课都是互相独立的。而单元制教材则由几个单元组成,每个单元包含几课,常常在内容上有一定的关联。

教材的编写方法没有绝对的优劣,每一种方法都有利有弊,也都有与之相适应的教学情况。比如说,综合课教材一般不以情景为纲来编写,而口语教材则非常合适。对于编写者来说,关键是明确教材的性质和目标,而后因地制宜,选择最适用的方法。

当然,不管采用什么方法,教材都应该在大纲指导下编写,这是一个前提。华文教材就要严格按照华文教学大纲来控制词汇量、安排语法点、设置功能项目。这里需要再次提到的是,华文教学大纲并非单一大纲,而是系列大纲,因此,教材编写者应该选择对应其所编教材情况的教学大纲作为参照。

(二)编写原则与特点

对外汉语教材编写者常常面临这样一个烦恼:他们需要努力使教材能够适用于广泛的教学对象,因为在实际教学活动中,教学对象在国籍、母语、汉语水平、文化背景、认知习惯等方面存在差异。这些差异会导致对教材不同的需求和评价,总会有一些教学对象的要求没有得到满足。这就给编写者带来了很大的困难,譬如,有些教材在采用外文注释的时候,同时需要用英语、法语、日语等。对于这个问题,学术界还有一些争议,目前总体上是英文注释多,忽略了许多华文学习者并不懂英语的情况。

相比之下,华文教材的编写者就有了一个优势:由于教学对象的类型是相对确定的,他们编写的是有针对性的教材。既然如此,就一定要把教学对象的

特点及需求在教材中体现出来。鉴于华文教学的特征,我们认为,华文教材的编写应该遵循如下原则:

1. 适应华文教学的多样性

"多样性"对于华文教材来说是特别重要的。华语传播及华文教学的发展十分迅速,华文教材的编写视野应该扩展到全球,满足各地、各类华文教学的需要。我们已经反复提到华文教学的复杂形势及丰富种类,与此相应的华文教材当然不应呈现单一或统一的面貌。华文教材必须多样化,以适用于不同地区、不同目的、不同性质、不同阶段的教学形式。根据华文教学的定义,从性质上来说华文教材实际上包括两种:一种是外语教材或者说是第二语言教材;另一种是母语教材,适用于海外中小学对华人进行的母语教学。从地域上来说,海外各地有自己不同的情况,因而也应该有各自的教材,统一使用一套课本是不科学的做法。从教学内容上来说,华文教材也应该针对不同的教学目标编写不同的教材,如语言类教材、语言知识类教材、文化类教材等等。

2. 区别地域标准,体现地域特色

华语的使用区域已经遍布全球,各地的华语都有不同的特点。哪怕只在中国大陆,也存在南方和北方的差异,比如,在中国南方学习汉语的学生几乎没有机会听到或使用教材中出现的"劳驾"、"赶明儿"、"捣鼓"等词语。在未来的华文教学中,想要找到一个完全统一的语言标准是相当困难的。所以说,在华文教材编写上,我们要结合实际来决定各地区在教学内容上的取舍和轻重,要尊重当地华语的习惯,体现当地华人生活的特色。

首先,处理词汇差异。各地华人圈都会有些特色词语,譬如,新加坡、马来西亚和印尼等地的华语流行"拜一"、"拜二"等的说法,即我们所说的"礼拜一"、"礼拜二",据说当地也用"星期一"、"星期二"等,但不常见,而"礼拜一"、"礼拜二"则几乎完全不用。教材在处理词汇差异时可以采取"轻重有别"的方法,碰到大陆与当地的华文词汇存在差异时,比如东南亚习惯把"救护车"称为"救伤车"、把手机的"短消息"或"短信"称为"简讯"等,应考虑采取当地华人圈通用的词语为主要训练词,而中国大陆的相应词可以采用"补充知识"的形式在课文后附注出来。

其次,处理话题差异。每个地方由于自然条件、传统习惯等不同,大家关心的东西也不一样。比如,有关"四季"的课文,在中国和一些其他地方都是非常重要的,通常在很早的阶段就要学习,然而,它们对于位于热带地区的学习者来说,则不是那么紧要的东西,相反,"雨季"和"旱季"倒是十分实用的词语。再如,对外汉语听力教材上常常会有"天气预报"的内容,那是因为中国各地气候分明,人们需要关心天气变化,但是在东南亚和非洲等地,人们可能就并不关注这样的话题。

还有,由于方言和外语等的影响,有些在中国国内视为不规范的语法格式,在海外不少华语圈中却是通用或流行的用法,例如,表示完成的"有+vp"句式,"很中国"、"很女人"之类的副名结构,在不少地方已经得到广泛应用和普遍认可,那么是否也可以考虑以适当的形式纳入教学范围?这个问题还值得进一步探讨。

3. 迎合华人的学习目的

与学习目的一致的教学活动才能激起学生的学习动机。据调查,海外华人希望子女学习华文主要原因就是:文化传承及经济价值。那么华文教材的编写也应该迎合这两个目的。

强调文化教学的内容,有两种方法:一是在语言类教材中突出文化与语言的关系,课文话题的选择和功能项目的设置上体现更多中华文化的元素。另外一个途径是编写一些专门的文化类教材,如"中国民俗"、"中国民间故事"等。20世纪90年代初北京师范大学编写了《中国神话故事》、《中国民间故事》、《中国历史故事》系列教材,以文学作品的形式介绍文化,也是一种很好的尝试。这样的教材可供选修课或学生课外使用。

商务内容也应该成为教材的一个重要主题。一方面可以在教材中增加经济方面的词汇、功能项目;另一方面也可编写专门的商务教材,如"商务口语"、"商务知识"、"商务应用文写作"等。

4. 符合华人的语言背景

教材编写方式应该符合华人的语言背景。华人学生大都会使用或能听懂某一种方言,而方言与华语的差异,主要在语音和词汇方面,而不是语法方面。

根据这个特点,显然需要作些调整。比如说,句型教学本来是语言教学的有效方法,句型的学习、模仿、记忆是对外汉语教学常用的教学手段;然而,方言与普通话的句子结构大体相同,学生在掌握华语结构方面没有什么困难。因此我们认为,在华文教材的编写上,以词汇为中心可能好过以句型为中心,以功能为纲好过以结构为纲。

5. 解除学生负担,激发学生兴趣

不少华人学生学习华语并非出于个人兴趣,而是因父母要求而勉强学习。事实上,传承民族文化等理由在学生看来是个过大的使命,再加上畏难情绪等,往往使得学生视华文学习为负担,产生一些逆反和消极心理。正因为如此,我们更要编写出有吸引力的教材,以激发他们的兴趣。

首先,教材应该特别注重实用性,为学生减轻一些学习负担。这体现在很多方面:教材所提供的语言材料应该社会化、生活化;出现的语言情景应该是学生熟悉或需要的;介绍的词汇应该是在当今社会常用和有用的;在语法上应该选择典型的、基本的、能产性高的项目;删除较冷僻的汉字,相对减少写字的练习。

其次,通过教材内容的科学安排,帮助学生提高学习效率。比如说:重点和难点应在各级各课中分布均匀;在课文、练习中要安排词语、语法点、功能项目等的复现;练习形式应该丰富多彩,尽量避免机械性的模仿、记忆练习;汉字教学不应该呈现出零散局面,而是通过汉字的特点进行合理的集中,避免学生过多的死记硬背。

最后,借助新兴科技,扩展教材载体。早在20世纪90年代时刘珣就曾提出"教材的现代化与立体化",认为新时代的对外汉语教材"必须是调动一切现代化手段,由文字、图片、录音、录像、电脑软盘组成的立体化的教材系统"。[①]这个观点也指明了华文教材未来的发展趋势。华文教材的科技化,从教学的角度来看,可以满足不同学习者的习惯,提高学习效率,也为除课堂教学以外

---

① 参见刘珣《新一代对外汉语教材的展望——再谈汉语教材的编写原则》,《世界汉语教学》1994年第1期。

的教学形式的发展提供了条件,例如网络华文教学、华文函授教学等等。从心理的角度来看,可以消除年轻的华人后代对中华文化的排斥,因为他们常常觉得民族传统、汉字等是过于古老的东西,如果以现代化、高科技的载体形式出现,他们会更容易接受。

### 三、教材的选择

教材编写只是做了一个前期工作,就好比商品的生产。接下来的问题是,面对琳琅满目的商品,我们应该选择哪一个。教材编写者未必就是教材使用者,教材使用者也未必是教材编写者。在大多数情况下,一位教师并不需要为即将承担的某项教学工作而专门编写一本教材,他更可能面对的任务是选择一本合适的教材。也就是说,对更多的华文教师来说,学会选择教材比编写教材更为必要。

华文教学形势的发展使得教材的选择更为复杂了:一是可供选择的对象太多,二是选择过程中需要考虑的因素越来越多。教材的选择过程其实就是将教材与教学活动进行匹配的过程,匹配的标准就是适用性。

通常,选择教材之前要对教学活动进行充分的分析,全面了解它的性质特点,以下都是需要确定的项目:教学类型、课程名称、教学内容、学习程度、教学目的、教学对象、教学地点、教学时限。在掌握了这些基本特征之后,教师对于所需选择的教材应该有一个大概的想法,比如:是母语教材还是二语教材,是口语教材还是综合教材,是初级教材还是中高级教材,是用日语注释的教材还是英语注释的教材,等等。

带着这个大概的框架,就能够在众多教材里圈中一小部分,这样,选择就可有的放矢了。为了更准确地检验教材的适用性,接下来要考虑一些更为细致的问题:对教学对象来说是否实用,对教学地点来说是否通行,对教学目的来说是否有效,对教学方式来说是否便利,对课时的安排来说是否合适,等等。符合最多项要求的那本教材就是最合适的。

在另一方面,教师对备选的教材也要有所了解。对于教材的特点,教师可以从编者前言得知,有些时候还需要进行仔细阅读和研究。不管怎样,在决定是否选择一本教材之前详细了解它的特征是必要的,这是做出正确选择的前提,也是保证。

教材必须难易适中,太难的教材会使学生失去信心,太容易的又会使学生失去兴趣。一般教材都标明了其相应的水平程度,比如是初级教材或某年级教材。但是,具体教学活动中的教学对象总是带有一些变数,为了确保教材的适用性,教师不妨从教材中抽取样本进行试用,或者让学生就样本内容进行测试。有人推荐采取填字测验的方法来检测教材的难度[①],具体做法是从教材样本中删去若干个词(每隔5到10个词就删一词),让学生作答,根据作答的成绩,就可以比较客观地判断读物的难度:若填对率在60%以上,说明此教材学生能自己阅读;填对率为40%~60%时,适合作为教材;若低于40%以下,则教材太难。

还要提到的一点是,对于一门课程来说,除了基础教材以外,还要选择一些配套教材,如学生用书、各类练习材料、补充材料、录音录像材料等。如果学生课外自行采用一些辅助教材,如一些多媒体教材、自学教材、考试习题集等,教师可以为他们提供必要的建议。

**思考和练习**

1. 教材在教学活动中充当什么角色?

2. 目前华文教材的现状如何?

3. 从编写主线来看,语言教材有哪几种类型?编写各类华文教材时你认为分别适合用哪一种方法?请举例说明。

4. 跟对外汉语教材相比,编写华文教材时有什么优势?我们应该怎样利用这个优势?

5. 怎样用"填字法"来检测一本教材是否适用于教学对象的水平?如果给你一本教材,你会从哪些方面考虑它是否适用?

---

① 参见谢泽文《新加坡华文教学论文集》,北京语言学院出版社1994年版。

## 第四节 课堂教学

语言教学要解决的两个基本问题是"教什么"和"怎么教",前者已经在教材中体现出来了,后者得通过实际教学行为来实现。课堂就是学校教师最终落实教学行为的场所,可以说,之前所做的一切设计归根到底都是为课堂教学服务的。

课堂教学是语言教学的基本方式,是帮助学生学习和掌握汉语的最主要的场所。课堂教学质量的高低能够直接决定语言学习的效率和成功率。为了确保课堂教学的顺利进行,教师应该做好充分的课前准备。课堂教学的设计与教师有着最直接的联系,教师对此也有最直观的体会,因此对每一个即将从事这个行业的人来说,这是必须了解的重要内容。

### 一、华文课堂教学的特点

人们做事情需要"因地制宜",课堂设计既然是为华文教学而做的,那么谈论设计原则和方法之前,我们应该先了解一下华文教学的课堂到底有些什么特点。

在具体的课堂教学活动中,基本的构成要素是教师、学生和教材。这三者以教室为舞台,共同完成一次活动。教师和学生是教学活动的主体,教材则起中介作用。因此,教室、教师、教材和学生共同决定了课堂的特点。

作为语言教学的一种,华文教学是一种有计划、有组织的教学活动,其教学内容、教学方法是经过周密的安排和设计的,它跟自然习得的过程不同。用一句话来说,课堂教学最大的特点就是人工性,对于语言教学来说,这既是优势,也是劣势。下面我们要详细地分析课堂教学的优势和劣势,目的是让教师充分了解自己在课堂教学中的角色,并且思考怎样才能在教学设计中扬长避短。

华文课堂教学的优势主要表现在几个方面:教学场所的固定性,教学任务的明确性，教学内容的可安排性，教师角色的可转换性，教学对象的相对单一性，等等。

华文教师要善于利用这些优势，可以注意以下原则：

1. 灵活合理地安排教学内容

课堂教学的目标是全面完成教学任务，使学生掌握必须掌握的教学内容。教师可以根据语言特点及语言学习规律人为地安排教学内容，有利于学生快捷地达到学习目的。

2. 教学反馈迅速及时

课堂教学的一个好处就是学生能迅速得到教师的反馈。教师指导学生操练教学内容，学生出现问题，教师应及时纠正错误。

3. 帮助学生提高效率

课堂教学的时间十分有限，学生都会比较珍惜。教师必须充分利用这有限的时间，最大限度地调动学生的积极性。在强化训练下，学生的精力更集中，学习效率更高。

4. 定期检测教学效果

由于课堂教学任务明确，教学形式封闭，教学阶段清晰，因而对教学效果的检测就比较直观且易于操作。教师应定期对教学效果进行检测，以便掌握学生的学习情况，同时也能帮助学生发现自己的问题。

5. 灵活变换教师角色

由于课堂的舞台性，教师就像一个演员，可以根据具体的需要安排自己表演什么角色。因此，教师不要将自己固定成讲台上高高在上的人，而应灵活变换自己的身份。例如：在介绍知识的时候，是个讲解者；与学生交流时，是个提问者或聆听者；学生进行课堂活动的时候，又变成一个组织者或参与者。

6. 利用学生的统一背景

我们知道，在对多元对象同时进行教学时，往往很难兼顾每个个体的需要。由于教学对象都是华人，华文教师在教学中不必面临多元因素的烦恼，比如，在选择课堂辅助媒介语的时候，可以选择当地的通用语，或者大多数教学对象所使用的方言。还有，教师设计教学活动的时候，可以有针对性地采用适合华人性格、思维特点的方式。比如说，华人学生通常羞于表现，也不爱争辩，那么在交际训练活动的设计上，尽量少安排辩论等激烈形式的活动，而是从诵读开始，慢慢训练他们的胆量，如果有表演类的活动，应提前给他们充分的准备时间，因为一旦失败，他们就很难重拾信心。

7. 针对教学对象的差异

由于教学对象是固定的，教师对教学对象有一定的了解。那么，在具体的课堂教学行为中，教师可以采用不同的方式对不同学生区别对待，以适应教学对象的水平和需求。比如说，根据问题的难易程度等挑选合适的学生回答，让每个学生表现自己的优势，以保持学习的信心。

华文课堂教学的优势虽然很多，但另一方面，我们也要看到其劣势：时间和空间的局限性，教学形式的局限性，教学任务和教材的固定性，教师语言的非自然性，华人学生的性格特点与课堂形式的不适应性，等等。

华文教师应该想办法弥补这些劣势，在课堂教学中可以试用以下措施：

1. 组织交际性、实践性的课堂

学生始终被困于狭小的教室内，容易产生厌倦疲乏的感觉，也让学生时刻意识到自己所处的是非自然的语言环境。教室内讲台和课桌的布局，限制了教师采用活泼的教学形式。教师站学生坐，讲台高课桌低，讲台前课桌后等等特点，把学生和教师摆在一个对立且不平等的关系平面上，使得学生很难在教师面前完全自如、自然、自由地表现。

为了消减环境中非自然因素的负面作用，教师应该想方设法实现课堂教学的交际化。语言的主要用途是实践，对语言课堂教学来说，"学"重过"教"。因此，应该以学生为中心，以教师为主导。教师的理论讲解应该短时精练，从而能够给学生提供足够的操练时间和机会，学生的语言实践是课堂活动的主要内容。

2. 灵活处理教材内容

课堂教学是以教材为中介进行的教学活动，由于教材内容是固定的，教师通常得按照教材安排好教学进程，这样往往会忽略了学生的一些现实需要，也容易使学生对按部就班产生逆反情绪。比如说，教材语言一般是标准的、典范的语言,而实际生活中常常有不少变通的、新奇的语言现象;再如,教材内容常常有一定的滞后性,有些内容可能已经过时。教师应该根据语言使用的现实情况对教材的内容进行灵活处理,一方面略去那些过时的东西,一方面补充新鲜的用语,特别是未收入教材的一些当地通用的华语词汇或说法。

3. 使用科学的教学语言

教师由于熟知学生的语言程度,因而知道应该采用哪些词汇和句式与学生交谈。为了交际的顺利进行,教师在课堂上倾向于使用比较简单易懂的语言,有时甚至采用学生的母语或某种教学中介语。有国外研究者把这个称为"照顾式语言"(care-taker speech)或"对外国人讲话的语言"(foreign talk)。然而,这样的语言并非自然环境中人们所使用的语言,学生很容易对此产生习惯性和依赖性,而不能适应外界真实的语言情景。

所谓"科学"的教学语言有两个要求:第一,课堂用语以目的语为主,有限度地使用和利用媒介语,特别到中高级阶段,应该尽量避免使用学生母语或媒介语。第二,教师使用的语言难度应该适当,根据克拉申(Krashen)的"输入假说"(input hypothesis),对于学习者来说,只有可理解的语言输入(comprehensible input)才能对他有帮助。但同时教师要不断随学生水平需要调整自己的语言,以避免所谓的"照顾式语言"。不要为了轻松的交际过程而一味采用简单的词汇和语法。

4. 化解华人性格与课堂教学的矛盾

华人的性格一般比较含蓄内向,在课堂活动中一般不主动表现。再加上华人"尊老尊师"的传统观念,学生对教师总会抱有几分畏惧,从而更加影响课堂活跃度。作为教师,首先应该主动热情地跟学生拉近距离,培养朋友般的关系,在教学过程中,尽量多在教室走动,不要过于严肃地把自己固定在讲台上。同时,为了课堂教学的效率,教师最好根据情况点名回答问题,因为其实很多学生心里也想发言,但又不好意思主动举手。此外,在语言交际练习中多组织学生的合作活动,比如小组讨论、表演、对话等,既能培养学生之间的感情,也有利于消除学生对于单独发言的紧张情绪。

## 二、华文教学的课堂设计

课堂教学由大到小分为四级结构:教学单元、教学环节、教学步骤、教学行为。一个教学单元在内容上通常是一课书,在形式上通常是一次课;当一课书的内容无法在一次课堂教学中完成的时候,教师应该将其分割为几个教学单元,但要保持其内容的相对完整性。

教学环节和教学步骤就是对一次课堂活动的安排,其中,教学环节是为实现一个教学单元的教学目的所设计的过程,而教学步骤则是具体的每一步的做法。两者的关系大致如图 5—1:

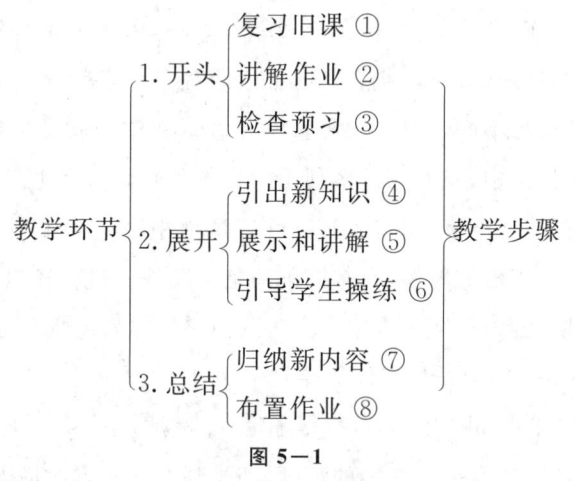

教学环节 
1. 开头：复习旧课 ①、讲解作业 ②、检查预习 ③
2. 展开：引出新知识 ④、展示和讲解 ⑤、引导学生操练 ⑥
3. 总结：归纳新内容 ⑦、布置作业 ⑧
教学步骤

**图 5—1**

以上安排最后在"教学行为"中得到落实。在几个层次中,只有最后一个是具体行动,其他都是预先的准备,那么我们要做的设计实际上都集中在前三部分。虽然一个教学单元的构成有其基本的框架,如图 5—1 所示,但这并不意味着语言教学存在某种固定的模式。在整个教学过程的设计中,可供发挥的空间很大,教师应该通过自己的智慧选择最佳的教学方法。

在具体的华文课堂教学设计中,教学方法主要涉及到怎样编排教学内容、讲解语言点、训练语言能力等方面。我们知道任何事物都有共性和个性,华文教学之所以不同于其他语言教学,在于华语以及华人学生的特点。下面我们从华语的主要教学内容来谈谈华文教学方法的一些独特之处：

1. 语音

与其他语言，特别是印欧语系语言相比，声调是汉语在语音方面的主要特点，所以对外汉语教学把这个当作教学重点，然而对华人学生来说，声调并不陌生。

学生的方言背景使华文教学的语音教学方法变得有别于对外汉语教学。

首先，教学重点不同。比如，一般的对外汉语教学在教声母的时候通常要强调送气与不送气的区别、清音和浊音的区别，而华文教学中的声母教学则主要集中训练舌面前音 j、q、x 和卷舌音 zh、ch、sh、r，因为大部分华人学生所使用的方言都没有这两套声母，或者是与普通话对应不整齐。

其次，教学技巧不同。对外汉语教学在教语音的时候常采用汉外对比的方法，但在华文教学中，我们应该多利用方言与普通话的对比。我们举一个例子。不少方言都有入声字，而古入声字在普通话中已经分派到了不同的调类中，因此华人在学华语的时候，常常搞不清楚。海外一些有经验的教师在设计训练教材的时候，尝试把同音字中的方言入声字与非入声字分为两组，让学员以非入声字一组的音，发方言入声字的相对音，如"必"（bik）和"闭"、"察"（chak）和"茶"、"七"（qik）和"妻"，取得了很好的效果。①

华文语音教学还有一个特别的难题，即受到方言和当地华语的影响，大部分学生容易带上方言口音。因此，纠正方言口音是华文教师的一个重要任务。

2. 语法

汉语无形态变化，所以教学以句法教学为主，各种句型的教学很重要。不过，由于方言与普通话语法差异较小，华文教师不需要把教学重点放在上面。但是根据有关调查，目前华文教学，特别是海外华文母语教学有一种倾向：过于重视讲述系统的语法知识，这大概是受到国内母语教学传统的影响。这样

---

① 参见卢绍昌《在新加坡与马来西亚地区教学汉语拼音方案的经验》，《新加坡华文教学论文集》，北京语言学院出版社 1994 年版。

的做法不但没有抓住华文教学的要害,而且使华文教学变得沉闷无趣,大大影响了学生的兴趣。华文教学的语法重点不是句子结构,相反,词法教学倒是更重要一些,可以帮助学生记忆和扩展词汇。

语法方面需要特别强调一下句型。华人学生对华语句型的学习,难度不在于理解意思,而是熟练地应用。所以华文句型教学的主要方式就是操练,结合情景和功能展开交际性练习。汉语有相当多的特殊句型,如"把"字句、省略句、紧缩句等,因为无法囊括在一般的语法规则中,在对外汉语教学中要特别讲解。但这些特殊句型通常在方言中也有类似形式,华文教学只需将它们当一般句型对待即可,过多语法结构的分析只会让学生更糊涂。

3. 词汇

构词法在印欧语中是语法教学的范围,但在华语中放入词汇教学,因为它关系到对词语意义的理解。事实上,根据汉语独特的构词特点,语素教学是十分重要的,但要在对外汉语教学中实行却困难重重,因为词才是构成句子的基本单位,语素则是更为抽象的概念,如果从语素讲解,外国学生可能会更加不理解。华人在方言中已经掌握了不少词汇,对他们来说,更重要的是发现这些词汇的构成原理和规律,这样就能更高效地理解、记忆。所以教师利用语素教学的方法帮助他们提高学习效率,应该是一条很好的途径。

此外,本属于词汇范畴的"虚词",由于其使用难度以及在汉语构句中的重要作用,对外汉语常常开设专门的语法课来讲授,华文教学则不必如此。

4. 汉字

无论是华文教学还是对外汉语教学,汉字无疑都是一个重点,而且对于前者来说,应该更为重要。但考虑到诸多现实因素,华文教学也不能将汉字的学习夸大化。汉字是一种比较特殊的文字,它历史悠久,会意性强,承载着文化内涵;同时,书写难度较大。华人掌握大部分基本汉字是必要的,但也不用过于苛严,特别是在对待冷僻字、笔顺、笔画方面。

当前海外华文教学喜欢采取抄写和死记硬背的方法教汉字,这种做法并不科学。事实上,华人学生从小在视觉上就已经培养了对汉字的感觉,这一点与别的外国人不同。我们在国内对外汉语教学中,也能发现类似的情况:一个零起点的华人学生,写出来的汉字总是像模像样的,而相同程度的欧美学生的汉字则如画符号一般生硬。因此,对非华人来说,我们需要一笔一画地讲解,包括笔画名称、汉字框架、书写顺序等等,这些知识一定要强调,否则他们写不好汉字。但是对华人学生,我们不需要浪费太多的时间在那些书写汉字的理论知识上。

最重要的是,华人在生活中有阅读华文的机会和需要,所以华文汉字教学的重点应该放在识字上,贯彻"先认后写"的原则。在识字教学法方面,要多引导学生通过构字法来理解记忆,要以"集中识字"法为主,提高学生认字的效率。

除了针对教学内容本身设计教学方法之外,教师还得借助一些其他辅助手段,来实现课堂教学的理想效果。为了以示区别,我们称之为"教学技巧"。具体来说,华语教学技巧包括怎样引入新的语言点、怎样利用板书、怎样调动学生积极性、怎样掌握节奏、怎样运用表情动作、怎样活跃课堂气氛、怎样组织课堂活动等等。课堂教学技巧是在实践教学行为时所使用的具体的技术和艺术,属于实践性的东西,具有可操作性、创造性、灵活性和变换性。成功有效的教学技巧要达到以下目标:

1. 合理的教学布局

教学布局主要是指内容、形式、节奏的安排。从内容上说,在连续的多个教学单元里,教学重点和难点不能太集中,在某一个教学单元中,知识点要均匀分布。从形式上来说,一种程序固定或重复太久,学生容易产生厌烦情绪。除了传统的形式以外,可以在合适的时候穿插一些活动:演讲、唱歌、讲故事、做游戏、表演话剧、看电影等。从节奏上来说,持续的慢节奏会让学生昏昏欲睡,快节奏又会让学生过度紧张或跟不上拍,因此有必要在快慢之间做一些适度的变化调整。

2. 活跃的课堂气氛

语言学习的过程中包含着大量机械的脑力活动,比如背诵、模仿、记忆等,再加上华人学生本来性格就不太活泼,因此课堂轻松的氛围就显得格外重要。对教师来讲,创造课堂气氛可以利用夸张的肢体语言,如手势、表情、动作等,还可以通过幽默的语言,如笑话、故事、利用课堂情景开玩笑等,激活平淡的气氛。

3. 有层次的交际活动

交际活动是课堂教学的重要组成部分,但如何启发学生思考说话,促使学生产生表达的兴趣和愿望,却并不那么容易。教师要有层次地组织交际训练,可以按难易程度将课堂交际活动分为几种:一是围绕教材内容进行的问答对话;二是模仿课文的情景进行的交际训练,如角色表演等;三是真实性交际活动,如话题讨论、观点表达、自由交谈等。教师应根据实际情况调配各种形式的交际活动。

4. 有效的教具使用

在语言教学中利用教具是十分重要的技巧,因为相对于语言来说,实物具有直观、生动、有趣的特点。教室中最基本的教具就是黑板。教师的板书是一门学问,板书的设计应该条理清晰、形象生动,在板书中使用彩色、图画等是一种有效的方法。教室中其他东西如桌椅门窗也可以成为教具。有时出于教学需要,教师可以自己动手设计教具,例如卡片、照片等等。但是教具的使用如果过于烦琐且费时,则会成为教学的累赘。

具体的课堂技巧形形色色,不胜枚举。不过,课堂技巧的选择也讲究技巧:第一,根据教学目的选择;第二,使用技巧要有明确的目的;第三,优先选择交际性强的技巧;第四,优先选择节省时间的技巧。[①]

语言教学的教学法的探究已经有很长的历史了,从早期的语法—翻译法、直接法、听说法到现代的认知法、功能法等,这样的发展还将继续下去,我们不应拘泥于前人的做法,在教学法上要勇于创新。有人试图研究各种教学法的优劣,甚至总爱假设课堂上所发生的是某一种教学法或某一教学手段的结果。但实际情形可能是不同的教学法适应不同的教学环境和教学对象,根本就不存在一种绝对优越的教学法。而且,教师在教学活动中也并非固定单一地采用某种方法,往往是多种方法综合运用。所以说,尽管教学理论的发展使某些

---

① 参见崔永华《对外汉语课堂教学技巧》导言,北京语言文化大学出版社1997年版。

方法显得似乎陈旧过时了,但我们并非要采取全盘否定的态度。事实上,每一种教学法都有其背景理论作为依据,每一种教学法都有它适应的对象。我们在从事华文教学的时候,一定要注意教学法的多元化,对症下药,因地制宜,这是教学法设计上不变的真理。

**思考和练习**

1. 课堂的三个基本构成因素是什么?它们的关系怎样?
2. 华文课堂教学有哪些劣势?教师该如何避免?
3. 华文教学中的语音教学与对外汉语教学有哪些不同的地方?请举例说明。
4. 为了提高课堂教学效果,怎样的教学布局才是合理的?
5. 你可以想到一些什么课堂技巧使词语的讲解更加有意思?

# 第六章　华文水平测试与教学评估

## 第一节　测试概说

语言测试是现代语言教学的一个有机组成部分。

测试给日常教学以指导或者说约束,使教学成为一个有计划的、目标明确的过程。现代大型标准化语言测试强烈地影响了教学,从教材到教法、从教师到学生,使教学迅速变成一种具有区域一致性甚至全球一致性的行为,其影响之大有目共睹。因此,从这个角度说,从事语言教学的人都应该密切关注测试,了解现代语言测试的原理、方法、类型、题型,以及它们的优缺点和对教学的反作用等等。这不是说每个教师都应该成为测试专家,但每个教师都毫无疑问地应该对测试有一个基本的了解。华文水平测试有语言测试的共性,更有自身的个性。下面我们首先从了解语言测试的基本原理开始。

### 一、现代语言测试的发展

不同的语言观决定了不同的教学和测试理念,半个多世纪以来,随着语言观的更迭,语言测试观也经历了如下三个主要的发展阶段:

#### (一)心理测量—结构主义时期

20世纪60年代以前的语言学理论根据是结构主义的,认为语言可以分析为一个个小的组成部分,即大大小小的所谓语言点。语言可以分为语音、词汇、语法三大块,每一块都可以继续分析得出一大堆语言点,学习语言就是掌握这些

"点",语言测试也就是这些"点"的随机抽样。这就是分析法的语言测试。这个时期是现代语言测试取得巨大发展的一个时期,我们今天耳熟能详的一些基本的测试学概念,大都是在这一时期确立起来的,例如信度、效度、区分度等,语言测试在该时期发展成为一门结合了语言学理论和统计学方法的学科。所谓大型标准化语言测试也诞生于这一时期,基于分析的理念和多项选择的运用使得语言测试发挥了重大的作用。尽管分析方法和多项选择在以后受到批评,但其影响一直持续到今天,而且仍然是最主要的一种测试方法。

20 世纪 60 年代后期,分析方法开始受到批评,主要是因为分析得来的语言点并不就是语言能力的真实反映,语言能力并不就是语言点的简单相加。虽然所谓"客观"试题的大量运用避免了阅卷者主观上的误差,提高了信度,但分析性试题的结构效度实在是一个大问题,所谓高分低能即分析性试题效度危机的暴露。J. Oller(1979)指出:"离散分析的观点必然把语言的构成要素进行分解,孤立地逐项进行教学(或测试),极少注意或根本无视这些构成元素在更大的交际语境中是如何相互作用的。把它作为语言教学或语言测试基础的最大不足,是把语言分割成构成要素后语言的本质不见了。事实上,任何一个系统,其构成要素都是在相互作用中才能体现其本质和作用的,将其孤立起来,也就失去了系统的本质和作用,总体远大于构成要素的总和……构成要素之间的组织关系是一个系统的本质特征,把构成要素孤立起来就失去了这种本质特征。"[①]

**(二)心理语言学—社会语言学时期**

正是基于对以分析为基础的语言测试的批判性认识,自 20 世纪 70 年代中期起,语言测试开始进入心理语言学—社会语言学时期,即综合法时期。综合法,顾名思义,它测试的目标不是离散的语言点,而是受试综合运用语言的面貌,或者说语言运用的综合面貌。反映到考试层面,就是受试必须综合地运用各种语言能力来完成一个小小的测试,例如听写填空就必须运用听的能力、写的能力,对上下文的阅读理解能力,甚至还要涉及到基于语法、语义的推断能力。完形填空、综合改错、听写、作文、口试等是常见的综合性试题类型。

---

[①] 转引自杨惠中《语言测试与语言教学》,《外语界》1999 年第 1 期。

### (三)交际法语言测试

随着交际教学法的发展,自20世纪80年代中期以来,交际法语言测试也得到了越来越多的重视和提倡。交际法语言测试更加注重能力的测试,例如语言能力、社会语言能力、话语能力、对应能力。我们经常说的"听、说、读、写"四项基本的语言能力(或说技能)是交际法语言测试紧紧围绕的核心,并且特别注意各项技能的综合运用。跟前两种测试法相比,交际法对语言测试的贡献还在于它提出了"直接测试"的概念。虽然"直接测试"基于技术上的原因有时较难实现,但其中包含的"真实"理念——真实的语料、真实的技能、真实的任务等无疑是现代考试完善过程中重要的一步。

需要说明的是,测试理念上的这几次变革并不是跑接力,虽然在陈述上分阶段,在实际上并不是如此,并不是说新的理论流行了,旧的方法就马上销声匿迹,事实上它们并非势不两立,而常常呈现出相互补充的态势。一个最明显的例子是,虽然测试观历经几十年的发展,离散的语言点在今天的语言测试中仍然占有一定的比重。

## 二、语言测试的类型

语言测试可谓类型繁多,我们每个人日常都可以接触到各种各样的语言测试。语言测试可以按内容、用途、学习阶段、试卷构成、考试方式等进行分类,不同的分类方式得到不同的分类结果。从不同的角度去考察考试的分类对了解"考试"的整体面貌很有帮助。例如从内容分类来看,可以分为语言形式测试和语言功能测试。曾经是形式测试大行其道,而现在则更加注重功能,从此也可以看出不仅是测试,还包括了整个语言教学观的发展。再如,从试卷构成来分类,有所谓调整性或调适性测试,这种测试最典型的是在计算机上做,计算机会根据每个被试的答题情况不断地调整题的难度,以使被试的水平得到最好的发挥——也就是说,被试面对的是一个最"善意"的卷面。

下面我们着重按照目的用途和学习阶段两个标准对语言测试的类型加以介绍。

### (一)按目的用途的测试分类

按目的用途主要可以分为五大类:潜能测试、水平测试、成绩测试、诊断测试、科研测试。

1. 潜能测试

潜能测试主要预测学生的语言天赋,是对被试语言学能的评估。

2. 水平测试

水平测试考察的是被试现有的语言能力,不考虑他以前的学习情况,而对将来跟该语言有关的学习活动作出预测。所以水平测试也可以称作瞻前测试。因为水平测试的结果往往是为了划线、为了作出取舍,所以水平测试也可以叫做划线测试。常见的如 HSK、TOEFL、GRE 等,还有其他移民语言资格测试、各种资格考试都属于这一类。

水平测试是现代最有影响的考试形式之一。在水平测试上表现出一系列现代大型标准语言测试应有的特征,统计学、心理学都和语言学在水平测试中紧密地结合起来。由于现代各种大型水平测试在整个语言生活中占有特殊地位,它对教学产生了巨大的反拨作用。

3. 成绩测试

成绩测试考查被试对所学知识的掌握,一般要参考教学大纲和阶段性的教学内容。随堂测试、期中考试、期末考试都属于这一类。甚至一些大型的标准化测试如大学英语四、六级等严格地说也都属于成绩测试。成绩测试可以跟水平测试结合起来,有新加坡学者提出,"中学阶段的华文(第二语文)考试,原则上属于水平测试"。[①]我们认为这样做是很有见地的。

4. 诊断测试

诊断测试主要是用来发现问题,包括教和学两方面的问题。因此,诊断测试常常是"有备而来",就教学中的某一方面或多方面的问题通过测试加以诊断或验证,目的是改进教学内容或者教学方法,调整教学重点、教学进度等。

5. 科研测试

科研测试是测试研究的一种手段,是以测试完善测试。如预测是为了在施考前确定每道试题的质量,必要时对个别试题加以修改,以保证正式考卷的

---

① 参见谢泽文《教学与测试》,新加坡华文教师总会 2003 年版,第 208 页。

权威性。再如试题等值测试，是为了对平行试题做等值处理。另外，对试题的信度、效度、区分度等各项指标所做的测试都属于此类。科研测试对现代大型标准化测试是必不可少的。

**（二）按学习阶段的测试分类**

首先需要指出的是，在大型标准化语言测试的遮盖下，按学习阶段进行的测试分类似乎只剩下了一个概念，通常不会受到研究者的重视。但是，对广大的语言教师来说，按学习阶段的测试分类相比而言更加重要，因为只有它们才是语言教师能够亲自实施的考试。这样的考试很值得认真研究。

1. 分班测试

分班测试又叫编班测试或摸底考试。以国内的留学生语言班的实际情况来看，学生的程度十分参差，分班测试也显得十分重要。然而由于学期设置的惯性，目前留学生普遍的编班情况远没有体现出分班测试的价值。例如第一学年通常分为初级上、初级下两个层次，而事实上这一阶段的层次最为复杂，远不止这两个层次。如何以分班测试为手段，划分出跟测试结果相称的教学层次，这方面似乎还缺乏深入的研究。一般来说，分班测试的题量不宜大，但卷面要有很好的区别度。

2. 随堂考试

随堂考试指每教完一课书或一个单元后所进行的复习性考试。与其说是考试，不如说是一种复习手段——或许这样说更符合它的特点。随堂考试应该把阶段性的教学主要内容以及作业中表现出的问题很好地进行总结。随堂考试通常不为师生所重视，但一个好的教师应该很好地利用随堂考试，督促、帮助学生巩固所学的内容。随堂考试题量不宜大，但要点面结合，既有总结性，又有针对性。

3. 期中考试和期末考试

按学习阶段划分的测试类型中分班测试是前瞻性的。后两种是成绩测试。通常认为成绩测试是回顾性的，这是就考试的内容而言，但就考试的作用而言，所有的考试都是瞻前性的、导向性的。我们不仅要注意成绩测试的回顾性，同时成绩测试的卷面构成还要理所当然地体现出先进的语言观、语言教学观，尽可能体现考试的导向性，扩大考试的反拨作用，使考试成为日常教学的一个有机组成部分,并且是有较大影响的一部分。从这个意义上说,由教师个人主持实施的期中、期末考试也有着超出成绩测试的意义和作用;否则,成绩考试的价值只能说实现了一半。也正因为如此,上面我们说应该把成绩测试和水平测试结合起来。

## 三、语言测试的标准

什么样的测试才是好的呢?试卷的表面构成和内在质量应该达到什么样的要求呢?为了使语言测试合理、有效、可信,就必须按照一定的标准、遵循一定的规律来设计试卷。在现代语言测试的实践中逐渐发展出了如效度、信度、区别度、难易度等一整套标准。简言之,好的试题应该在施测和受测双方都有良好的即时和后效效果,也即能够考出被试的真实成绩,还要方便施测,而且要有良好的后续效果(反拨作用)。在上面列举的一组概念中,特别是效度和信度,是一对相互关联的重要概念。

(一)效度

效度是指试题和应测试内容之间的关系,是指试题代表应考内容的有效性。试题在质和量上对应考内容的代表程度越高,试题的效度也就越高。

效度是一个比较复杂的概念,包括多种下位的效度概念,概括起来有如下四种:内在效度、外在效度、使用效度和超考试效度。它们从不同的侧面共同描绘了这个当代语言测试中最重要的概念。

1. 内在效度

内在效度是架构效度和内容效度的合称。

架构效度是 Construct validity 的中译,该词的翻译可以说五花八门,有说结构效度,有说编制效度,还有说构卷效度等,我们则倾向于把它表述为"架构效度"。Construct validity 指的是考试背后的理论(包括语言学理论、考试理论等)基础。也就是说考试,特别是试题的编制是建立在一个什么样的理论架构之上的,是建立在结构主义语言学理论背景上的呢,还是建立在功能主义、交际式语言学理论上?是常模参照,还是目标参照呢?不同的理论架构必然导致不同的标准。

架构效度是根本的效度保证,没有架构效度,其他的效度都微不足道了。所以,只要是考试,都不应该忽视试题编制背后的理论基础,语言教师应该关注语言学理论的发展,例如,如果我们的华文测试以结构主义语言学为理论基础,试题过于注重于对知识的测量,而不着重体现对能力的测量,这样的试卷就有架构效度的问题了。

内容效度指的是试卷跟大纲的关系,有内容效度的试卷就是该考的考了,不该考的没考,既全面又不超纲。

2. 外在效度

外在效度指同期效度和预测效度。

这两种效度都是以外在的标准为参照来确定的。具体说来,就是让同一批被试用新开发的试卷和已经证明是成熟的试卷进行两次测试,以后者来衡量前者的效度。同期效度要验证的是新开发的试卷能不能判断被试当前的能力,而预测效度则是为了验证新开发的试卷能不能预测被试目标能力的发展。这两种效度的验证实施方法是不同的,前者是在基本同时以"新开发的"和"标准的"两套试卷施测;后者则要有意识地隔开一段时间,待被试的语言能力有所发展之后再进行另一次测试。

需要说明的是,不同时期的测试学家对外在效度有着极为对立的看法。心理测量—结构主义时期的测试学家们普遍地认为外在效度很重要,他们认为只有外在的标准才是客观的标准。另一方面,后来的测试学家们则不少人认为外在效度根本上是循环论证。我们也持这个看法。

3. 使用效度

使用效度是表面效度和反应效度的合称,指的是试题在使用者那里的反应。

表面效度指的是一套试题在被试那里的表面印象是否可接受。如果试题在被试看来有"怪怪的"感觉,这样的试题就缺少表面效度。这样的试题即使其他效度系数不错,恐怕也会严重影响被试的心理,应该做进一步修订。举例来说,如果用游戏的方式考口语,对儿童也许合适;但对成年人,特别是对素来以含蓄为美、不喜外露的东方人(例如中、韩、日三国的学习者),这样的考试方式就缺少表面效度了。反应效度是指考试指令的明确性、简明性。如果某道试题的指令让不少被试产生错误理解，这就是缺少反应效度了。

4. 超考试效度

这是交际法测试理论的贡献之一。超考试效度理论认为考试本身不是目的，考试不仅仅是为了得到一个说明被试目标能力（也许不能说明）的分数。考试的成败最终也必须依靠考试之外的标尺去衡量，也就是说由考试的直接结果产生的间接结果去衡量。例如我们举办一个作为华文教师的口语能力认定考试，通过我们的考试后被试却没有能力用符合教学对象接受能力的汉语完成教学，这就说明我们的华文教师口语能力认定考试不具备实效效度。超考试效度的另一种是反拨效度，即该考试是否对教学有良好的反拨作用。结构主义测试理论承认反拨作用的存在，但不承认这也是效度的一种。我们认为把反拨作用作为一个效度明确定位是交际法测试理论的巨大贡献。中国人凡事都讲究"影响"，如果不把这种处世哲学推向极端的话，讲究"影响"确实是有道理的。总之，"不识庐山真面目，只缘身在此山中"，超考试效度就是要跳出来，从考试之外看考试，这样的思路是极有价值的。

(二) 信度

信度指考试结果是否可靠可信，是否具有稳定性。按照这样的字面解释很不容易把信度和效度区分开来。对比效度理解信度，我们要抓住的关键点是：信度指的是考试跟被试之间的关系，而效度指的是考试跟考试内容之间的关系。信度高的试题应该很好地测量出被试个体在被试人群中的位置。

信度的高低取决于试题本身的质和量、实施考试、评卷三方面的影响。

一套高水平的试题，它的实施结果必然在所有的被试人群中都呈现出正态分布，分数统计的正态分布显示了该试题的信度。要实现试题的"高水平"，除了前面提到的效度要求，题量也是很重要的一个因素，题量越多，抽样就越大，信度就越高。我们传统的考试往往题量过小，不符合统计学要求，所谓"窥豹一斑"其实是很容易看走眼的。

实施考试的要求是考场条件要适当，例如考听力要求正常的设备和较安静的环境。另外各个考场之间,以及每次考试之间都要有条件上的一致性。

评分的保证也是实现信度必不可少的一环。评分员之间和评分员自身要有横向和纵向的一致性。近几十年客观性试题的大量开发运用主要就是为了保证评分标准的一致性,进而保证考试结果的信度。

### (三)信度与效度的对立统一

信度和效度是相互关联的一对概念,它们是互相依存的。但是理解到这一层,只算是理解了一半,信度和效度还是一对对立的概念,它们总是处于对立状态,常常难能两全。例如多项选择题考分散的语言点的信度很高,可以很可信地考出一个人是不是掌握了这些语言点,但面对真实的、综合的、流动的语言,它的效度就很让人怀疑。而以测量语言能力为目标的综合主观题,如作文,它的效度几乎是最可靠的,但信度又很难把握。结构主义的语言测试追求信度,忽视效度,根本上与科学的语言测量观相悖;交际法语言测试观则太过于追求效度,这也使得考试,特别是大型考试难以实施。如何在二者之间寻求积极的平衡,这是一个常谈常新的话题。

最后,我们需要遵守的底线是:

1. 不能因为信度而损伤效度。

2. 提高效度就意味着增加阅卷的麻烦,但不能以"麻烦"或者说"负担"为理由而不去努力追求效度。

下面我们以一段引文结束本部分的叙述:

> 那种产生消极影响的测试使教学双方在与真正的教学目标并不相关的活动中浪费了大量的时间和精力,如果比较一下我们为此付出的代价和加之因缺乏足够具有外语能力的人才给国家经济负担带来的潜在损失,我们就会得出这样的结论:我们真正负担不起的是不使用具有良好反拨效应的测试。[①]

中国尚未开始举办大型标准化华文测试,这对华文测试本身来说,也许是一件好事:因为它开始得晚,理应有一个更高的起点。

---

① 参见汪先锋、倪建乐《从信度与效度的相互关系看语言测试的趋向》,《山东外语教学》2000 年第 3 期。

## 四、常用题型

题型是指考题呈现的具体形式,例如判断正误、改错、填空等。而听力、说话、阅读、写作指的是语言的分项技能,不是题型,例如听力可以用选择、判断、填空等题型来考,阅读同样也可以使用这些题型。但有些题型就不同了,它们有各自的适应目标,呈现出的效度、信度也不相同。下面我们看一个综合反映题型和效度、信度相互关系的图:①

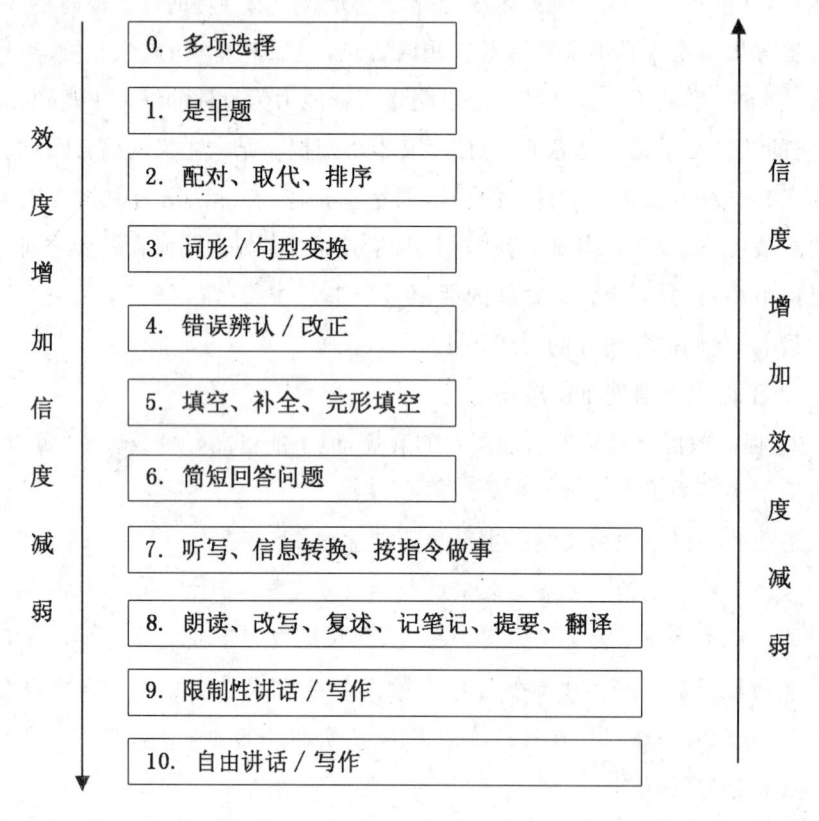

```
效                                           信
度      0. 多项选择                           度
增                                           增
加      1. 是非题                             加
信                                           效
度      2. 配对、取代、排序                    度
减                                           减
弱      3. 词形／句型变换                      弱

        4. 错误辨认／改正

        5. 填空、补全、完形填空

        6. 简短回答问题

        7. 听写、信息转换、按指令做事

        8. 朗读、改写、复述、记笔记、提要、翻译

        9. 限制性讲话／写作

        10. 自由讲话／写作
```

图 6—1

首先对该图作一个总体说明。多项选择并不是一个独立题型,它可以和

---

① 原图见李筱菊《语言测试科学与艺术》,湖南教育出版社 1997 年版,第 180 页。引用时有简化。

其他多种题型结合构成各种多项选择题。从1类题型到10类题型,逐渐由识别型、接收型转变为表达型、产生型。相应地,从1到10,由间接推断被试的目标语言能力逐渐转变为直接表现,效度越来越高;从1到10,由客观型逐渐转变为近乎完全的主观判断,信度越来越低。

下面我们进一步对多项选择这种重要题型作简要说明。

多项选择,是20世纪四五十年代以来一直广泛使用的一种题型,特别是在大型考试中更是不可或缺的。多项选择的优点很多,人们公认的是它的客观性。它不受阅卷人的影响,特别是现在基于选择题和光电技术的结合而广泛使用计算机阅卷,就更加客观、准确而且迅速。对被试来说,选择题可以避免跟目的考点不相关的因素干扰,例如阅读理解已经理解了,却因书写的问题可能会影响表达。同时也因为做选择题比较快,这就可以在单位时间内做更多的题,也就是说涵盖更宽的面,使内容效度显著增加。可见,多项选择在表现信度、效度以及方便处理试卷上都有显而易见的优点。特别是多项选择跟其他多种题型的结合,更极大地拓宽了多项选择的适用范围。

多项选择的缺点也是明显的:(1)不能阻止而且不能辨别事实上的"猜测";(2)不真实;(3)不能直接测试语言表达能力;(4)命题难度大;(5)反拨效度差,有明显的负面影响等。命题难度主要表现在干扰项的配置上,干扰项的干扰性并不容易实现得很贴切,很有分寸感,常常不是太难就是太易。例如下面的一个听力选择:

男:怎么样?老师布置的作文完成了吗?

女:挤牙膏挤出来的,你呢?

男:昨晚开夜车开到两点多才算是交差了。

女:那你今天可以轻松轻松了。

男:是啊,总算解放了。

问1:女的认为作文怎么样?

A. 很容易　B. 得心应手　C. 不好做　D. 太简单

问2:男的昨天晚上干什么了?

A. 开车出去了　B. 熬夜了　C. 开小差了　D. 参加聚会

问3：男的现在感觉如何？

A. 很轻松　B. 负担很重　C. 很难过　D. 很生气

作为考试，问1到问3都存在不少问题。就问1和问2来说，很难说这到底是在考听力还是在考词汇，像"挤牙膏、开夜车"这样有特殊比喻意义的词汇，如果不是平时学到，考试的时候凭这样的一点文本恐怕是很难猜测出来的。问3命题的意思好像是冲着"解放"来的，但即使根本没有听见"总算解放了"，只要凭"是啊"就可以选择A了。另外干扰项的问题也不少，问1的A、B、D大同小异，只要一个就够了。问3的C、D跟题干完全不相干，完全是凑上去的，谈不上有多少干扰作用。多项选择的命题难度由此可见一斑。

最后，我们想明确的是，尽管语言测试理论有了换代性的发展，但题型上一直到今天仍是以选择题为主，这足见"选择"作为一种基本的测试方法是不可替代的。另外，本节谈到的都是施测方面的一些基本理论，至于考试结果的统计和深度处理也是相关的有趣话题，例如集中量数、离散量数、中数、众数、平均数、全距、四分之一距、名次、百分位、标准差、标准分等，但这些都是比较纯粹的技术问题，因篇幅和重点所限，这里姑且从略。

**思考和练习**

1. 简述20世纪40年代以来测试理论的发展。
2. 按用途的考试分类有哪些？
3. 什么是科研测试？它的价值是什么？
4. 什么是效度？什么是信度？效度和信度的关系如何？
5. 简述效度的内部构成。
6. 谈谈你对多项选择题的认识。

## 第二节　华文水平测试

前面已经谈到，海外华文在语音、词汇、语法乃至语用规则方面都有跟普通话相同的一面,也有不同的一面。这不同的一面实际上又包括两面:(1)不相同但是相通;(2)不相同也不相通。因此,华文水平的测试也应该有自己的特点。

首先,不同于现有的汉语水平考试以及现有其他任何类型的考试,华文水平测试的测试基础不应再是单一普通话或海外华文,而是二者一定程度的结合——这是华文水平测试的一个重要特点。受此影响,华文水平测试面向受测者,也将最大程度上体现为综合的语言能力的测试,而不是离散的语言标准的测试。这是华文水平测试从它的诞生起必然存在的个性。

其次,相对于HSK,华文水平测试的主观性试题应该大面积提高,这是以综合的语言能力为主要测试目标的必然要求。现在的考试往往面面俱到,似乎只有这样才能准确,才能有效度;但实际上如果能够研究证实某一项或者某几项主观试题具有很好的代表性的话,考试倒可以在简化形式的同时又直奔主题。

再次,华文水平测试应该相对重视中华文化方面的内容。这也是由测试对象的特殊性决定的。谢泽文先生在谈到新加坡中学华文测试中的问题时说:"中学华文(第二语文)的教学目标是训练学生听说读写的能力,并通过华文的学习使学生认识母族文化和传统价值观。但目前我们的华文试卷主要考查学生运用语文的能力,并没有直接考察他们对母族文化和传统价值观的认识。最近有人建议,为了使学生和母族文化认同,我们的华文测试纲要中应列明有关母族文化的考察范围和考察内容,同时,考卷中亦应包括有关母族文化的考察项目……"[①]毫无疑问,突出文化应是华文水平测试的重要特色之一。

上面谈到的是华文水平测试总体上的特点。下面结合一般语言测试,特别是华文水平测试的情况,着重谈几项主要的技能测试:听力、阅读、口语、作文。这几个项目是语言测试都离不开的,其具体的操作又是千差万别的。

---

① 参见谢泽文《教学与测试》,新加坡华文教师总会2003年出版,第211~212页。

## 一、听力测试

我们通常说"听、说、读、写","听"是排在首位的语言能力,不管是学语言还是用语言,"听"的价值都无可置疑地放在首位。语言测试通常也是以听力测试打头,这是符合听力在全部语言能力中的地位的。

听力测试的设计一般是根据一段听力文本提出问题,听力文本通常有由易到难三种形式:单句、对话、短文。听力题的设计应该注意如下一些问题:

### 1. 不宜太难

听力题的要求是听一遍(而且只是听)就选择答案,不可能复听,而在现实生活中的听往往既可以复听,还可以询问,同时也很可能伴随其他接收方式(比如看),或者听话者已经融入谈话的环境、语境,总之有足够的暗示。这些有利条件都是听力考试所没有的,所以,听力题的设计要低于其他同级题型的难度。

### 2. 不宜太长

如果题干太长,则成了考记忆力了,实际上已经偷偷地降低了考试的表面效度。如果问题太长,则往往顾此失彼,影响了对题干的记忆。短文长度不宜超过三百字,对话则不宜超过五个话轮。

### 3. 不宜书面化

这一点很明确,书面化的对话题干,在一定程度上缺乏真实性。

### 4. 同一个题干下的问题不宜太多

这跟第二点相似,问题太多也必然干扰了对题干的记忆。即使听懂了也回忆不出来,答不上来。一般来说,即使是高级水平的汉语测试,一个题干下也最好不要超过3个问题。

### 5. 提问要简洁、准确,不采用非常规的方式提问

例如下面一个对话:

女:喂,你在哪儿?我已经到机场了。

男:不好意思,是这样,我本来是要去机场的。

问:男的现在不在哪儿?

这样的提问就是非常规的,也就是"绕",给学生设置了陷阱。这样的对话可以提问,例如:男的现在在机场吗?女的现在在哪儿?等等,总之要直接才好。

6.全部听力材料的总量不宜太多也不宜太少

太少则不足以测量出被试的水平,太多则容易产生听觉疲劳。目前 HSK 考试的听力是 25 分钟,这个长度是大体合适的。

另外,我们在基础阶段的成绩测试中常常看到以专门的语音听辨为目标的听力题,这样的题在汉语水平测试中很少看到。华文水平测试也应以综合性听力理解为主,考察被试的综合听力理解能力,而不是单个的听音辨音能力。不管是初级阶段还是高级阶段,华文水平测试的听力考试都应贯彻以综合听力理解能力为主的基调。特别是初级阶段,更不应以语音的精准性为测量的目标。但考虑到域内外汉语的协调统一问题,华文水平测试除了要显示"务实"的一面,同时还要显示"导向"的一面,音素的听辨可以作为一个指挥手段,要有意识地针对一些"难"音编制象征性存在的特别听力题,越是高级水平越要提出高标准的要求。

## 二、阅读测试

同听力一样,阅读测量的也是接收能力,或者说是更单一的接收能力,因为听力起码还需要阅读(阅读问题)的参与,而阅读从头至尾可能只需要一种能力——就是阅读理解能力。阅读理解能力是指能够抓住文章提供的,建立在字、词、句之上的各种信息的能力。阅读理解测试切忌变成词汇、语法的测试。

设计阅读理解测试,也要注意材料的长短、文体、难度、真实性、信息含量、整体的测试量等方面的问题,这些要求许多是和听力测试相通的。在试题制作的技术上,同听力一样,也要注意考点明确,语言简练准确,文体明确,答案唯一,选择项相互独立、不互为线索也不互相干扰、干扰项要有干扰价值,答案不过于明显,等等。

阅读毕竟是跟听力很不一样的语言能力。它的常用性不如听力,必用性也不如听力。听力是语言行为的必需,而阅读则是更高层次的语言能力。外语教育好像从来都是重阅读轻听力,今天仍然是这样,这一点从各种考试的卷面结构上也看得出来。我们不是说阅读不重要,我们的意思是,考试要根据语言的特性、根据各种语言能力的实际价值,以及第二语言学习者语言能力的不同发展阶段各种能力的使用情况来设计考题。只有充分认识到了这些,考试才会有良好的反拨效度。例如,我们知道中国学生的英语阅读能力比听说能力好,这很难说跟考试的影响没有关系。有鉴于这些认识,华文水平测试的阅读理解和听力理解在不同级别的考试中应该有一个彼此消长的权重关系,低等级重听力,随着等级的提高,逐渐增加阅读的权重。

阅读理解,关键是"理解"二字,在不同的交际场合、交际环境下,对"理解"的理解是不同的,归纳起来,理解能力大体包括如下几项内容:[①]

1. 字词语句的理解。
2. 主体思想的理解。
3. 内容要点的理解。
4. 发展顺序的理解。
5. 因果关系的理解。
6. 言外之意的理解。
7. 写作目的的理解。

这些理解大体可以归纳为细节的、宏观的、推断的三个层面。其难度也是依次增加的,试题不可过分偏执于一端,而应全面照顾这三个层面,并同时合理安排它们的具体比重。

除了阅读测试共有的要求外,华文阅读测试另一个特别之处是阅读材料的选择。一般地讲,语言测试的材料比较注意的是材料的客观性、真实性、涵盖性、有效信息量、测试材料和要测试的技能之间的适应性等。而测试材料蕴涵的价值观、文化观、阅读导向等似乎是考试之外的事,甚至是试题尽力回避的事。华文水平测试的对象是海外华裔,不是一般意义上的第二语言学习者,

---

① 参见谢泽文《教学与测试》,新加坡华文教师总会2003年版,第166页。

他们不仅需要华"语",同时也需要华"文",需要中华文化的内涵。因此,我们提倡华文阅读测试语料的选择有必要增加一条"文化性"。这样做的目的是希望对教学有一个良好的影响。文化与语言的关系在20世纪90年代中叶比较被看重,近年来则比较倾向于语言的纯粹性,视文化的过多介入为一种干扰。例如某阅读训练,全书36篇文章,有中华文化色彩的只有6篇,与此同时有西方文化色彩的也有6篇,中性的24篇。再如一本中级汉语阅读教程,我们统计了该书第二册的前十课,在这十课书中有长短不等共36段文章。其中由外国人写的或者介绍外国的等跟中华文化明显不沾边的就有16篇,另外还有一些科普类的,也没有文化意蕴。同教材一样,时下的一些HSK模拟试题也多看不出中华文化导向。

我们认为,缺乏文化导向的教材或试题即使以非华裔为目标也不见得合适,以华裔为对象就更不合适了。阅读是最能体现华文教育特色的方面之一,阅读理解测试这道关口要把好,以充分实现它的反拨效应。否则的话,华文教育的实质恐怕要大打折扣了。

### 三、口语测试

口语测试是最有效度的测试方法之一,比如我们听一个人说话,基本上就可以推测他的语言水平。麻烦的是口语测试的操作过程和结果信度,因此国内外各种大型考试一直对口语测试有点敬而远之。下面我们简要介绍一下HSK高等口试要求和某些模拟试题的卷面情况,从中也可以看出存在的问题,然后我们讨论华文口语测试的某些设想。

**HSK(高等)口试要求:**

1. 考试时间总共20分钟。准备,10分钟;考试,10分钟。

2. 准备时可以写口试提纲,作为回答问题时的参考。提纲可以写在考题下面的空白处。

3. 考试共有两项内容:

(1) 朗读一段文章(250字左右),时间约用2分钟。

(2) 口头回答指定的两个问题,每个问题可用3分钟。

请按规定时间完成每一项内容。

4. 考试是用录音的形式,你的口试答案都要录在磁带上。(下面的考试指令从略)

下面摘录的是某模拟试题集中的一套口试试题:

一、朗读

小时候去学校上晚自习,回来时要走过一段黑漆漆的小路才能到家。那段路令我十分害怕,有时大风刮得路边的小树摇摇晃晃,像个疯子、醉汉,有时候路边突然蹿出一只野猫,吓我一跳……只有家里亮着的那盏灯能给予我安全感,橘黄的灯光透过窗户照耀在路上,把无边的黑暗拉开了一个缺口,看见那灯火,我心里立刻就踏实了:不用怕,妈妈在等我回家呢!

如今,搬进了安全舒适的城市居住小区,夜归不再担惊受怕了,但我却越发地迷恋起家里的灯火。夏天,它能为我驱散一路奔波的炎热和疲劳;冬天,它能使我在凛冽的寒风中感受到一股扑面而来的暖意。

二、回答问题

1. 请你介绍一个对你影响最大的人。
2. 参加汉语水平考试以后,你将怎么找工作?

从上面的口试试卷构成和模拟试题可以看出,整个测试的过程相当简单,内容单薄,跟笔试部分根本不成比例。这一方面显示了对口试的无奈,同时更显示了我们对口试还缺乏足够的重视和深入的研究。

首先,口试的题型其实有很多,例如:朗读、复述、转述、按图说话、口头造句、模拟对话、一句话回答问题、口头作文(上面的回答问题就是口头作文)等。单单朗读就可以开发出很多下位的题型,例如:朗读单字、朗读合成词、朗读短语、朗读句子、朗读各种语气的对话、朗读韵文、朗读散文等等。这是就内容来说,另外还可以提出朗读的具体要求,如速度、语气、重音等。速度朗读可以规定时间规定内容,也可以机读和考生读交叉起来,使考生必须在机读的间隙作出反应等等。

回答问题的题目,也是值得认真研究的。例如上面的问题1比较不错,而问题 2 就不算合格,因为问题 1 是面向所有的被试,而问题 2 不是(可能有的考生根本就不需要找工作,从没想过找工作的事,面对这样的题目无所适从),这样的题目显然是不公平的,特别是在全部口试题目很少的情况下,其不公平就更加突出。我们再来看下面的题目:

讲一个中国故事。

(按:会不会讲故事似乎跟口语能力没有严格意义上的关系,人们完全有本来会,一时想不起的可能,但口语能力无论如何也不会"一时想不起",这样的题目显然是不妥的。)

谈谈你第一次吃中国菜时的感觉。

(按:有些人从小就吃中国菜,例如华裔,第一次吃中国菜的感觉肯定是无从谈起的。)

你认为应该怎样发展快餐业?

(按:显然,这道题对餐馆老板比较合适,而其他人就未必知道说些什么。)

谈一谈你读报刊时的乐趣。

(按:如果没有乐趣呢,就无法回答这样的问题了。)

比较起来,像下面的题目就比较好:

你为什么参加汉语水平考试?

你认为应该怎样保护野生动物?

你是怎样看待"白色污染"的?

这样的题目是大众话题,或者是考生特有话题,按常理推断每个成人都理应有几句话说的,例如"你为什么参加汉语水平考试?",不管怎样总是有点"理由"。

华文口语测试应该有什么新面貌呢?

首先,我们认为,口语测试应该在初级阶段就存在,这甚至比高级阶段的口语测试有更多存在的理由。我们知道,口语能力是紧接着听力发展起来的最初的语言能力,基本的口语能力正是初级阶段的重要学习目标,因此也应该成为测试的项目。如果联系到考试的反拨效应,初级阶段的口语测试比高级阶段更有价值。就考试本身来说,初级阶段就设有口试,口试才能形成一个完整的系列,这对完善每个阶段的口语考试(当然也包括现有的高等口语考试)有着重大的意义。

　　语言重在说,真正的口语能力不单对语言学习者,甚至对语言本身都有着重要的意义。如果"华文"在海外不能真正付诸口语实践,不能变成"华语",那么,华文在海外处于"濒危"就不再仅仅是担忧了。因此,华文测试必须体现这个重要的反拨效应,在每一个阶段的测试中都设置口语测试——这应当成为一个原则。

　　其次,要加大口语测试的题型和题量。这是提高口语测试的效度和信度的必然要求,也是上述"原则"另一方面的体现。特别是在初中等普通水平测试和高等的特殊目的(例如传媒、旅游、教育)测试中,口语测试的题量和在整个考试中的比例都要大大增加。

## 四、作文和汉字

　　作文只是个习惯性的统称,实际上它能够包括的方式很多,例如读后感、缩写、扩写、改写、续写、写要点、写中心思想、改变语体、组织句子、组织段落、组织短文、命题作文、命文体作文等等。其中有些是"作文",有些不是。

　　作文和口语一样是综合性的表达能力的测试。作文能够测试到应试者的词汇、语法等基本的语言要素方面的能力,还能测试到应试者的组织能力:组织句子、段落、篇章——所有这一切归结为表达能力。不同的是,作文靠的是笔头。这样,作文就有了两点不同于口语的地方:它能够让应试者有较多的可能去整理、润色自己的语言,使语言能力最好地发挥出来;同时,它也受到了文字的限制,有可能使应试者因为书写等原因根本无法发挥语言能力。有人说,只有作文才能真正反映一个人的语言修养。这句话对第二语言学习者来说,扣掉文字书写等因素的干扰可能会更准确一些。而且,文字是语言的载体,是纯工具层面的东西,汉字能力,应该另外单独测查才好。

　　有过汉语作为第二语言教学经验的人都知道,汉字是汉语学习上的瓶颈,作为汉语的载体,汉字障碍不克服,在学院教育的环境下汉语能力很难能有较好的发展。上文说"扣掉文字书写等因素的干扰"并不意味着"扣掉汉字",相反,我们更应该加强它。决定一种语言生存的因素有很多,其中,离语言最切近、最有影响力的因素之一是记录这种语言的文字的使用状态。华语在海外真正地活起来、活下去,没有口语肯定不行;有了口语则未必一定行,还要看是不是有书面语的强力支撑。

根据上面的认识,再综合考虑口语测试的因素,华文作文和汉字测试可以考虑如下安排:

1. 初级水平突出汉字书写能力。目前的 HSK 初中等测试没有作文,汉字书写能力只有很少量的涉及。为了突出汉字书写能力,突破汉字的瓶颈,为进一步的学习打好基础,基础阶段的华文水平要强调汉字的书写。汉字书写能力测试应当说是比较容易做到既不采用 ABCD,也很客观。例如:抄写、补全、填空、写同音字等。

"抄写"是一个很好的题型,汉字能力差的学生常常抄也会抄错,抄写的速度和准确性是基础的汉字能力的很好体现。"补全"是给出一个汉字的大部分,让应试者补出缺笔(一笔或多笔),鉴于汉字的整体感好,母语者对猜测缺笔字或者行书一般都毫不费力,这个题型很适合汉字。"填空"也可以做到完全精确测试汉字书写能力,条件是不但给出足够的上下文,还要给出拼音。"写同音字"牵扯到声调的问题,可以放松对声调的要求,只要声韵同就可以,汉语有 400 多个不带声调音节,这样,即使初级水平,在经过选择的音节下写几个字是应该没有问题的。

总之,华文测试中汉字要作为一项专门的、重要的指标。这一点在华文测试中显得尤为重要,应该是华文测试的重要特色之一。

2. 中级阶段既有纯粹的汉字测试,也有作文测试。汉字测试如上。作文测试在中级阶段应该注意两点:一是这个阶段的"作文"是广义的;二是作文要排除汉字书写的干扰。

首先看第一点。现阶段 HSK 初中等没有作文测试,高等才有作文;但 HSK 的作文是狭义的,传统的,例如记叙文、议论文等,一定要写上几百个字,通常要求是 400 至 600 字,显然,这样的要求确实只适合高等的汉语水平。有没有适合中等水平的作文呢,当然有,不过这是在广义上说的。广义的作文除了记叙文、议论文、说明文等,最主要的是要突破"文"的限制,降格以求,由文降至段(几句话)、句(一句话)。例如结合阅读就可以设计出很多"作文"题型:对话改叙述、叙述改对话、缩写、写提纲、写主题、一句话概括等等,这些都算不上通常意义上的作文,但却能测试出应试者的写作能力。结合听力同样也可以设计相似的试题。例如听后复写,要求应试者听一段话,然后用自己的语言重新写出来——事实上不用自己的语言也不可能,除非应试者有过耳不忘的超级记忆力。

总的来说,中级阶段的作文应该把握一个写话的原则。其立足点不是完整的像模像样的"文章",也不是文绉绉的书面语言,只要应试者能够把语言按照要求书写出来就不错。

第二点所谓排除汉字的干扰指的是允许应试者同时使用汉字和拼音,而且不计算拼音的声调及其他拼写错误,只要能给阅卷者提供足够的识别信息就可以。这样设计是基于下面的两个考虑:

第一,中级阶段学生的汉字能力还不足,如果拘泥于汉字,语言表达必然受到很大的影响,实际上考不出真正的表达能力。

第二,汉字能力有专题测试。

3. 高级水平的华文测试无须再设专门的汉字测试,而是以作文能力涵盖汉字能力,要求必须全部使用汉字完成作文。这个阶段应试者的汉字已经基本过关,汉字不再是考查的主要目标,可以以作文涵盖汉字。

作文测试应该注意纠正的一个错误认识是:作文测试容易设计。表面上看,作文测试就是出一个作文题目,这当然很容易了。但问题的关键是:正因为作文测试只有这么一个(个别时候两个)题目,出好它其实是很难的。作文是一个高效度的题型,这并不意味着随便一个题目都可以实现效度,一个有效度的作文题目,需要多方面的保证才行。跟说话题目一样,作文题目的选择要遵从两个原则:一,面向所有的应试者;二,便于作文。同时,鉴于作文跟口语的不同,作文更应该避免老生常谈的话题,例如《我的家庭》、《我的妈妈》、《我的爱好》之类,很容易给学生押中,或者在学习过程中曾经练习写过,类似题目的作文就没有什么效度可言。既不难不怪、面向所有受试者,又不会给应试者猜到题,这永远是一个难踩的平衡木。

尽管作文是能比较全面地测试出语言能力的一种题型,但它的信度是个大问题,直接的表现是阅卷难度。据谢泽文对60位华文教师给5篇作文评分的结果统计,同一篇作文(100分为满分),最大得分差距达45分,最小差距的一篇也有27分的分差。[①] 解决作文评分信度差的方法有两个思路:一是化解"作文"的笼统;二是化解"阅文"的笼统。

前文我们讲到作文命题的难度,作文命题难是因为它的负担过重,假如作文的分值只有1分,情况恐怕就全不一样了。按照这个思路,一个有效的方法就是,打破单篇作文定乾坤的模式,将单篇作文分解为多篇(段、句)的写作形式。例如可以写题目、写纲要、写结尾、总结大意、缩写、写一则启事、写一个通知,等等。

化解"阅文"的问题则要增加一点阅卷的成本。传统上,为了避免阅卷的主观性,由多人审阅一篇作文,然后取平均分。我们也可以尽可能细地将作文分数按不同的权重分化,例如汉字、词汇、语法、修辞、篇章结构等,每个阅卷人只负责一方面,最后分数相加。

上面两种方法都可以有效地化解作文评分的笼统性,增加评分结果的信度。另外,正如HSK证书设"最低门槛",作文考试也不妨设最低门槛,一篇真正意义上的作文是一个象征、一个达到某层次的证明。因此,如果作文的任何一方面,例如汉字书写错字连篇,这就是说根本还没有达到高级层次,单凭这一点,该篇作文就只能得到最低分了。再如字数,如果一篇要求400至600字的作文,只写了百十个字,这样的作文也同样只能得最低分。

上文谈到,作文的测试安排还要综合考虑口语测试,总体上看,口语和书面语是两条线,这两条线在现实生活中的情况是:口语先于书面语,口语多于书面语,口语低于书面语。有鉴于此,测试中这两条线的安排也是:一,由初级到高级,口语能力由朗读逐渐过渡到自由谈话,且在整个考试中所占的比例越来越少;二,由初级到高级,书面能力由写汉字逐渐过渡到写作文,在整个考试

---

① 参见谢泽文《教学与测试》,新加坡华文教师总会2003年版,第185页。

中所占的比例越来越重。

**思考和练习**

1. 谈一谈华文水平测试的特殊性。
2. 听力命题应该注意哪些问题?
3. 本书很注重华文阅读理解测试的文化导向性,请谈谈你在这个问题上的认识。
4. 初级汉语水平和高级汉语水平哪一个更需要设置口语测试?为什么?
5. 谈谈你对广义作文的认识,从初级到高级,写作能力应如何测试?

## 第三节 华文教学评估

人们常说,考学生就是考老师,学生成绩就是教学效果。这样说当然不无道理,但学生的成绩毕竟是很多因素的综合结果,其中有教师、教学方面的因素,同时也有很多非教师所能控制的因素,所以,完全以学生成绩来衡量教师和教学过程是不科学的,是消极的、被动的、不全面的,而开展课堂教学评估和教材、课程评估等一系列教学评估则是积极的、主动的、全面的,不仅可以对课程和教师有一个直接的评价,更可以借此进一步推动教学的发展。华文教育是一个新兴的学科,在学科建立伊始,更应该完善评估体系,以进一步推动本学科的发展和完善。

华文教学评估跟其他学科的评估在基本理论上应该是相同的,本节立足于华文教学,讲授我们对教学评估的认识,但所提到的评估方式、评估理念等,对第二语言教学也有一定的普遍意义。

### 一、课堂教学评估(教师评估)

课堂教学评估是以课堂为中心、为窗口,对教师全部教学活动的评估。它主要评价的是教师的课堂教学艺术,并通过课堂教学这个窗口探查教师的备课、作业处理,以及日常的教研活动(包括阅读相关书刊和进行相关的科研活动)。下面我们分评估方式、评估内容、评估结果的处理等三个方面对课堂教学评估进行阐释。

(一)评估方式

课堂教学的基本评估方式是专家听课和学生打分。这二者应该是互补的。学生天天听课,是"天然"的评估人,有优先发言权,学生评估的结果是比专家评估更值得重视的数据。而且,学生评估跟专家评估的性质并不相同:前者是真正的质量评估,而后者(通过仅仅一两节课)得到的不过是教学能力上的初步判断,并不能代表该教师整个学期的教学质量。

不管学生评估还是专家评估,现在通常的做法是每个学期评估一次,这样的评估结果太偶然,缺乏代表性。如果说频繁的专家评估存在现实操作上的困难,学生评估就完全不同了,即使一个学期三五次也是可行的。比较理想的评估方式是学生评估三次,专家评估一次,一个学期总共四次,这样的频率对教师有较强的制约性,也有较强的代表性。学生评估以打分为主,提建议为辅;专家评估以提建议为主,打分为辅。最后的评估结果由四次的小分综合而成。这样,既得到了比较有说服力的评估结果,教师本人也能得到较有效的意见和建议。

(二)评估内容

评估内容是评估活动的主题。下面我们分学生评估和专家评估两方面对评什么加以分析。

1.学生评估的内容

学生评估一般采取课间的问卷调查来进行。给学生用的评分表要遵从两个原则:一是"简";二是综合。问卷要尽可能求简,以便抓住学生的核心感受。只有简化才能最大限度地保证学生填表的严肃性,一个很长的表,而且是在课间进行,按照符合常理的推论,想得到一个认真的反馈恐怕很难。如果一个学期内做几次调查的话,就更得要求调查表简单易填。简化要从综合而来,高度综合才能简化而不简单。下面是当前有代表性的一种课堂教学质量评估学生用表:

表6-1

| 调查项目 | 权重 | 评价等级 ||||
| --- | --- | --- | --- | --- | --- |
|  |  | A | B | C | D |
| 教学态度（teaching manner） | 20 |  |  |  |  |
| 教学内容（teaching content） | 20 |  |  |  |  |
| 教学方法（teaching method） | 30 |  |  |  |  |
| 教学效果（teaching result） | 15 |  |  |  |  |
| 作业批改（homework） | 15 |  |  |  |  |

（注：A—excellent；B—good；C—middle；D—fail）

这张评估表基本符合上面提出的要求，但如果认真分析，还有如下几点需要改进的地方。第一，综合得不够，还可以再简化一些。跟教学态度平行的是教学效果，而教学内容和教学方法会体现于教学效果，所以可以把教学内容和方法作为效果的隐含项目。第二，跟学生评估无关的东西，例如"权重"，不必出现在调查表上，这样可以使调查表看起来更加简洁，更加有接受性。第三，评价等级的预设完全多余，百分制，任由学生打分才更能精确体现学生的感受。第四，媒介语需要加强，英语不是充分意义上的通用语，考虑到初级学生的接受能力，最好用多语种翻译，以保证问卷的晓畅。这样，修改后的问卷中文版如下：

表6-2

| 调查项目 | 评价（0—100） |
| --- | --- |
| 教学态度 |  |
| 教学效果 |  |
| 作业批改 |  |
| 意见建议 |  |

2.专家评估的内容

专家评估一般是由本学科的老教师、高职称教师对年轻教师、低职称教师作出评估，通常是听一到两节课，课后填写听课评估结果。跟学生评分相反，专家评分应是分析性的，评分表要尽可能详细一些。如果用给学生填写的评分表，或者大同小异的表，给专家用来评分，那就太笼统了。我们看下面的专家用课堂教学质量评估表：

表6—3

| 一级指标 | 序号 | 二级指标 | 一级指标满分 | 二级指标评分等级及参考分值 ||||  评价分 |
|---|---|---|---|---|---|---|---|---|
| | | | | 优 | 良 | 中 | 差 | |
| 教学态度 | 1 | 准时上课、下课 | 10 | 5 | 4 | 3 | 2 | |
| | 2 | 备课充分，教案齐备 | | 5 | 4 | 3 | 2 | |
| 教学内容 | 3 | 教学目的明确 | 40 | 5 | 4 | 3 | 2 | |
| | 4 | 内容充实、精练，重点、难点突出 | | 15 | 12 | 9 | 6 | |
| | 5 | 观点正确，概念清楚，具有科学性与思想性 | | 20 | 17 | 12 | 8 | |
| 教学方法 | 6 | 师生互动，注重启发，因材施教 | 30 | 12 | 10 | 7 | 5 | |
| | 7 | 理论联系实际，例证恰当 | | 10 | 8 | 6 | 4 | |
| | 8 | 适当地板书和运用多种教学手段 | | 8 | 6 | 4 | 3 | |
| 教学效果 | 9 | 课堂组织得法，激发学生学习兴趣 | 20 | 5 | 4 | 3 | 2 | |
| | 10 | 有效利用教学时间，完成教学任务 | | 15 | 12 | 9 | 6 | |
| 总评成绩 | | | | | | | | |
| 意见建议 | | | | | | | | |

跟学生用表相比，该表最大的变化是增加了分析性，这当然是正确的，但该表的不足也正是表现在它的分析性不够上。它的基本思路跟学生用表是一致的，因为走综合还是走分析的路子不明确，二级指标分析得不够确切，指标设置颇有可商榷之处。例如第五条占了很大的权重，可实际上第五条不过是最基本的要求，同第一条是一样的，而第九条是颇见教师功力和备课情况的一条，权重却很低。

那么，专家的听课内容包括哪些呢？首先，我们可以把听课内容分成两大类:基本素质和教学活动。基本素质是指教师的板书怎样、普通话怎样、有关知识内容掌握得怎样等几个基本素质。这几项内容不是备课能够备出来的,而是教师的基本素质,它们决定了一个教师的起点。教学活动就是结合当课教学内容的一系列活动,从中可以看出教师所作的努力和收获。教学活动包括:备课情况、上课情况、课后情况。

(1)备课情况

备课是教师最基本的教学行为之一,是上好课的必要条件。任何人,不管他的基本素质有多好,教学经验多丰富,如果不充分备课,也不能发挥出自己的最好水平;当然,他完全有可能比一个认真备了课的新老师表现得更加圆熟,取得更好的教学效果。可见,我们说不备课就上不好课是跟自己比的,而不是横向比较。要求教师备课就是为了发挥出各自的最佳水平。事实上,由于种种原因,我们还是经常发现教师不备课或者备课不充分的现象。

我们要求教师必须备课,但如何备课却不宜提出太具体的要求。传统的教学管理十分重视教案,甚至给出规定好的表格。从管理者的角度看,教案是有形的东西,有了教案好像可以放心地认为教师备课了,这很可能导致教条主义的结果。教学是艺术,好的课其实就是一件艺术品,我们不应把它框入固有的框框中去,而应按照它的尺度去做框框。新加坡的谢泽文先生对备课表达了类似的看法,并提出了下列10项备课的内容:[①]

1. 本课的教学目标。
2. 引起动机的方法和过程。
3. 课文中学生可能不认识的词语。
4. 生字生词的读音。
5. 课文中值得提出来分析的句式。
6. 准备发问的问题。
7. 与课文有关的补充资料。
8. 课文中应该加以强调的部分。

---

① 参见谢泽文《教学与测试》,新加坡华文教师总会2003年版,第82页。

9. 在讲解时打算举的例子。

10. 怎样总结课文。

备课的内容也是听课的内容,听课时以这10项内容作为参考项,对认识教师的备课情况很有启发。当然,备课内容并不限于这些,不同的授课内容、授课方式要求的备课也不尽相同,但不管什么样的课,备与不备、备得怎样,听课者总是能够探查到蛛丝马迹的。

(2)上课情况

上课情况是听课的中心点。要看教师是不是很好地做到了两个"驾驭":驾驭教学内容,驾驭教学对象。

驾驭教学内容是指正确地理解教学内容和有效地传授该内容。前者比较简单,后者则十分复杂,是整个教学活动的核心,所谓的教学技巧、章法都在这个环节上体现出来。如何评价内容传授的有效性是一件很棘手的工作,听课不是考试,不能直接看到教学活动的结果,而是通过过程来推测结果,反过来再认定过程的成功与否。那么,依据什么来推测过程呢?

第一,有没有讲清楚。这是基本要求。

第二,讲解的过程是不是简明、巧妙、令人愉快。这是进一步的要求。

第三,有没有采取适当的措施来确认结果和巩固结果。这是更高一层的要求。

做到这三点,在理论上说就会有一个好的结果,也就可以认定这基本就是一个好的过程、一节好课了。我们说"基本",是因为就上课的实际情景,还包括对教学对象的驾驭。教学是一种双向的活动,特别是就华文教学或者任何其他第二语言教学而言,双向性就更加重要。"驾驭教学对象"的意思是:

第一,学生状态积极活跃,体现了主体性。

第二,教师很好地吸引了学生的注意力,体现了主导性。

第三,教师跟学生有着良好的沟通,体现了互动性。

上面的"3+3"基本上可以认定一堂课的优劣。但这些都是原则性的、宏观的。具体把握还非"专家"不可。例如"有没有讲清楚",这句话就必然包括了对内容的总体把握、重点、难点、讲到什么程度(纵向深入多少、横向联系多少)等等,都要依具体情况而论。再如"有没有采取适当的措施来确认结果和巩固结果",确认和巩固结果的方式有很多,例如,朗读、背诵、回答问题、对话练习、模仿造句、复述、复讲等等,这些措施使用的时机、方式、程度等等,都需要真正内行的人根据具体情况去把握。

(3) 课后情况

另外,一堂完整的课常常包括留作业,这不仅是一个形式。作业并不仅仅是课本上设计的练习,教师应根据学生的特点,灵活地安排适合他们的练习形式、练习量。一个好的教师通常会很注意课后作业,并能够以作业为中心、为重点、为起点、为终点、为导向来设计教学。作业不仅是合理控制学生课外时间的手段,一个教师的创造性也往往能在作业布置上体现出来。能不能巧妙地布置课后作业是一个老师是否成熟的标志之一,华文教学评估自然不能忽视它。

总结上文的陈述,我们重新设计的专家听课表如下:

表6—4

| | | 教师:×××| | 课程:×××× |
|---|---|---|---|---|
| 基本素质<br>参考权重20% | 参考标准:板书水平、普通话水平、演讲水平、有关知识水平、上下课是否准时、教态是否可亲、是否有耐心、是否严谨、是否敏感等。 | | | |
| 教学活动<br>参考权重80% | 备课情况<br>参考权重10% | 参考标准:内容的正确性及熟练程度、重难点突不突出、讲授方法得不得当、时间分配合不合理、问题准备充不充分、作业设置精不精心、教具等其他准备工作是否全面等。 | | |
| | 上课情况<br>参考权重70% | 驾驭教学内容<br>参考权重30% | 参考标准:有没有讲清楚、讲解过程是否简明高效、教学成果的巩固情况等。 | |
| | | 驾驭教学对象<br>参考权重30% | 参考标准:学生是否有主体性、教师是否有主导性、教师跟学生有无良好的互动等。 | |
| | | 作业布置<br>参考权重10% | 参考标准:是否精心设计,是否以作业为中心、为重点、为起点、为终点、为导向。 | |
| 参考性得分 | | | | |
| 指导性意见 | | (可附页) | | |

表6—4跟传统的评估表相比,有如下几个特点:

第一,其宗旨是尽可能降低人为定量的影响。

第二,权重分配在本表止步于框架式指标,而且是参考性权重,因为事实上我们无法确定任何指标的权重。设参考性权重只是大体规范定量的范围。

第三,末级指标在本表中表述为参考标准——辅助评估人作出判断的参考项。从评估人的角度,这些参考项不再是僵硬的指标,不阻碍评估人具体问题具体分析。

第四,指导性意见是本表的核心,也是专家评估的核心。

### (三) 评估结果的处理

评估的前期投入相对于结果的统计要大得多,结果统计的马虎会使评估虎头蛇尾,不能充分认识和实现数据的价值。为了充分发挥教学评估的作用,充分而深入的数据整理和分析是十分重要的。例如,对比学生评估和专家评估,理论上二者应该是一致的,如果差距悬殊,就需要找找问题所在了。我们还可以研究学生评估的数据变化,从中可以追踪出一些微妙的东西,例如有的教师成绩可能越来越高,而有的可能越来越低,有的可能持续偏低,有的则一直很高。这些数据的综合不单能显示"点",还可以看到"线"、"面",对全面深入地认识教师队伍有着重要的意义。关于数据的整理不是本书重点,此处不赘言。

## 二、教材评估

课堂教学评估的对象是教师,是对教师的教学态度、教学方法、教学效果等作出裁量。但仅仅评估教师还远远不够,上课效果不好,也许不只是(甚至主要不是)教师的原因,教学效果跟教材、课程也有密切关系。有时候我们能够感觉到有些教材好用,有些教材不好用,这就涉及到教材评估的问题;有时候我们能够感觉到有的课好上,有的课不好上,例如听力的教学效果普遍比较差,由此也应该想到课程本身的问题。

教学效果评估同时对认识教材、课程也有很大的帮助，例如在上面的结果分析的基础上进一步统计各门课程的总体效果，就对课程效果有了一个初步的认识，如果累积历年的数据，就会逐渐对课程形成比较清晰的认识。同样的道理，如果以教材为纲来条理数据，也会得出对教材的初步认识。

当然，要深入了解教材、课程仅凭教学效果评估还是不够的，还要进行专门的教材、课程评估。下面先讨论教材评估。

教材评估的重要性似乎还没有引起足够的重视。人们常常把教材评估当作是教育行政部门的事，例如省优部优奖教材之类。但仅仅凭这些称号来决定使用一种教材是不够的，教师自己应该对教材有一个清醒的认识。这个认识不能是听来的，而必须是自己得出的。教材评估可以通过教学效果间接了解，但更主要的要通过直接的教材研究得出。直接的教材研究包括面向使用者的问卷调查和以同类教材为参照的对比分析。

教材使用者包括教师和学生，他们从不同的角度使用、感受教材，调查结果可以互相补充、互相参照。问卷内容包括概括性的内容，例如难度、进度、趣味性、实用性；分析性的内容例如生词量、课文、注释点、语法点、练习等，每一部分都可以设计一些调查项。例如关于课后练习的调查，我们可以设计下列问题：

  1. 比较难的题型：(可多选) A. 组句　B. 替换　C. 改错　D. 阅读　E. ……

  2. 最难的题型：A. 组句　B. 替换　C. 改错　D. 阅读　E. ……

  3. 比较容易的题型：(可多选) A. 组句　B. 替换　C. 改错　D. 阅读　E. ……

  4. 最容易的题型：A. 组句　B. 替换　C. 改错　D. 阅读　E. ……

  5. 比较有趣的题型：(可多选) A. 组句　B. 替换　C. 改错　D. 阅读　E. ……

  6. 最有趣的题型：A. 组句　B. 替换　C. 改错　D. 阅读　E. ……

7. 比较讨厌的题型:(可多选)A. 组句　B. 替换　C. 改错　D. 阅读　E. ……

8. 最讨厌的题型:A. 组句　B. 替换　C. 改错　D. 阅读　E. ……

9. 比较有用的题型:(可多选)A. 组句　B. 替换　C. 改错　D. 阅读　E. ……

10. 最有用的题型:A. 组句　B. 替换　C. 改错　D. 阅读　E. ……

11. 比较没用的题型:(可多选)A. 组句　B. 替换　C. 改错　D. 阅读　E. ……

12. 最没用的题型:A. 组句　B. 替换　C. 改错　D. 阅读　E. ……

13. 题量:A. 太大　B. 比较大　C. 一般　D. 比较少　E. 太少

14. 题型:A. 丰富　B. 比较丰富　C. 一般　D. 比较少　E. 太少

上面调查的都是凭感受就可以回答的问题,然而我们不能轻视这些感受。一个人的感受或许无足轻重,一群人的感受就应该引起重视了。

教学效果、面向使用者的教材调查都是认识教材的必要方式,但更深入地了解教材还需要结合背景理论、结合同类教材、运用必要的测量方法作深入细致的形而上和形而下的研究。例如汉字是汉语学习的一个难点,华文教材的汉字出现情况是否科学,这是影响到华文教材质量的一个重要因素。郭楚江以"大陆学者为海外华校编写的三套华文教材为研究对象,建立了由这三套教材汉字构成的数据库,从字量、字种选择和字序编排三方面对教材汉字进行了统计分析,比较了三套教材的异同,从中总结了华文教材汉字编写的一些规律和特点,并在此基础上提出自己对汉字编写的一点建议"。[①] 周健考察了50种对外汉语教材的练习设计。[②] 我们相信,不管是谁,如果有了这样的考察基础,再回头看同类教材的练习设计,恐怕都是火眼金睛了。

谢泽文在谈到华文教材的难度评定时说:"教材是教学的主要凭借,教材

---

[①] 参见郭楚江《华文教材汉字研究》,暨南大学硕士学位论文2004年。
[②] 参见周健、尉子传《研究学习策略改进汉字教学》,《暨南大学华文学院学报》2004年第1期。

必须难易适中，才能引起学生的兴趣。有些教材或其他读物虽然适合一般的学生，但不一定适合自己学校的学生；就是在同一所学校内，适合甲班的，不一定适合乙班。所以，教师为学生选择教材或其他读物时，不应只相信编者和出版商的话。"[1]他用填字法测定华文教材及相关读物难度的方法很值得我们参考：

| 篇章难度 | 填对率 |
| --- | --- |
| 易（适宜作泛读或课外读物） | 约65% |
| 适中（适合作教材） | 约55% |
| 难（不适合作教材） | 约45% |

教材评估的最后结果是提出教材分析，提出续用、停用、增用教材的建议。

## 三、课程评估

课程评估的综合性程度更高，与教师评估、教材评估相比，它是决定教学质量的第一层因素。课程可以分解为：课程内容、教材配备、教师配备、课时安排四个具体方面。

### （一）课程内容

课程内容的评估主要是评估内容的实用性，以及跟（同时或者前后）其他课程的关系。课程内容只有得到学生的认可才会有较好的效果。决定课程内容好坏的因素有三个方面：实用性、适用性和互补性。实用性即实用价值，适用性即难易程度，互补性是各门课程内容之间相互关联，而不是相互包含。

总之，课程内容是课程评估的核心，课程内容首先要经得住考验，然后才谈得上另外三个因素。

### （二）教材配备

有了好的课程内容，还要靠好的教材去体现。教材的好坏是课程成熟与

---

[1] 参见谢泽文《教学与测试》，新加坡华文教师总会2003年版，第160页。

否的标志,是一代甚至几代教学群体不断努力的结果。华文教学事业在发展中应该把教材建设当成一件事关成败的大事来对待。

### (三) 师资配备

有了好的课程、好的教材,最后还要靠教师去落实。这一点也无须多言。

### (四) 课时安排

另外一个影响课程效果的重要因素是课程安排。这一点似乎还没有引起学界的广泛关注。例如,国外不少学校实行每周两节的华文教学。这样的安排效果极差,一边学一边忘,一两年过去,不但华文水平徘徊不前,甚至连学习的热情都磨灭了。在国内,有的院校留学生课程都在上午,只有 20 节,有的院校则是 22 节。看来是多了两节,可是多出的两节是在下午,而且是孤零零的一次,学生缺课严重,这样的课与其有不如无。课程安排的艺术由此可见一斑,是一个很值得研究的问题。

综上所述,课程内容、教材配备、师资配备以及课程安排四个方面,是影响课程效果的主要因素。影响课程效果的因素还不止这些,例如学生的情况、考试的情况等等,都会影响到课程评估的结果,有时候单单某一方面就可能会造成压倒一切的影响。例如,很难的考试会强烈地影响到本届学生对该课程的评价,甚至还会迅速地波及到下届学生,使它们对该课程形成一个片面的超第一印象。

同教材评估一样,课程评估也必须最后提出综合性的课程分析,提出续开、停开、拟增开课程建议。

## 四、"华文"因素在教学评估中的参与

华文教学的历史在海外已经很悠久了,但在中国大陆开设的真正独立于对外汉语教学,又不同于把华文作为第一语文的"华文"教学还刚刚开始。华文因素在教学评估中的参与对完善华文教学有着至关重要的作用。那么,华文因素的指标有哪些呢?我们应该开展哪些"华"字头的评估项目呢?概括起来说,可以包括以下八个方面:华文教学地位评估、华文教学建制评估、华文教材评估、华文生学习状态评估、华文生来源评估、

华文生去向评估、华文生职业评估、华文在海外的发展评估。这八个方面不在同一个层面,地位评估是总的精神,是"纲",余下的七条是具体的操作,是"目"。"目"又可分为内部因素和外部因素两方面,建制和教材是内部因素,其余都是外部因素。下面简要加以阐述。

华文教学地位评估　是指从战略的高度对华文教学的价值、特点和必要性加以充分的认识,而不是简单地等同于对外汉语教学。从学习的背景、前景、动机、特点、情感认同、文化认同等方面看,华裔都是一个较为独特的学习群体,把他们混同于血缘上的老外,显然不利于对他们的教学。如果一味地以非华裔为宗,必然会伤了华裔的感情。积极地认识包括华裔在内的各类教学对象的特点,并加以区别对待,是搞好各类汉语教学(包括华语教学)的基础。同时我们还必须说,如果必须把对外汉语教学和华文教学分出先后的话,华文教学无疑应是优先的。因为海外华裔是中华文化(当然也包括中华民族的语言)走向世界的急先锋,或者说是中华文化开在世界各地的窗口。这就是战略的高度,以这个高度去认识华文教学才是全部教学活动最坚实的根基。

华文教学建制评估　是评估华文教学的各级各类机构,例如行政主管、院系、考试中心、华文研究中心等。这些单位应该形成一个全国范围内的功能完善、相互协调的网络。如果从战略的高度衡量当前的华文教学建制,还有不少需要完善、需要强化的地方。例如学校的设立,华文教学的学校本来就少,同时又受对外汉语教学的影响,"华文"的特色也不鲜明。华文考试中心目前还没有。华文(语)研究中心刚刚建立。建制问题似乎是影响目前华文教学的一个瓶颈。

华文教材评估　毋庸讳言,我们目前在这方面做得还很不够,面向海外的华文教材还有几套,而立足于大陆的华文教材还少得很。大多数"华文院校"使用的是面向西方人、以西方文化为出发点的"通用"对外汉语教材。面向华裔,立足于在中国大陆使用的华文教材建设是华文教学评估中的核心,是具体的、标志性的成果。

华文教学的外部因素评估包括:华文生学习状态评估、华文生来源评估、华文生去向评估、华文生职业评估、华文在海外的发展评估。这些因素可能不在我们"可影响"的范围之内,但它们会强有力地影响到我们的办学,对这些因素的评估和把握是办好华文教学的必要因素,是华文教学走向深入、走向成熟必须隐含的认识。

华文生学习状态评估　是一个很笼统的表述,它包括学习动机、学习习惯、努力程度三个大的方面。对这些细节的把握会影响到我们的办学细节,使我们的办学更人性化、用户化。

华文生来源评估　不单是指分国别的华裔生统计,它太简单化了,我们至少还有必要大体了解:(1)所在国适龄华裔人口(适龄即目前一般来华学习者的年龄,一般在18~25岁之间);(2)所在国适龄人学习华语的总体人数;(3)学生来自所在国的哪个地区,例如印尼学生是来自苏门答腊岛还是爪哇岛,西爪哇还是中爪哇、东爪哇等。

华文生去向评估　包括:(1)进中国的大学深造专业;(2)短期学习后回国经商;(3)转向第三国。当然我们最期望的是第一种情况。

华文生职业评估　有三个重要指标:(1)做华文教师;(2)做其他跟华文关系密切的职业,如进入华文媒体;(3)其他职业等。显然,前两种对进一步推动华文在海外的发展有着更为直接的影响。

华文在海外的发展评估　目前的文献多是比较泛泛的情况介绍,特别是回顾性的文字比较多,而着眼于近几年的变化,指向未来发展预测的精细报告还很少见。国内的华文教学同华文在国外的发展息息相关,我们应该密切关注海外不同国家、不同地区的华文发展动态,及时做出评估报告,以便为中国大陆的华文教学进行总体规划、细节处理以及调整变动提供强有力的科研支撑。

**思考和练习**

1. 本节讲到,课堂教学评估学生用评估表以综合为宗旨,专家用评分表以分析为宗旨,请你谈谈你的看法。
2. 请谈谈课堂教学评估结果的深度处理的价值。
3. 请谈谈教师、教材、课程三者之间的关系。

4. 影响课程效果的因素主要有哪些?
5. 谈谈你对华文教学评估中"特有"因素的认识。

# 第七章 华文教学的研究

## 第一节 华文教学研究的意义和兴起的背景

### 一、华文教学研究的意义

语言研究、语言教学研究与语言教学的关系以往已经有过许多讨论,人们对这些研究的重要性已经有了深刻的认识。这种认识同样适合于华文教学工作者。

前面已经说过,华文教学有自己的特点,并且也进行了一些总结。但是,这种总结可以说还是初步的,不全面的,更说不上系统。而对华文教学特点的认识会直接影响到教学效果,因此,为了更好地开展华文教学,加强研究是非常必要的。

其次,华语有自己的特点。正确认识华语的性质和特点,无论对教学大纲,教学目标的制订,教材的编写,试题的编制等都非常重要。华语本体研究和教学研究之间的关系可以说是一个老生常谈的问题,然而仍然没有引起足够的重视。

再次,华文教学和华文教育的交叉。华文教学常常和华文教育连在一起,从这个角度看,它是一项系统的、涉及面广、跨国跨境的过程,这也带来了许多问题,需要探讨。

同时,教师作为研究者已经成为语言教学界广泛接受的观念。作为华文教师,积极参与相关的研究,善于发现问题、思考问题、解决问题,对于提高教学效果和教师自身的素质都是非常重要的。

总而言之,研究如何高效地开展华文教学问题,既有理论上的意义,更有实践上的重要价值,其前景非常广阔。

在这一章里,我们将着重介绍海外华文教学研究的历史和现状,使大家对相关问题有所了解,以便今后对一些问题开展针对性的研究。

## 二、华文教学研究的不同阶段

海外华文教学是从汉语文教学开始的。最早它是中国侨民在海外的母语和第一语言教学。由于历史的原因,一些文献也把早期的这种汉语文教学称为华文教学。马来西亚的这种教学始于18世纪末叶[①],当时是方言私塾教育。这个地区的华文教学大概始于1903年[②]。后来,在各界努力下又陆续建立了很多华文学校。这种情况持续到20世纪50年代。鉴于本书的性质,我们这里不讨论此前的教学研究,一般也不讨论广义的华文教学问题。

从这一点出发,海外华文教学研究分为两个阶段:(1)从20世纪50年代到80年代;(2)20世纪90年代至今。前者可以称为"华语"意识下的海外华文教学研究,后者则可以称为"汉语热"影响下的华文教学研究。

由于资料所限,同时也因为开展这些研究的主要地区集中于中国大陆和新加坡等地,所以,本书所反映的情况也主要是这些地区的;或许说这些资料大体上已经反映了海外华文教学研究的基本面貌,但缺乏其他地区的资料毕竟是件令人遗憾的事。

## 三、海外华文教学研究兴起的背景

20世纪50年代,一些华人比较集中的殖民地摆脱了殖民统治,开始走向独立建国,加之新的中国政府不再承认双重国籍,开始正式出现"华族"的概念

---

① 关于马来西亚华文教育始于何时学界有不同的说法,这里依郑良树的说法。参见其所著《马来西亚华文教育史》(第一分册),马来西亚教师总会1998年版,第9页。

② 参见卢绍昌《华语论集》,〔新加坡〕金昌印务1984年版,第33、34页。

以及一系列"华"字头词语。语言的本土认同意识也开始逐步形成。当然,作为一种族群意识,对于一些人或许更早。[1]

尽管这个阶段已经有了华人、华族乃至华语意识,但在教学上还没有摆脱中国的教学模式;因为这个时候的"华语"仍只是汉语的一个别称。事实上,这个时期,仍然是采用中国的课本或书籍作为教材。除了因为意识形态的考虑,华文教材选文发生了较大的变化之外,在教学方法上一仍其旧。

20世纪70年代以后,在一些华人比较集中的国家情况发生了变化。

以新加坡为例。80年代,人们已经发现,新加坡小学生中,华文源流的学生越来越少,请看表7—1:[2]

表7—1

| 入学年度 | 英文源流 | 华文源流 |
| --- | --- | --- |
| 1959 | 47% | 46% |
| 1965 | 61% | 30% |
| 1971 | 69% | 29% |
| 1976 | 83% | 17% |
| 1984 | 99% | 0.7% |

它导致的一个结果是,新加坡从1987年起统一了学校语文的源流,英文成为各族学生的第一语文,各族的母语成为第二语文,学校实行双语教育。

这一情况的出现在华人社会中出现了争议,也遇到了一些问题,因此,一些学者开始注意到华语和汉语的关系,也开始注意到华文教学与中国语文教学的不同,进而也导致了对相关研究的关注。

除了华侨到华人的转变而导致语言教育政策的转变,进而影响华文教学以外,这一时期华语意识的形成,也对新加坡等地的华文教学有一定的影响。1973年,新加坡南洋大学创设了华语研究中心(后来成为新加坡国立大

---

[1] 按照张从兴的研究,这种族群意识在20世纪30年代至40年代已经出现了。参见其《华人、华语的定义问题》,《语文建设通讯》(中国香港)2003年第74期。

[2] 参见周清海《华文教学应走的路向》,〔新加坡〕南洋理工大学中华语言文化中心1997年版,第76页。

学华语研究中心)。新加坡教育部还设立了华语标准委员会,编纂特种华语教材。到 1982 年共完成特种教材 48 种,用于内政、财政、军事、气象等多个部门。① 1986 年,新加坡成立了新加坡华文研究会,研究会的成员围绕华文教学发表了不少论文。一些论文后来结集出版(如 1994 年出版的《新加坡华文教学论文集》)。

另一方面,新加坡政府 1979 年起开始推行讲华语运动,这也对新加坡的华文教学研究有积极推动作用。

比较起来,马来西亚华校没有太大的变化。但从 1983 年起,马来西亚开始教简体字和汉语拼音。新加坡学者到马来西亚和教师一起进行研讨,他们的观念对马来西亚的影响不可避免。与新加坡一河之隔的马来西亚教育部门在决定教汉语拼音和简体字之前,曾在吉隆坡的 20 所小学进行实验。据介绍,效果显示拼音比注音符号好。② 马来西亚的华文教学研究主要集中在字词方面。究其原因,大概还是把它看作第一语言教学和教育。

卢绍昌对华文教学问题发表了一系列的论文。这些论文 1984 年由新加坡金昌印务以《华语论集》为名结集出版。卢绍昌这个阶段的研究大体上分为两类:一是华语的教学和推广,例如《10 年来新加坡在华语方面所做的几件规范化的工作》;一是华英两种语文教学中的具体问题,其中主要集中在语音、文字和词汇几个方面,例如《华英两种语音比较和两种语文学习》、《新加坡中学生用字错误抽样》、《论华语常用字汇的编订》等。卢绍昌的研究注意结合新加坡学生华语学习的特点和问题进行分析和研究,并在华语的属性方面提出了不少独到的见解。应该说,在这个时期,他是我们看到的海外华人学者在华语意识下,考虑到双语教育的具体环境开展教学研究工作的最勤勉的一位学者。

要说明的是,虽然卢绍昌的这些观念并没有得到社会的广泛认同,但无论如何,他对海外华语的认识,以及在教学上的各种探索是值得充分重视的。

---

①② 参见卢绍昌《新加坡马来西亚的华语推行情况介绍》,《语文建设通讯》(中国香港)1982 年第 7 期。

**思考和练习**

1. 你觉得应该如何看待华文教学和相关研究的关系?
2. 有人认为,当华文老师只要会教书即可,你对此有什么看法?
3. 华文教学研究为什么先在海外兴起?

## 第二节 现阶段的华文教学研究

### 一、总的情况

进入 20 世纪 90 年代以后,中国的国际地位发生了很大的变化,出现了一定程度的"汉语热"。华语也开始在海外一些华人社会中进一步受到关注,这使得国内外的华文教学研究进入了一个新阶段。70 年代以后,汉语作为第二语言和外语的教学受到中国语言学和语言教学界的关注。但关于海外华语教学问题,应该是在 80 年代末 90 年代初以后才陆续有论著出现。国内这个时期的研究主要通过一些探讨华文教育问题的论文体现出来。据统计,从 1990 年到 2004 年,国内相关学术期刊刊登华文教育和教学的文章有 300 篇以上。

这种重视还可以从其他一些现象看出来。从 1990 年起,国务院侨办等单位共主办了四届国际华文教育研讨会(其中首届原名为"华文教学工作研讨会",第二届原名为"海外华文教育交流会")。暨南大学华文学院出版了《华文教学与研究》。厦门大学主办了两次华语文教学和研究的国际会议,出版了《海外华文教育》杂志。2005 年,商务印书馆世界汉语教学研究中心决定组织撰写本书,作为对外汉语专业(本科)的选修课程教材。

在海外,尤其是像新加坡和马来西亚这样的华人比较集中的国家和地区,对华文教学的研究也进入了一个新的阶段。和中国国内相比,国外华文教学的学术刊物较少,许多关于华文教学问题的讨论大多是通过学术会议、著作、论文集和报纸发表的。主要有:周清海《华文教学应走的路向》(1997)、《华语教学语法》(2003)、《语言与语言教学论文集》(2004)等[①],汪惠迪《华文字词句》(2002)、《新加坡报章华文应用200题》(2004)[②],杨欣儒《华语常用词表》(1996)及其增订本(2003)[③],吴元华《华语文在新加坡的现状与前景》(2004)[④],林万菁《语文研究论集》(2002)[⑤],新加坡华文研究会《新加坡华文教学论文集》(共三集——1994、2001、2003,第一集由谢泽文编)[⑥],陈照明主编《二十一世纪的挑战——新加坡华语文的现状和未来》(2000)[⑦],苏启祯《为语文教学把脉》(2000)[⑧],徐杰和王惠《现代华语概论》(2004)等[⑨]。新加坡的《联合早报》,马来西亚的《星洲日报》、《南洋商报》、《光明日报》等都就华文教学中的一些问题进行过讨论。仅从上面所列就可以看出,华文教学问题的研究已经掀起了一个高潮。

20世纪80年代成立的新加坡华文研究会成绩斐然。该会组编的三本论文集大体上反映了新加坡华人学者华文教学研究的主要成果。主要分为语言教学理论、语言教学方法、语文测试等,讨论新加坡特定环境里的华文教学问题,论题紧扣新加坡双语体制下的华文教学,有一定的针对性。

1994年,新加坡南洋理工大学成立了中华语言文化中心,和该校的中国语言文化系在教学和研究上形成互补。另一方面,华语的研究也对华文教学研究产生了积极的影响。周清海等学者一方面积极开展学术层面的华语研究,同时也在华文教学研究上投入了相当大的精力。这一点从后面的介绍中可以看到。

---

[①] 《华文教学应走的路向》,〔新加坡〕南洋理工大学中华语言文化中心1997年版;《华语教学语法》,〔新加坡〕玲子传媒私人有限公司2003年版;《语言与语言教学论文集》,〔新加坡〕泛太平洋出版社2004年版。

[②] 前者由〔新加坡〕玲子传媒私人有限公司2002年出版,后者由该公司2004年出版。

[③] 〔马来西亚〕艺青出版社出版。

[④] 〔新加坡〕创艺圈出版社出版。

[⑤⑧] 〔新加坡〕泛太平洋私人出版有限公司出版。

[⑥] 第一集由北京语言学院出版社出版,二、三集由〔新加坡〕泛太平洋私人出版有限公司出版。

[⑦] 〔新加坡〕联邦出版社出版。

[⑨] 〔新加坡〕八方文化创作室出版。

为更好地激励学生学习华文的兴趣,并按能力掌握华文,新加坡教育部2004年宣布成立"华文课程与教学法检讨委员会",全面检讨从小一至高三的华文教授与学习法,这对华文教学的研究应该是一个推动。

海外对华文教学的关注还表现在一系列的学术会议上。1989年,新加坡华文研究会主办了"世界华文教学研讨会",来自世界各地的语言研究者和教育工作者约500人参加,而出席开幕的嘉宾达1000多人。[①]从1995年起,东盟十国每两年举办一届"东南亚华文教学研讨会"。第五届在马来西亚举行,论文主要集中在两个方面:一是东南亚地区华语文教育的历史变革、发展近况与未来愿景;二是当前东南亚各国华语文教育与教学中所取得的成果和所面对的各种问题与挑战。第六届在文莱举行,涉及的内容主要有:(1)对华文教育变革的思考;(2)多媒体教学的应用;(3)教学法的探讨;(4)师资培训问题;(5)教材的研发、选择及采用;(6)外族学生学习华语文的现象。[②]

## 二、研究的主要内容

20世纪90年代以来的华文教学研究的范围非常广泛,这里讨论几个主要方面。

### (一)海外华文教学状况研究

国内这方面的研究成果最多。主要是对新加坡、马来西亚、泰国、菲律宾、越南、印尼等国家华语的地位和教学情况的描写和分析,其中包括海外华文教育的性质等。这些研究在总体上属于教育研究的领域,但其中不少都涉及到与华文教学、第二语言教学的关系等。

这种关注点的出现不是偶然的。虽说这个时间开始在世界范围出现不同程度的"汉语热",但一些国家和地区的华文教学却出现了越来越多的问题。

还以新加坡为例。20世纪80年代新加坡统一源流之后,一直有关于双语政策本身的讨论。有赞成,也有反对。周清海认为,新加坡的双语教育政

---

① 见《语文建设通讯》(中国香港)1990年3月号,第3页。
② 马来西亚董教总教育中心《2005年第6届东南亚华文教学研讨会特辑》第 XXVII—XXVIII 页。

策,不只解决了母语的政治问题,解决了该国成长时期就业不平等的社会问题,也将不同的、两极化的华英校学生,拉近了距离,而且在建国过程中,为母语提供了一个平台,让母语保留了下来,更加普及化,并对国家的发展作出了贡献。他认为,虽然母语的程度稍微降低了,但这样的牺牲也是无可奈何的事。①

而这种双语政策的结果是"脱华入英"趋势已经非常明显。表7-2、表7-3是吴英成提供的资料:②

表7-2 华族家庭常用语③

|  | 1980年 | 1990年 | 2000年 |
| --- | --- | --- | --- |
| 华语 | 10.2% | 29.8% | 45.1% |
| 英语 | 7.9% | 19.2% | 23.9% |

表7-3 小一华族学生在家常用语

|  | 1980年 | 1990年 | 1999年 |
| --- | --- | --- | --- |
| 华语 | 25.9% | 67.9% | 54.1% |
| 英语 | 9.3% | 26.3% | 42.4% |

而在菲律宾、印尼、泰国等国家更是出现了华语作为第二语言的教学。或许正是如此,一些学者开始把注意力集中到华文教学的特点上。王爱平指出④,东南亚华裔学生与非华裔学生有很大不同,而且也明显不同于其他国家、地区的华裔学生,具有很突出的群体特征。他们在学习汉语的过程中,从发音、语感、汉字的书写到词汇学习、课文理解等都有自己的特点。罗庆铭以菲律宾为例,论述了海外华裔少年儿童华语学习的特点,提出了适应华裔儿童

---

① 参见周清海为吴元华《务实的决策——人民行动党与政府的华文政策研究》所写的序,〔新加坡〕联邦出版社1999年版。
② 吴英成《双语并用对外汉语教学法探索》,2003年10月22日在北京语言大学对外汉语研究中心的学术报告。
③ 表中"华语"比例上升反映的是它在家庭取代方言的情况。
④ 参见王爱平《东南亚华裔学生语言与文化背景调查刍议》,《华侨大学学报》2001年第3期。

特点的教学原则和方法①;卢伟对菲律宾华裔青少年华语教育进行了个案调查与分析②。在这方面有的是以在国内读书的华裔学生为对象进行研究的,例如董琳莉就对印尼华裔来华学习普通话语音问题进行了研究③。

因此,不少研究把视角转向如何在这种情况下最大限度地提高华文教学的效果。例如吴英成④、周清海⑤、郭熙⑥等就从不同的角度对相关问题进行了讨论。

跟双语教育密切相关的是媒介语的选用。用什么语言作为华文教学的媒介,争议颇多。早期的华文教学用方言作为媒介语,后来改用华语作为媒介语。这种情况今天在马来西亚依然在坚守。而随着双语计划的推行和华族的"脱华入英",新加坡以英语为媒介似乎已经不可逆转。在这个方面,新加坡教育部展开了自己的研究,结论是,用英语教授华语是可行的。⑦ 郭熙则提出,应该区分不同的情况分别处理。⑧ 用英语进行母语教学,对于许多新加坡华人来说,是切肤之痛,但好像又是不得已而为之。双语教育问题一直是海外华文教学研究的一个关注点,但不同的国家或地区关注度有所不同。

(二) 华文教学理论和方法的研究

这个时期在华文教学的理论方面有不同程度的探讨。

周清海提出了一系列自己的看法⑨,例如除了华文基础外,他强调培养对华族文化的认同感,强调小学教学的重点是识字而不是句型,中学教学的重点是词汇而不是语言知识,教学重点是培养语言能力,教学活动的中心是学生而不是教师,等等。这些既有语言教学上的一般意义,也注意到了华文教学的特

---

① 参见罗庆铭《谈对华裔儿童的华语教学》,《世界汉语教学》1997年第3期。
② 参见卢伟《菲律宾华裔青少年华语教育个案调查与分析》,《世界汉语教学》1995年第2期。
③ 参见董琳莉《印尼华裔学生学习普通话语言的难点及其克服办法》,《汕头大学学报》1997年第2期。
④ 吴英成《学生变了,华文教学能不变吗?》,〔新加坡〕《联合早报》2003年1月18日。
⑤ 周清海《华文教学应走的路向》,〔新加坡〕南洋理工大学中华语言文化中心1997年版。
⑥ 郭熙《海外华人社会汉语(华语)教学的若干问题:以新加坡为例》,《世界汉语教学》2004年第3期。
⑦ 参见吴元华《华语文在新加坡的现状与前景》,〔新加坡〕创意圈出版社2004年版。
⑧ 郭熙《配合环境的双语教学》,〔新加坡〕《联合早报》2003年2月5日。

点。

苏启祯的《为语文教学把脉》也值得注意。虽然用他自己的话说"不是专门的论文",但其中不乏语言教学的重要观念。他从教师、父母的角度出发,认为应当正视对影响华文学习的心理因素的探讨,主张"多强调统合动机,少强调工具动机"。[①] 林万菁就华文教学中语言变异的处理提出了自己的看法。[②] 他以同词异字、词汇变异等实际问题为例,强调在教学中慎重处理好相关问题,以启发学生思考,提高教学效果。洪孟珠提出,21世纪的华文教学除了明确目标、适当教材、有效教法、足够的优良师资之外,还要有家长的配合。[③] 应该说,这是注意到了华文教学的特点的。

各种语言要素教学研究的论文都有不少。卢绍昌关于语音、林万菁关于词汇,以及周清海、吴英成关于语法的研究都有不少独到的见解。例如,吴英成就新加坡华语句法实况进行的调查,研究了华人学习华文时受到母语干扰的情况。[④]

比较起来,中国学界在这方面的研究不多。其原因大概有两方面:一是这方面的实际经验少;二是缺乏对海外华人社会语言、文化和政治背景的了解,认为它们要么是对外汉语教学,要么是类似中国的语文教学,没有什么可研究的。

(三) 课程、教材和华文水平测试研究

华文教学课程的设置一直为海外一些华人社会所重视。为了减轻双语环境下华语学习的压力,新加坡政府把华文教育分作三个层次:(1)培养华文文化精英的高级华文课程;(2)普通华文;(3)不强调读写能力的华文"B"课程。"高级华文"是属于精英的水平,"华文"是属于大部分华人所能够掌握的水平。对于那些竭尽所能仍无法掌握华文的学生,他们则将达到华文"B"课程的水

---

① 参见苏启祯《为语文教学把脉》,〔新加坡〕泛太平洋私人出版有限公司2000年版,第12页。
② 参见林万菁《语文研究论集》,〔新加坡〕泛太平洋私人出版有限公司2002年版,第1~14页。
③ 参见洪孟珠《21世纪的华文教学》,载《新加坡华文教学论文二集》,〔新加坡〕泛太平洋出版私人有限公司2001年版,第26~37页。
④ 参见吴英成《从新加坡华语句法实况调查讨论华语句法规范化问题》,《语文建设通讯》(中国香港)1991年第34期。

平。对华文 B 课程的设置各界有不同的看法。吴英成指出:"无论来自以英语或华语为主要用语的决策者、家长即评论员所提出的意见,都共同存在着一个基本的假设谬误,他们都认定在家讲英语的学生无法真正达到教育部所制订的华语学习目标,所以才需要另设华文 B 课程来满足这批特殊学生。"[1]在他看来,应该建立一种新的华文 B 课程,它并不标志华语水平的降低,而是完全不同于过去的学习策略。

教材方面的研究也不少。周清海、谢泽文、苏启祯都提出了自己的见解。[2]

各地教材的比较研究也已经展开。顾惠诗比较中国六年制小学的语文课本和新加坡的《好儿童华文》。[3] 她从用字、词汇等方面总结了差异,在用字统计比较的基础上,她认为新加坡小学毕业的华文水平可能只相当于中国小学三年级的水平,建议在教材方面重新考虑英语和华语的平衡。周清海在讨论测试问题时也涉及到教材的比较,他认为,从水平测试的角度看,不同华语区用共同的教材,测试才有信度。

在测试研究方面,周清海就测试中如何对待地域变体、语言知识与语言能力和语言测试的关系,以及各地语言教材对测试结果的影响等展开了讨论。他指出,将语文知识降到最低限度,而以语文应用为主去设题,才是正当的语文测试。[4]

对测试研究最为关注的是谢泽文。他的研究集中在论文集《教学与测试》中。[5]

(四) 学习工具改进和提高的研究

例如,卢伟讨论了东南亚华裔学生华语学习词典的编纂问题[6],针对东南

---

[1] 参见吴英成《从新加坡华语句法实况调查讨论华语句法规范化问题》,《语文建设通讯》(中国香港)1991 年第 34 期。

[2] 参见周清海《华文教学应走的路向》,〔新加坡〕南洋理工大学中华语言文化中心 1997 年版;谢泽文《教学与测试》,新加坡华文教师总会 2003 年版;苏启祯《为语文教学把脉》,〔新加坡〕泛太平洋私人出版有限公司 2000 年版,第 94~104 页。

[3] 参见顾惠诗《新加坡和中国小学语文课本比较》,南京大学 2000 年学士学位论文。

[4] 参见周清海《语文测试里的语文问题》,载《新加坡华文教学论文二集》,〔新加坡〕泛太平洋私人出版有限公司 2001 年版。

[5] 新加坡华文教师总会 2003 年版。

[6] 参见卢伟《略论东南亚华裔学生华语学习词典的编纂》,《辞书研究》2001 年第 4 期。

亚地区华裔学生学习华语的特点以及所在国家华人社区的多语与多元文化等特殊性,从第一语言学习与第二语言学习、词语的规范与变异以及语言的聚合与组合关系等方面,探讨编纂作为第二语言的华语学习词典时如何处理有关共性和个性的几个理论与实践问题。吴英成则从有效利用词典进行词汇学习和教学的角度①,作了广泛的调查,建议编写适合接受双语教育学生的语言程度和生活经验的词典。

### (五) 现代科技手段下的教学研究

信息时代给华文教学研究提出了新的课题和任务,有多篇论文涉及到这个领域。卢绍昌提出了"华文自赎"问题,他从 IT 与华文研究、IT 与华文教材的编订、IT 与华文教学等方面进行了讨论,认为 IT 业的发展给华文带来了机遇,华文工作者应该抓住这个机遇。② 蔡志礼则对在信息时代华文教学的挑战进行了探讨,希望华文教学工作者能够调整步伐和方向。③

### (六) 汉字教学研究

在华文教学研究中,汉字教学一直是一个焦点。吴英成以偏误分析理论为依据,以新加坡华族学生为调查对象,通过两次实验测试,探讨新加坡华族学生中修读英语为第一语文、华语为第二语文的学生在汉字学习中的偏误特点,发现汉字偏误的产生同学生对汉字系统所作的不完备假设而采取的表面策略形式有直接的关系,文章在此基础上提出了很多有益的建议。④ 此外,周清海对字词频率与语文学习成效的相关研究⑤、卢绍昌对新加坡中学生用错字的抽样研究等也很有特色⑥。

总的来说,这个时期的华文教学研究涉及的范围非常广泛,几乎囊括了相

---

① 参见吴英成《华语词典应用与编纂的落差》,《语言教学与研究》2002 年第 3 期。
② 参见卢绍昌《试论华文的自赎问题》,载新加坡华文研究会《新加坡华文教学论文二集》,〔新加坡〕泛太平洋出版私人有限公司 2001 年版,第 21~25 页。
③ 参见蔡志礼《数码时代教学新工程——二十一世纪华文教学的使命与挑战》,载陈照明《二十一世纪的挑战——新加坡华语文的现状和未来》,〔新加坡〕联邦出版社 2000 年版。
④ 参见吴英成《汉字偏误研究》,载新加坡华文研究会《新加坡华文教学论文二集》,〔新加坡〕泛太平洋出版私人有限公司 2001 年版。
⑤ 参见周清海《华文教学应走的路向》,〔新加坡〕南洋理工大学中华语言文化中心 1997 年版。
⑥ 参见卢绍昌《华语论集》,〔新加坡〕金昌印务 1984 年版。

关的所有方面,这对海外华文教学起了非常积极的作用。

## 三、特点

这一时期的华文教学研究呈现了一些新的特点。

### (一)中外学者的直接交流和对话

改革开放以后,海内外学者的联系不断加强。一批中国学者有机会了解海外华人社会,海外的华人学者也不断到中国访问交流。中国学者的文章到国外发表,国内刊物也发表海外学者的相关论著。例如陈重瑜、周清海、卢绍昌、吴英成等都在国内发表论文多篇。这使得中国读者有更多的机会了解海外学者的研究,了解海外华文教学的现状。

### (二)开展合作研究

早在20世纪80年代,一些学者已经开始到新加坡等地工作。例如汪惠迪1984年受聘于新加坡《联合早报》,专事文字工作(后任语文顾问),后来他发表的许多见解对新加坡的语文教学有积极的影响。90年代以后,陆俭明、李临定、陈松岑等国内知名学者应邀到新加坡开展合作研究,发表了相关的研究成果。陆俭明后来在不同场合谈到华语问题的时候,都提到应该积极开展华文教学的研究,对国内的华文教学研究起到了推动作用。一批新一代学者也相继到新加坡工作或学习,如徐大明、侍建国、徐杰、王惠、萧国政等,积极参与了相关研究工作,发表了一批成果。

### (三)语言观念和方法上的更新

语言观念的调整在这个时期的华文教学中明显地体现出来。最明显的是语言教学本土化意识的加强,而这种意识不只是当地华人和学者的认识,同时也为中国的学者所倡导。汪惠迪指出:在进行词汇规范化工作时,是自定原则与标准,还是向"源头"——现代汉语看齐,这是个值得研究的课题。[①] 汪惠迪在后来的一系列论文里都强调双向互动的理念。这种理念和教学的关系已经开始受到注意。

---

① 参见汪惠迪《新加坡华语词汇的特点》,《语文建设通讯》(中国香港)1990年第16期。

在具体教学理念上，几乎各种流派的语文教学法都被移植到新加坡和马来西亚。汉字教学极受关注。例如"注音识字、提前读写""在海外华文教学上产生很大影响"。①新加坡教育部政务部长曾士生提出从2005年初开始，在部分小学将试行中国研发的"先认字，后写字"的经验，借以带动新加坡学生学好华文。对此也有支持和反对两种意见。②

　　最近情况又有了新的变化。一是新加坡公布了新的教学计划。新教学方法被概括为"多听多说、有效识字、读写跟上、快乐学习"十六字"真言"和"四大原则"。③这是否意味着政府会放弃华文B课程，还有待进一步观察。此外，新加坡教育部和中国的一些出版部门决定联合编写小学和幼儿园教材。据报道，新教材的课文将突出语言的美感、想象力，并且符合儿童的心理特点。从2007年起，新加坡的小一、小二学生将使用由新加坡教育部与中国人民教育出版社合编的华文教材。④此举会引起新加坡新一轮的华文教学研究的热潮，对海外华文教学研究起到进一步的推动作用。

## （四）发展不平衡

　　从目前的文献看，对海外华文教学的研究主要集中在中国和新加坡，而华人比较集中的马来西亚在这方面相对较弱。这里面可能有这样几个因素：新加坡语文教育问题比较突出，中国则是因为汉语国际传播提出的新的要求，而马来西亚保持了相对稳定的华文教育系统；其他一些地区则因为华人社区人口少，不集中，不易引起对相关研究的重视。另外，还有政治的、经济的等其他因素制约了华文教学研究的开展。例如在缅甸北部，汉语是实际上的通行语言，但并未见有什么研究。在泰国，潮州话也相当强势，几乎是商界的通用语言，但也未见对华文教学与研究有明显的带动作用。

　　研究领域也不平衡。比较起来，泛论较多，有针对性的研究较少；外部因

---

① 参见《中国教育报》2002年6月17日。
② 参见新加坡新传媒网站和中国华文教育基金会网站：
　　http://www.rsi.sg/chinese/citypulse/view/20040312165500/1/gb./.html；
　　http://www.hsm.com.cn/node2/node2796/node2797/node2813/userobject6ai208100.html。
③ 《联合早报》2005年7月13日。
④ 《联合早报》2005年7月22日。

素研究较多,本体研究较少。在方法的采用上,思辨性研究较多,实证性研究较少。在研究对象上,教学问题研究较多,教材研究较少。在教学研究方面,经验总结较多,教学模式的探讨较少。从某种意义上说,这种不均衡制约了海外华文教学的发展。

**思考和练习**

1. 近年来,华文教学研究取得了哪些主要成就?

2. 查阅若干篇教材中提到的文献,看看这些研究有哪些值得学习和借鉴,存在什么不足。

3. 你是否注意过相关国家华文教学研究的情况?请查找相关资料,作些介绍。

## 第三节　华文教学研究存在的问题和任务

从上面的梳理可以看出,华文教学研究涉及的范围非常广,许多方面的研究还是空白,有不少问题值得讨论。

### 一、宏观的理论研究

和以往相比,理论研究已经受到了更多的重视,例如,以往的研究中,往往母语、第一语文和第一语言不加区分。这个时期已经开始对这些概念进行梳理,但显然还不够。还有许多问题,例如华文教学和华文教育、华语和汉语的关系,规范化和多样性、一体化和本土化的关系,工具目的和文化目的的关系以及不同的教学模式等,还都需要进一步研究。这对讨论海外华语教学是有益的。

### 二、华文教学和学习规律研究

从总体上看,与理论的缺乏相应的是,华文教学研究中细致的事实描写太少。理论研究需要事实来支撑,尤其是需要系统的研究来支撑。目前一个比较突出的问题是,在研究理论问题的时候,空洞的争论多,事实研究少;一般教育或教学的研究多,具体的语言教学和学习规律的研究少。以媒介语问题为例。如前所述,新加坡争论最多的莫过于该不该用英语教华语了。遗憾的是,无论是哪一方,都没有用大量的研究来证实。过去研究中的一个重要现象是说"应该"或"要"的多,而事实"怎么样"和"为什么如此"做得少。而在学习者方面,对华裔学生语言态度和习得规律的研究也不够。例如,不同条件下的华裔学生在华语学习上到底有什么不同？实证性的研究还很少。再如有人提出"借助辩论提高学习华文热忱"、"华文教学不应该太偏重词语学习"等,这些都需要大量的实证性研究来证实。

## 三、教材研究

关于华文教材已经有不少学者关注,但研究还不够深入。现在评估教材,常常从发行量考虑,自然有道理,但在种类方面还研究不够。不同的国家或地区到底需要什么样的教材？或者说什么样的教材最适合他们使用？这方面的研究很少看到。

## 四、华语教学研究和华语研究的关系

要加强华语研究。苏启祯已经谈到了华语教学研究和华语研究之间的关系。[①] 其实这是一个老生常谈的问题,然而没有引起足够的重视。国内对华语进行研究的学者还不多。海外华语教学在很大程度上可以说是困境下的母语教学,不是一般的语言教学。加强华语研究,对于华语教学研究将会起到重要的指导作用。例如华语规范问题、地区词的教学问题、语音教学与本土华语的特点的关系问题,等等。

## 五、队伍建设

从现有的研究成果看,华文教学的研究队伍还相对较弱,尚未形成一

---

① 参见苏启祯《为语文教学把脉》,〔新加坡〕泛太平洋私人出版有限公司 2000 年版。

支专业队伍。在我们搜集到的涉及华文教学的近 300 篇论文中[①]，绝大多数是从教育学的角度进行研究的，真正属于语言学和应用语言学范畴的不是太多。

从论文的作者看，国内从事华文教学研究的相对较少，应用语言学领域的学者进入该领域的还比较少。研究队伍的薄弱与师资队伍本身也有关系。一些地方的华文教学队伍青黄不接，很多华文教师没有受过专业训练。这些第一线的教师因种种原因无暇或无力进行研究，而有研究能力的人，又常常缺乏实际操作经验，缺乏第一手资料。新一代的华文教学工作者应该在华文教学研究方面担当起这个重任，这对华文教学的发展至关重要。

与队伍建设相关的还有学术阵地的建设。目前国内以华文教学与研究为办刊宗旨的刊物还很少，而且即使在该类刊物上发表的文章也大多并不是以"华文"为研究对象的。

## 六、亟待关注的研究领域

从理论建设和满足教学实际需要的角度看，下面一些问题应该成为今后一个时期华文教学研究的主要任务：(1)海外华人社会常用词研究；(2)海外华人社会常用字研究；(3)海外华人社会常用句式研究；(4)华语使用状况研究；(5)华文教学新理念研究；(6)语用研究；(7)修辞手段研究；(8)华语语音系统的研究；(9)华语分布研究；(10)华文教学中的识字教学研究；(11)华文水平测试研究；(12)华文教材词汇比较研究；(13)教学通用词表和专用词表研究；(14)教学中具体问题的研究；(15)华文教学和华文教育之关系的研究；(16)规范化和多样性、一体化和本土化之关系的研究；(17)工具目的和文化目的之关系的研究；(18)不同教学模式的实验研究；(19)华文教学目标和内容的研究；(20)如何在不同国家和地区开展华文教学的研究。

---

① 如前所说，有些文献虽以"华文教学"为题，但谈的是汉语作为第二语言的教学，如彭小川(1998)等；《暨南大学华文学院学报》虽以"华文教学与研究"为副题，但也不是单一的华文教学，它们均不在我们的调查范围之内。

**思考和练习**

1. 除了本节提到的方面,你觉得还有哪些问题值得研究?

2. 自己确定一个力所能及的研究题目,和同学一起讨论,制订一个初步的研究计划。

# 第八章　华文教师的基本素质与师资的培训

随着华文教学事业的不断发展,华文教师队伍的不断扩大,越来越多的人已经意识到做一名合格的华文教师并不像有些人想的那么简单。"只要会说华语就能教华语"是一个认识上的误区。一名合格的华文教师须具备必要的知识和技能,在教学能力、教学理念方面也有较高的要求,而且还要能不断地自我提高和自我发展,具备解决实际问题的能力。从当前的形势看,华文教学有着美好的发展前景,但前提是要解决华文师资问题,华文教师整体素质偏低和数量缺乏一直是制约华文教学发展的"瓶颈"。提高现职教师的理论水平和教学能力,大力培训新教师,扩大华文教师队伍是我们今后师资队伍建设的两项主要任务。本章讨论一名合格的华文教师应具备哪些知识和能力以及华文师资培训等问题。

## 第一节　华文教师应具备的知识与技能

### 一、语言文化基础

华文教师是教华文的专门人才,首先必须具备相应的专业知识基础,包括语言知识和文化知识。

(一) 语言知识

1. 汉语知识

华文教学以汉语为教学内容,所以华文教师必须具备系统的汉语专业知识,包括汉语语音、汉字、词汇、语法等方面的知识。语音方面,应熟练掌握汉语拼音方案,熟悉汉语的声母、韵母、声调系统,了解国际音标等知识;词汇方面,要了解汉语词汇的特点,掌握汉语词汇的构成、汉语词汇的系统等知识;语法方面,要掌握现代汉语词类及其功能、汉语语法的单位、句子成分、汉语句子基本结构及其类型等知识;汉字方面,要了解汉字的基本特点,汉字形、音、义的基本特点等知识。除了现代汉语知识以外,华文教师还应掌握常见虚词、句式的意义和用法等古代汉语基本知识,掌握汉语发展的一般规律,形成较完整的汉语知识结构体系并能在教学实践中综合运用。

掌握语言知识和掌握语言并不是一回事。华文教师当然要掌握汉语,得具备相应的汉语普通话水平和汉语言文字能力,但是这还远远不够。汉语说得很好未必能教好汉语。拿语音教学来说,如果教师自己不了解普通话声母、韵母、声调系统,不具备汉语拼音方案等语言知识,就很难快速、准确地纠正学生的语音错误。如果一个教师在课堂上只是不断地告诉学生这是对的、那是错的,而不能分析、解释错误原因,其教学效果可想而知。老是用"这是中国人的习惯"去应付学生提出的各种问题,是教师缺乏专业知识、不能胜任课堂教学工作的表现。[①]

2.普通语言学的理论知识

普通语言学研究人类语言的本质特征及语言普遍现象。华文教师必须具备一定的普通语言学的理论知识,树立正确的语言观,对语言和语言交际能力的本质、特点和规律有系统的了解,才能在华文教学活动中,自觉地遵循语言规律,选择和使用符合语言规律的教学方法。例如,认识到语言是交际工具这一本质特征,教师就不会在华文教学中进行枯燥的语言知识的讲授,而是注重培养学生的华文交际能力,培养学生在特定的语境下准确地、得体地运用汉语的能力。另一方面,华文教师学习普通语言学知识,熟悉语言理论和语言使用理论,也有利于提高自己的语言素养和语言使用能力,做一名优秀的语言教

---

① 参见吕必松《对外汉语教学研究》,北京语言学院出版社 1993 年版。

师。

3."海外华语"知识

如前所述,我们把华语定义为全球华人的共同语,它是我们华文教学的目的语言,但是考虑到学生将来的语言使用环境主要是在海外的华人社区,华文教师有必要了解普通话与海外华语(海外华人社会的共同语)的差异,因此华文教师也要积累一些关于海外华语的知识,比如海外华语的分布、海外华语的地位和前景、海外华语使用在语音、词汇、语法上的特点等等。

4.外语知识

一定的外语知识对于华文教师来说也是非常必要的。首先,许多华文教师都是在海外从事华文教学,教师要掌握一定的外语知识才能应对日常生活、教学及社会交往中发生的语言交际,才能顺利地开展教学工作。华文教师还应对学生的第一语言有一定的了解,因为在语言教学的初始阶段,根据学生的需求适度地使用媒介语,往往能取得事半功倍的效果。其次,如果了解学生第一语言的特点,通过语言对比分析,教师可以找出学生学习汉语的难点,安排合理的教学顺序,预知学生容易犯的语言错误,编制特殊练习,使教学更有针对性,最大限度地促进学生学习第二语言的正迁移,减少负迁移。最后,教师自己拥有学习外语的经验,就更易体会学生的学习心理,了解学生的语言习得过程和规律,有助于教师根据"怎么学"来决定和调整"怎么教",使教学活动建立在更科学的基础上。

5.语言教学理论

华文教学是语言教学,华文教师应了解语言教学的普遍规律,要掌握最基本的语言教学原则和教学方法,如阶段性原则、循序渐进原则、启发式原则、实践性原则等等。此外,华文教师还应根据自身从事的教学工作的性质和特点,掌握相应的教学理论和方法。比如,菲律宾、泰国等地的华文教学更接近于第二语言教学,那里的华文教师应掌握第二语言教学的基本理论及主要教学法流派,尤其要掌握汉语作为第二语言教学的基本理论和相关教学法;新加坡、马来西亚等地的华文教学则基本上属于母语教学或接近于母语教学,那里的华文教师应掌握中小学母语文教学的教学理论和方法。从目前情况看,新加坡、马来西亚两地汉语作为第二语文的教学的情况也会越来越多,因此,也要掌握相关的理论和方法。

语言教学理论发展很快,会不断出现新的成果,华文教师应及时学习、研究和吸收新成果,用以指导自己的教学实践。

(二) 文化知识

1. 汉民族文化知识

语言教学不是文化教学,我们不能将二者等同起来,或者以文化教学代替语言教学。但是,语言教学与文化教学并非没有关系,许多华语词汇都包含着丰富的民族文化信息,对华语的理解在一定程度上依赖于对中华民族文化传统和风俗习惯的了解,而且华语的使用也深受中华文化因素的影响,因此华文教学离不开中华民族文化背景,华文教学应该和中华文化教学联系起来。另外,很多华裔学生学习汉语是出于华人民族身份上的认同,有"寻根"意识在里边,他们对中国的祖先文化、中国哲学(如儒家思想、道家思想等)、中国的民情(如称谓、宗亲文化、信仰禁忌等)、民俗(如传统节日、婚丧礼仪、饮食文化等)、中国人的传统美德、民族心理等等特别感兴趣,因此华文教师有必要掌握一定的中华民族的文化知识。

2. 国情文化知识

随着中国经济的快速发展和中国国力的不断增强,出于职业目的或职业工具目的而学习汉语的学生也越来越多。他们在学习华语的同时也很希望了解中国社会各方面的情况,因此华文教师还要有较丰富的中国国情文化知识,对中国的历史、地理、政治、经济、艺术、教育、宗教等都要有所了解。如果华文教师具有丰富的国情文化知识,也利于激发学生的学习兴趣,满足学生的求知欲。

3. 文学知识

文学是文化的一部分,优秀的文学作品一般来说也是语言使用的典范,华文教材的课文也常会选用一些文学作品。因此要教好华文,华文教师本身要有一定的文学修养,必须具备较丰富的文学知识,对中国古代文学史、现当代文学史,对各个时期的著名作家和作品以及海外华文文学的发展情况都要有所了解。

当然，除了语言知识和文化知识，华文教师也应具备一些跟语言教学密切相关的其他学科的知识，如教育学和心理学的有关知识。懂得教育学和心理学，就能更好地了解学生的语言学习心理、学习规律，更好地掌握教学规律。

## 二、政策水平

一个好的华文教师，除了要具备语言、文化基础知识以外，还要具备一定的政策水平。华文教师的政策水平主要体现在两个方面：一是"知己"，要了解中国各方面的政策；二是"知彼"，要了解学生所在国的语言政策。"知己"是为了让外国学生更好地了解中国，增进友谊，提高学习兴趣；"知彼"是为了让华文教学工作开展得更顺利、更有效。

### （一）了解中国各方面的政策

华文教学的教学对象很多都已加入外国籍，其身份为外国人，因此华文教学工作本身具有"外事"性。"外事无小事"，处理不好往往会关系到中国的国际形象，这就要求华文教师具备一定的外事能力，而了解当前中国各个方面的大政方针，与国家的对外政策保持一致是具备外事能力的体现。

国内有些人常把"大力推广华语，弘扬中华文化"挂在嘴边，但是作为华文教师，跟自己的学生这样说就很不妥当，很可能会引起学生的反感。我们应考虑到学生的"外国人"身份，尊重他们所在国的语言和文化。

又如，对于"华侨"和"华人"的区别，也有很多人不十分清楚。华侨指侨居国外而仍然保持中国国籍的人。华人指居住在中国国土以外的地区或国家，取得了居住国国籍并丧失了中国国籍的具有中华民族血统的人。我们国家有"华侨政策"，没有"华人政策"。在国内，人们在使用"华侨"一词时经常出错，通常这只是语言使用准确与否的问题，不会造成什么严重的后果。但对于常和海外华人打交道的华文教师来说，弄清华侨、华人的定义和概念就不仅仅是一个称谓问题，而是涉及国家关系的一个敏感的政治问题。有些国家，尤其是东南亚的多数国家，十分重视对华侨、华人的区别。如果称那些已经加入了所在国国籍的华人为"华侨"，当地政府就会提出异议，甚至抗议。西方国家在这个问题上虽然不过于认真,但生活在这些国家的有些华人却十分重视。新加坡前总理李光耀曾强调指出:"新加坡不是中国的亲属国家,是对等的朋友,在我国没有华侨,大家都是新加坡国民。"

再举个例子。去印尼任教过的老师都知道,由于特殊的历史原因,几十年来,很多印尼人(包括华族)在提及"中国"时习惯使用带歧视义的Cina("支那"音)而不用Tiongkok("中国"音)。如果你的学生当着你的面称中国为"支那",叫中国人为"支那人",作为一名华文教师该作何反应,怎么应对?在这种情况下,教师只有具备一定的政策水平和外事能力,才能做到既不失体面,维护祖国的尊严,维护作为一个中国人的尊严,又让学生真正理解你的感受,接受你的解释,并在今后自觉、自然地放弃使用"支那"的称呼。

另外,许多学生在学习华语的同时,也会对中国的其他方面(中国文化、国情以及中国当前的国家政策等)感兴趣,他们常常会问一些跟我国国家政策有关的问题。诸如"中国的计划生育是怎么回事呀?""中国人是不是都不能有宗教信仰啊?""你们准备怎么统一台湾啊?"等等。由于缺乏了解或了解不够深入,对"中国"(包括我们的国家政策)有误解的外国学生并不少,一些学生错误地认为中国人没有宗教信仰的自由,甚至认为中国政府要求所有中国人都必须是无神论者,等等。

语言教学应避免政治化。教师不宜在语言教学过程中主动地涉及政治话题,不宜宣扬带有倾向性的政治观点。但是如果在被问到类似上文所举的这些问题时,教师总是避而不谈,恐怕也不妥当。为了让外籍学生了解事实真相,避免误解,华文教师有责任通过自己的言行,自觉维护国家形象和国家利益。要回答好这些带有政治色彩的问题,华文教师不但应坚定不移地立足于维护祖国尊严的政治立场,更重要的是应具有一定的政策水平,了解国内、国际形势和当前国家各方面的政策。只有这样,才能在冷静的思考中作出具有一定理论深度和较强说服力的解答,取得以理服人的效果。由于很多外国学生对中国的宗教问题、民族问题、台湾问题、人权问题等相当"敏感",华文教师对我国的宗教政策、民族政策、外交政策、对台政策、人口政策等,尤其要有正确、全面的了解。

(二) 了解所在国的语言政策

Macky(1965)曾对外语教学与社会环境之间的关系提出自己独到的见解。他指出,从教师教学的角度看,方法和材料(M:methods and materials)、教师行为(T:what the teacher does)、教学内容(I:instruction, what the learner gets)构成了一个教学变项三角,这个变项三角受语言课程的制约,而语言课程又直接受制于国家的语言政策。[①] 如下图所示:

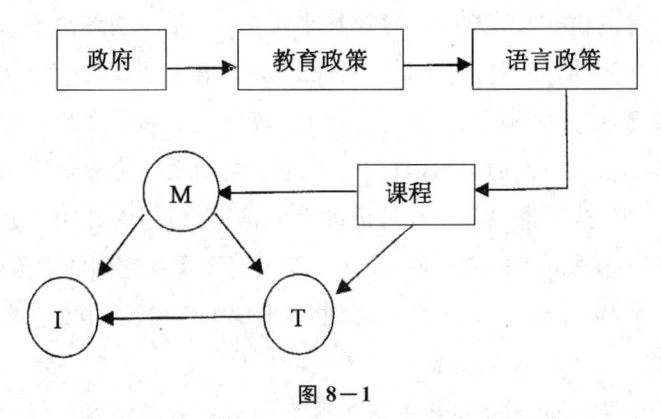

图 8—1

因此,教师行为与语言政策有很大的关系,受其影响和制约。作为教学行为的主体,在海外教学的华文教师理应了解所在国的语言政策。

语言政策(language policy)是指人们有意识、有目的地影响语言文字功能和作用所采取的各种行政性措施。每个国家都会根据自己的需要,制定相应的语言政策,因为制定正确的语言政策,对于处理好一个国家的民族问题,维护和促进民族团结和各民族共同繁荣,维护民族地区的稳定,乃至全国的稳定都有重要的意义。语言政策反映国家和社会团体对语言问题的根本态度,包括对待官方语言,对待官方语言以外的语言、方言以及它们的各种变异形式的态度。社会是千差万别的,语言政策也会因社会而异,不同的国家由于国情不同,语言情况(种类、分布)不同,加上出于不同的政治和经济上的考虑,会采

---

① 转引自束定芳、庄智象《现代外语教学——理论、实践与方法》,上海外语教育出版社 1996 年版。

取不同的语言政策。对于存在着华人社区的国家来说,国家的语言政策会直接影响到华语的地位,影响到华人社区使用华语的现状(共同语的普及程度、方言的使用情况、用简体字还是用繁体字、是否采用汉语拼音方案给汉字注音等等),影响到华文教学在各层次教育中的地位和生存、发展空间(政府是否允许母语教学、是否扶持母语教学等等)。

以马来西亚为例,虽然该国联邦宪法第152条明文规定"任何人不得受到禁止或阻止使用(除官方用途外)或教授、学习任何其他语言",但是政府实际奉行的是单一的语文教育政策。按照马来西亚《1961年教育法令》,马来西亚教育最终要达到的目标是:逐步发展一个以马来语为主要教学媒介的国家教育制度。政府这种"一种语文、一种源流"的教育政策和语文政策对马来西亚的华文教学产生了负面的影响,目前马来西亚被列入国民教育体制的华文小学共有1287所,远不能满足华族母语教育的需要,由华人社团主办的独立华文中学有60所,独立学院有3所,马来西亚政府不承认它们的学历,也不予补助。[①] 50年来,华文小学和华文中学数量都出现了负增长,华文教育和华文教学在马来西亚的前景不容乐观。

从另一个角度看,政府的语言政策又会通过社会对学习者行为这一教学变项产生影响,通过社会语言学习环境影响学习者的学习动机。在上述马来西亚语言政策下成长的新一代华人,母语意识正在淡化,加上多语环境下汉语汉字学习相对困难等等,他们对学习华语的态度也正发生变化。[②]

由此可见,作为教学过程的组织者和主导者,华文教师只有对所在国的语言政策有深入的了解,才能对所在国的语言状况、华语在该国的地位、华语使用的状况和环境等有正确和清楚的认识,才能利用现有条件,充分发挥主观能动性,设置出既不违背该国语言政策又符合学习者要求、体现学习者学习特点的华文课程,确定相应的教学内容和教学方法,使华文教学开展得更顺利、更有效。

---

① 参见庄兆声《马来西亚基础教育》,广东教育出版社2004年版。
② 参见郭熙《马来西亚:多语言多文化背景下官方语言的推行与华语的拼争》,《暨南大学华文学院学报》2005年第3期。

## 三、现代技术应用水平

20世纪90年代以来,以计算机技术为核心的多媒体技术和网络信息技术的发展,给语言教学包括我们的华文教学带来了前所未有的变化和挑战。现代技术手段具有其他传统教学手段无法相比的优势,同时也对华文教师的素质提出了更高的要求。越来越多的从事华文教学与研究的教师开始了信息技术与华文教学整合的实践和探索。目前,在较发达的美国、加拿大、澳大利亚、新加坡等国家和地区,计算机软硬件、计算机辅助语言学习(CALL,Computer Assisted Language Learning)、多媒体课件、多媒体教材、基于因特网的远程教学等已经在华文教学中得到了较为广泛的运用。作为新世纪的华文教师,我们应该了解、利用这些新的技术手段,提高华文教学的质量和效率。

### (一)中文信息处理

计算机运算速度的提高和存储容量的不断扩大,以及中文信息处理技术的不断发展(以国标GB2312字符集为基础的中文输入,汉字字型的生成、输出与传送,中文文字处理及国际流行操作系统与其他软件的汉化等),为汉语教学提供了更有效、更快捷的工具,使教师可以利用计算机更方便地获取、加工、存储和提取中文信息。现在,只要有一台带有中文操作系统和汉字处理软件的电脑,教师就可以方便地进行各种跟汉字处理有关的日常教研工作,例如写教案、出试题、编教材、收集加工文字材料、撰写论文等,都可以在计算机上完成,跟过去只靠纸、笔作业相比,工作效率大大提高了。

华文教师至少应学会使用一款中文文字处理软件(Microsoft Word、WPS等),用来编辑、修改和保存文本文档;应熟练掌握一种汉字输入法;出于教学工作的需要,还要学会输入拼音符号和音标符号的方法。另外,最好还能学会使用常用的表格处理工具Microsoft Excel。

### (二)多媒体计算机辅助教学

多媒体计算机具有集文字、声音、图形、图像于一体的特点,它不仅能作为教学媒体呈现教学信息,还具有部分地替代教师传授知识的功能。以文本教材为基础,教师可以利用Microsoft PowerPoint、Authorware或Flash等编制工具制作课堂用计算机辅助汉语教学课件,使语言课堂教学高密度、高节奏,发挥学生各种感官的作用,实现课堂教学的高效率、高质量。尤其是像视听说这样的课程,将媒体技术引入课堂,可以让学生在多种多样的视听环境中,提高对汉语的理解。一些较新的华文教材如《中文》等,都配有多媒体教学光盘,由于图文声像并茂,用于课堂教学具有很强的感染力,能对语言教学起到积极的辅助作用。另外,经过精心设计的交互性电子多媒体教材或课件,可以满足学生的个性化需求,学习者可以在一定程度上控制语言学习过程,选择自己需要的学习内容和学习难度,使不同程度、不同学习背景的学生都获得较高的学习效率。

华文教师应了解多媒体计算机的基本操作知识与技能、计算机辅助教学的基本原理与方法,最好掌握一种多媒体计算机教学工具及开发平台的使用,如果不能制作多媒体课件,至少要学会如何使用多媒体课件,还应了解计算机语言教学应用模式等。

(三)计算机网络教学

网络通讯技术的发展为语言教学提供了实现资源共享与信息交流的方式,可以实现优秀汉语教学资源的共享和及时更新,使远程汉语教学成为现实。传统的远程教育是利用电台和电视台作为传播教学内容的载体,教师通过电台和电视台把教学内容传授给学生,学生通过收听广播和收看电视独立学习。现代和未来的远程教育则是网络远程教学,有些教学单位已经开始利用最新的信息技术、网络技术、多媒体技术、现代远程教育技术,结合汉语教学的理论和方法,开展远程华文教学。例如,2005年8月1日,福建师范大学与菲律宾国际科技学院合作的现代汉语远程教育网正式开通,福建师范大学开始向菲律宾高校华文学会所属的52个成员校开展华文远程网络教育,这是我国首条跨国华文远程教育网络。据不完全统计,欧美、新加坡等国的汉语教学站点已经有37个,台湾地区的汉语教学站点已达13个。

利用高科技手段进行远程教学具有很大的潜力,有利于资源共享,可以有效地解决华文师资缺乏的难题。华文教师掌握计算机网络的使用、网络信息发布与下载等技术,可以有效地扩大教学的空间和时间,共享网络上丰富的信息资源。华文教师要学习计算机网络的使用、网上信息的下载,有条件的教师还可学习网页设计以及网上教学信息的开发、网络教学模式等方面的知识。

**思考和练习**

1. 与一般汉语教师相比,华文教师在知识储备上有哪些特殊要求?
2. 为什么说政策水平是华文教师素质的一个重要方面?谈谈你的看法。
3. 谈谈现代技术手段给华文教学带来的影响和变革。

## 第二节 华文教师应具备的教学能力和教学理念

### 一、教学能力

教学能力是教师素质结构的重要组成部分,是指教师运用特定教材从事教学活动、完成教学任务的能力。知识不等于能力,知识丰富并不一定教学能力就强,高文凭、高学历的教师并不一定教学水平也高。相反,有些教师在专业知识上有所欠缺,从专业的角度看,学问不够深,但是他们上课却较受学生欢迎,教学效果也相当好,其原因就在于这些教师在教学能力上胜人一筹,一定程度上弥补了知识结构上的不足。

语言教学能力包括承担多种类型教学任务的能力、掌握和运用教材的能力、课堂教学过程的设计能力、因材施教的能力、选择和运用语言教学方法的能力、课堂教学的组织管理能力、语言测试的能力,等等。语言教学能力的培养有赖于语言教学实践,微格教学培训、观摩优秀教学能在短期内使教师的课堂教学能力有一定的提升,但要全面提高教师的整体教学能力,最终还是要在语言教学实践中,通过长期的、有意识的、有针对性的摸索、研究、总结,才有可能实现。对于华文教师来说,以下几个方面的教学能力尤为重要。

(一) 承担多种类型教学任务的能力

一个完整的语言教学过程和全部教学活动可概括为教学设计、教材编写

(或选择)、课堂教学和测试四大环节,海外华文学校中长于教学设计、教材编写和语言测试的专门人才相对缺乏,因此一位优秀的华文教师,除了能胜任课堂教学之外,也应有能力完成其他三个环节的教学活动。就课堂教学而言,华文教师也应该是多面手,要能承担不同层次、不同课型的教学任务。海外大部分开设中文课程的学校师资都较紧张,教师分工不具备细化的条件,很多学校的华文课程类型又多,既有语言课,又有文化课,语言课又有初、中、高各个程度的综合课、听说课、写作课等,任课教师往往要同时担任几门不同的课程。

### (二) 掌握和运用教材的能力

具备驾驭教材和运用教材的能力,是语言教师最基本的教学能力之一。在确定教材以后,教师就必须认真研究教材,领会教材编写者的意图和教材的编写体系,理解教材的特点,把握教材的重点、难点和语言知识点,为备课、设计课堂教学过程作准备。正如前面已经说过的那样,目前海外的华文教材在数量和质量上都还不尽如人意,因此华文教师要学会创造性地使用教材,要根据教学目标、学生情况(年龄特点、知识水平等)对教材内容进行创造性再处理,比如适当调整课文编排的顺序,适当删改、增补教材中的相关内容等。即使是很一般的教材,如果教师处理得当,运用得好,也能达到很好的教学效果。

### (三) 课堂教学过程的设计能力

华文教材一般只提供语言教学的素材,包括生词部分、课文部分、针对课文的词语注释或语法注释、练习部分等,并没有统一的课堂操作程序。在吃透教材的基础上,教师要对每一节课的教学过程进行周密的设计,分几个教学环节,每个教学环节分哪几个具体的教学步骤,每个教学步骤如何展开等,都必须精心设计。新的语言点怎样导入,生词教学怎样进行,怎样带领学生进行技能操练等等,也都大有讲究,这些都直接关系到课堂教学效果。有的华文教师在教学上带有一定的盲目性,不具备科学程式,有的甚至只知道带领学生"读书",先读生词,再读课文,最后读练习答案,其教学效果可想而知。通常说语言课堂教学是一门艺术,是创造性的劳动,主要就体现在课堂教学过程的"设计"上。使用同样的教材,教同一课书,不同的教师表现出的教学水平和教学效果差异悬殊,很大程度上取决于"设计"能力的高低。

### (四) 因材施教的能力

因材施教是指从教学对象的实际出发,根据学生的不同特点,采取不同的方法,进行有的放矢的教学。华裔学生大多从小生活在华人社区,中华文化背景和华语环境的影响使他们在学习上的表现跟非华裔学生有很大的区别,教华裔学生和教非华裔学生情形可能完全不同,华文教师要认真分析华裔学生的特点,充分发挥华裔学生在华语学习上的优势。

另外,前面已经说过,同样是华裔学生,情况又千差万别,拿语言背景来说,有的家庭的语言环境是汉语标准语,有的家庭的语言环境是粤语、闽南话、客家话等汉语方言,还有的则完全没有汉语背景。进一步考查学生在文化程度、性格特征、兴趣爱好、语言学习能力、华语学习动机等方面的差异,就会发现情况非常复杂,以上这些因素都会影响学生学习华语的特点和难点。华文教师必须针对学生的个性特点,采取定向导学的方式,因人而异地进行教学,不能用同一种教学模式去适应条件迥异的学生。即使是班级教学,教师在按统一的教学计划针对学生的共同特征进行教学的同时,也要尽可能根据学生个体差异采取一定的灵活措施,让每个学生都能在自身的基础上得到充分的发展。例如,对不善口头表达的学生,要多给他们开口的机会,有目的地训练其口语表达能力;对语言学习能力强,但学习不够刻苦勤奋的学生,要多给他们难度稍大的作业,并提出严格的学习要求;对学习困难的学生,则要多给予特殊的关注,多加鼓励,避免挫伤其学习积极性。

### (五) 课堂教学的组织管理能力

课堂教学是华文教学的主要教学形式,课堂教学的组织管理能力也是华文教师的基本功。在海外,有的华文教师长期从事家教,善于给学生辅导、补课,但是一上讲台,教学效果就大打折扣,原因在于他们缺乏组织课堂的能力。

缺乏课堂管理能力有不同的表现:有的是对课堂疏于管理,导致课堂秩序混乱乃至失控;有的是欠缺应变能力,不能很好地处置课堂突发事件;还有的则是过分强调课堂纪律,使课堂变得死气沉沉,不能为语言教学提供一个和谐的教学环境。

一般来说,低龄学生的自我控制能力相对差些,课堂纪律方面的问题比较多,"开小差"、做小动作、交头接耳、吃零食、打瞌睡、与同学发生争执、故意干扰教学等现象时有发生。教师应巧妙地利用目光、表情、暗示、停顿、提问点拨、动作等各种手段,在不影响教学活动正常进行的前提下,解决个别学生注意力分散的问题。但是语言教学的课堂也不能过分严格地强调纪律,前面讲过,很多学生本来就有"汉语难学"的看法,而语言学习又不可避免地要进行大量的模仿、重复、记忆等操练活动,容易使人感到单调枯燥,如果课堂气氛过于严肃、沉闷,势必会影响学生的学习积极性——教学秩序是井然了,却同样不能高质量地完成教学任务。对于课堂上突然发生的意外情况,教师要通过随机应变机智地加以引导,对偶发事件及时作出正确的判断,并采取有效的措施加以解决,使课堂教学顺利进行。教师在保持课堂教学连贯性的基础上,要具有一心多用、明察秋毫的本领,随时注意学生的反馈信息,必要时可相应调整教学内容,不必受原有教案的约束。如果碰到突发情况仍按部就班照原计划进行课堂教学,也不可能取得好的教学效果。

## 二、教学理念

教学理念是人们对教学和学习活动内在规律的认识的集中体现,同时也是人们对教学活动的看法和持有的基本态度和观念,是人们从事教学活动的信念。教学理念很重要,因为它是教师从事教学活动的指导思想和行动指南。有什么样的教学理念就会有什么样的教学行为,正确的理念导致正确的行为,错误的理念导致错误的行为,教学行为受教学理念支配。

教学理念有"大"、"小"之分,"大"的教学理念包含了教师对学生、学习、教学活动等总的看法,也包含了教师对所教学科的看法,比如对华文教学的性质的认识,是母语教学还是第二语言教学?是语言教学还是语文教学?是语言教学还是语言教育?等等。这种理念摆脱了具体的一时、一事、个别情景的复杂性,是总的、一般的看法。有些人可能不知道怎样去进行具体的教学活动,但他可以谈他对华文教学的看法、观点,也就是说他有理论。"小"的教学理念是操作层面的,是教师具体实施自己的教学行为的直接的行动指南。例如"精讲活练"、"经常变换教学方法"、"尽可能少用媒介语"、"多正面鼓励、少负面批评"、"讲解语法点少用语法术语"、"在交际中学习语言"、"在活动中学习语言"等等,这些关于语言教学的教学理念都是特定的教学理论的具体化和实践化,直接影响着信奉这些理念的教师的教学活动。

是否具有正确的华文教学理念是华文教师是否成熟的重要标志。教师的教学理念跟他所掌握的教学理论知识有关,以一定的教学理论为基础。目前较为普遍的现象是,工作在华文教学第一线的教师很多都没有学习过语言教学理论方面的知识,加上受各种主客观条件的限制,他们参加理论进修和进行学术交流的机会较少,因此他们对教学理论还比较陌生,在教学工作中也就缺少明确的教学理念意识,所进行的还是"经验式"教学,且带有很大的随意性。教学理念的缺失直接影响了其教学实践水平的发挥和华文教学的质量。以下简要介绍几条语言教学界普遍接受、华文教师有必要了解和贯彻的教学理念:

(一) 以学习者为中心

讨论教和学的关系、探索以学习者为中心、满足学习者需求的语言教学方式和方法是近二十年语言教学理论和实践研究的一大潮流。"以学生为中心、以教师为主导"也已经被作为对外汉语教学的一条重要教学原则而提出来。可惜的是,在华文教学的课堂实践中,"以教师为中心"还不是个别现象,很多老师尤其是老教师,还是习惯于"先生讲,学生听"的上课模式。华裔学生性格又大多比较内向、沉静、害羞、敏感,不如西方人那样勇于发表自己的见解,在课堂上也表现得不太主动,因此,有些华文教师几乎是自己一个人包揽了整个课堂活动,即使有少量让学生参与的语言操练,也是完全在教师的控制下进行的,这种缺乏"互动"的语言交流、缺乏语言实践的课堂,使语言教学失去了原有的自然属性和生命活力,影响了学生对语言的感受、体验、掌握和应用,影响了学生语言综合运用能力的提高。

"以学习者为中心",就必须重视满足学生的学习需求。教学前要评估学习者的华语水平,从学生的特点和需要出发,制订课程计划、教学大纲并确定教学内容、教材和教学方法。在教学过程中,尽可能按期要求学生填写学习反馈表,从中了解学生的学习动向、要求,不断调整教学内容。只有这样,才能保证学生学习的内容是真实而实用的,让学生"学以致用",使他们学得投入,学得富有成效。满足学习者的需求，还要求教师不应简单地把学生看成语言学习者，而要首先看到他们是特定群体中的独立个体，要洞察他们的内心期望，了解他们的学习和生活经历以及他们的学习风格和喜好，将他们的经历和学习过程有机地结合起来，使华文学习更有针对性。

强调"以学生为中心"的同时，也要充分发挥教师的主导作用，教师虽然不是教学活动的主体，但仍起主导作用。学生是"学习的参与者"，而教师是"学习的组织者和帮助者"。教师在课堂上要善于组织、激励、示范、指导学生，可以通过组织课堂小组活动等形式，最大限度地调动学生参与，培养学生合作学习、自主学习的能力和培养学生运用华语进行交际的能力。有些华文教师对小组活动的作用和有效性心存怀疑，他们担心学生的语言错误会相互影响，还担心学生会借机用第一语言交谈。再加上限于师资条件，很多地区的华文课堂班级大、学生人数多，组织小组活动比较困难。因此，小组活动这一教学活动形式在华文课堂里运用得不多。研究表明，尽管小组活动可能有一些负面的影响（例如控制管理课堂的难度增大），但学生在小组活动中使用华语的数量仍比以教师为中心的教学活动中使用华语的数量要多得多，且学生并不会互相学习彼此的语言错误。我们完全可以打消顾虑，充分利用课堂小组活动这一教学活动形式，给学生提供更多的参与学习的机会。

以"学习者为中心"的教学理念和传统的以"教师为中心"的教学理念的根本区别在于前者强调学生的参与，让学生主动学习语言，而后者着重于教师向学生呈现、灌输语言信息。在前者的学习中，学生的学习过程充满情趣，能充分调动学生的主动性和积极性，学习者互相配合、互相交流的技巧和能力也能得到很好的培养和锻炼。而在后者的学习中，学生被动地接受信息，学习过程枯燥、乏味，影响了学生的学习兴趣和欲望，学生也得不到语言交际能力的锻炼。

当然，以学生为中心也不是让学生牵着鼻子走。一些成人学习者常有自己的学习观念，华文教师应学会统一协调，把教学工作做好。

**（二）采用正面的、肯定的教学态度和方式**

比较起来，华裔学生一般性格内向一些，在回答老师提问、参与课堂活动等方面积极性不够,但出于正常的心理需要,他们也都希望能在课堂上获得老师的表扬。另一方面,华裔学生又比西方学生更"爱面子",更怕当众挨老师的批评。我们做过一个有趣的小实验,在初级语音教学阶段,教师在课堂上发现学生的语音错误后即时予以纠正,并且当面说出"念错了"、"又错了"、"这个音你发得不对"等评语,结果几堂课下来,华裔学生就不愿开口了,而西方学生则几乎不受影响,而且似乎还很热衷于这样的纠音,不愿放弃任何"说"的机会。

因此,根据华裔学生的心理特点,华文教师在教学中很有必要突出"采用正面的、肯定的教学态度和方式"这一教学理念。实践证明,在积极的、肯定的课堂教学氛围中,学生会学得更好。学生在课堂上不敢尝试、不敢开口则非常不利于语言学习。对于很多学生(尤其是低龄学生)来说,教师的表扬或批评会直接影响其学习动机,如果学生在课堂中多次受到负面评价,就会形成胆怯退缩心理,从而失去学好汉语的信心和兴趣。

学生的学习成就感常常来自教师的评价,所以教师要认真对待评价的方式和方法。要重视学生的学习过程和学习态度,而非一味地强调学习结果。评价要及时,且以正面激励为主,要不断肯定学生的点滴进步,注意保护和激发学生的学习兴趣,切忌讽刺、挖苦,切忌伤害学生的自尊心。学生只要坚持学习,每一天都会有进步,只不过因能力及方法的差异导致进步的幅度各不相同而已。因此教师不应以少数天资好、语言学习能力强的学生的成绩为标准,来影响大多数学生的学习成就感,应该让学生认识到只要付出努力,就一定会有所进步,帮助学生树立能够学好华语的自信心。

激励的方式可以多种多样,可以是口头表扬,在课堂上对学生正确、及时的学习反馈进行表扬评价,如"很好"、"说得真不错"、"你的回答很有意思"等等,让学生获得直接的成就感,提高他们学习的积极性。也可以是课后个别谈话,关注学生在学习过程中的发展和变化,通过个别谈话对个别学生短期内的学习表现首先进行肯定,并帮助进行合理分析,提出改进建议,激发学生的进取心。还可以在批改作业时给作业优秀或有很大进步的学生写上鼓励性评语和建议,这种书面的沟通,哪怕只是寥寥数语,如"好!""很好!""有进步!""继续努力!"等,也能让学生体会到教师的关心,从而提高学习积极性和学习效率。另外,一定的奖励措施也有助于学生提高学习兴趣,例如,组织学生乐于参与的跟华语学习有关的竞赛活动,给获胜者以一定物质奖励,像华语词典、华文读物或者文具等等,最好再发一个奖励证书,这样能大大激发学生学习华语的热情。

有些教师很喜欢在课堂上纠正学生的语言错误,几乎是"有错必纠",学生说话时某个字念得不标准,或者某句话有语病,马上就打断学生的话进行纠错,这种做法显然与我们提倡的教学理念不符,一出现错误就把学生的话打断,会影响学生的学习信心和练习说话的积极性。实际上,从语言教学尤其是从口语教学的角度看,学生的尝试性错误是值得鼓励的,李阳疯狂英语提出的口号"The more mistakes you make, the more progress you make(错得越多,进步得越快)"值得借鉴。因此关于纠错,正确的做法是有重点、有选择地纠正那些学生常犯的带有普遍性的错误(以书面错误为主),同时要注意纠错的方式和态度,向学生个人指出错误时要避免使用诸如"你怎么又错了"等易伤学生自尊的否定性评价语。尤其在口语和写作的初级阶段,特别要注意"准确性"和"流利性"的平衡,不要过多地纠缠学生的语法错误,而应以积极的、肯定的态度保护学生的学习兴趣,促进学生的学习欲望,增强学生的学习信心和勇气。

### (三) 在交际中学习语言

语言是人类最重要的交际工具。人类学习语言的目的就在于运用,即用语言去交际。华裔学生学习华文,首先还是要学会用华语表达自己的思想并与他人交流。语言作为交际工具的本质特点以及学习者本身对语言学习所提出的要求,决定了华文教学的直接的、核心的目的是培养学生运用华语进行交际的能力。

语言交际能力不等同于语言能力。语言能力包括语言知识(文字、语音、词汇、语法)和听说读写的基本技能,它是语言交际能力的基础,但不是全部。语言交际能力是在语言能力基础上的多种能力的综合运用。要获得语言交际能力,除了掌握语言知识和语言基本技能以外,还必须掌握语用规则、话语规则和交际策略以及相关的交际文化等。语言能力保证语言的正确性,语言交际能力不仅要求语言的正确性，还要求语言的得体性，即在特定的语言环境中恰当地使用语言。华文教学的主要目的是培养华裔学生在华语环境中运用华语进行交际的能力，而不是让学生掌握汉语的语言知识和一定的听说读写技能。华文教师应该在这一点上达成共识，并在具体的教学过程中，贯彻"在交际中学习语言"的教学理念，把华文教学从知识讲授和语言技能训练转移到交际能力培养的轨道上。

跟过去相比，目前华文教学在规模不断扩大的同时，教学质量也在逐步提高，但是应该看到，仍有很多华文教师在教学中过分重视语言知识、语言技能而忽视华语交际能力的培养。上课时教师以自己为中心，教师讲，学生听；教师问，学生答。这种"满堂灌"的教学方式剥夺了学生用华语表达思想的机会，学生往往把注意力放在语言知识的学习上，或者是完全脱离实际的语言技能（听、说、读、写）的训练上。这样教出来的学生，有的能背诵许多文章，也能解释很多词语，甚至能分析一些句子的语法结构，但却不能清楚地用华语说出自己想说的话语，不能用华文写出自己想写的文章；也有的可以看懂华文报刊上的一些内容，也能听懂华语广播的一些内容，但却应付不了日常的汉语交际。"高分低能"的现象在华文教学中并不少见。这与教师的教学思路有关，也有学生方面的因素：华裔学生比较勤奋，上课喜欢记笔记，长于记忆、背诵，语言知识和语言技能的掌握较扎实，但却很少主动开口说汉语，在课后与同学、朋友的交际中喜欢使用本国语言，缺乏将华语语言能力转化为华语交际能力的实践性条件。语言是通过交际而习得的，也只有通过交际才能发展巩固。

那么，如何贯彻"在交际中学习语言"的教学理念来培养学生的华语交际能力呢？

首先要把交际引入课堂，让学生在课堂上除了学习语言知识、进行听说读写的语言技能训练之外，还要有足够的语言交际能力训练的时间和机会。华文课堂应创设尽可能真实的模拟交际情景，为学生制造各种条件和机会用华语表达自己的思想，让学生在尽可能真实的华语环境中学习华语。让学生完成一些经过精心设计的交际任务是非常有效的交际训练方法,它容易引起学生参与的兴趣,使学生有讲话的欲望和需要,这样,学生就能在交际活动中积极主动地用华语进行交际,从而真正地掌握华语。

为了在一定程度上把课堂教学活动变成一种交际活动,需要创造一种接近于真实交际的环境和气氛。有些教师在这方面作了有益的尝试,例如把课桌排成圆形或马蹄形,便于营造一种轻松愉快的"讨论"式的气氛,使教师置身于学生当中,与学生打成一片,这不仅利于师生之间的相互对话,而且教室中央留有空地,为学生提供了一个进行模拟交际活动的舞台。

其次要充分利用课外语言实践活动来培养学生的华语交际能力。课外语言实践活动是课堂教学的延伸和必要补充,在培养语言交际能力的体系中占有很重要的地位。海外华文教学普遍存在课时少的问题,很多学校的华文课程每周只有4节,有的甚至只有2节,而要达到华文教学的教学目的,只靠这有限的课堂教学时间是远远不够的。我们要把课下大量的时间利用起来组织第二课堂,这是帮助学生掌握华语、培养交际能力的一个重要辅助手段。

各种形式的讨论会、演讲比赛、作文比赛、"汉语角"、汉语节目表演、听广播、看录像、夏令营、"寻根之旅"、参观工厂、农村、学校、名胜古迹等都是语言实践活动的内容。在中国学习的学生可以直接走进中国社会,接触实际生活。在海外接受华文教学的也应该在课后融入华人社区,力所能及地参加一些华人社区活动,面对活的华语语言环境,和各类人进行全方位的语言交际能力的实践。

**思考和练习**

1. 华文教师的教学能力主要体现在哪些方面?

2. 除了本节介绍的教学理念以外,你认为还有哪些教学理念值得我们华文教师注意并在工作中贯彻?

3. 就如何有效地培养华裔学生的华语交际能力谈谈你个人的看法。

## 第三节　华文教师的自我提高及发展

### 一、在教学实践中提高解决实际问题的能力是教师自我提高的有效途径

华文教师除了具备必要的知识和技能、教学能力、教学理念外,还应不断提高解决实际问题的能力。由于主客观条件各不相同,具体到个人,华文教师在工作中遇到的问题和困难是多种多样的。这些问题与困难有的与工作环境、工作条件(如教学资源、教材问题)要关,有的直接与教学相关。有些问题带有普遍性,是多数教师都会遇到的。在教学实践中,积极发现问题并努力寻找、研究解决问题的办法是教师自我提高的有效途径。近年来到国内参加师资培训的华文教师不断增多,许多教师在学习培训课程的同时,也提出了一些让他们深感头疼的问题,迫切希望得到解答。我们通过调查,归纳出有代表性的几个问题,以下针对这些问题进行探讨,希望能给工作在教学第一线的和将要从事华文教学工作的教师提供参考,帮助他们提高解决实际问题的能力。

(一) 如何提高学生的学习兴趣问题

兴趣是最好的老师。对于语言学习者来说,兴趣能不断增强学习的动力,促进语言知识和语言技能的获得。学生自己感兴趣,学起语言来也就轻松、无负担。但让人担忧的是,现在东南亚国家很多新一代的华人对自己的母语不感兴趣,缺乏学习动机,不会华语也不愿学华语的"香蕉人"数量并不少。有些孩子接受华文教育并不是自己的选择,而是受他们父辈的影响,年长华人多数仍维持传统的乡土观念,希望下一代永远保有传统的语文,所以重视母语教育。新一代华人缺乏学习华语的兴趣有多方面的原因,跟海外华语的地位和使用价值有关,也跟他们主观感觉华语的"难学"有关。跟学习其他第二语言相比,很多学习者认为华语要难得多,比如语音中的四声、语法中的虚词以及汉字的认读与书写,都是让学习者普遍感到头疼的难点,容易挫伤学习者的学

习积极性。作为华文教师,如果能通过改进自己的教学,增强华文学习的趣味性,让青少年华裔学生能在轻松愉快的环境中学习华文,使他们乐于学习华文,那将是华文教学的极大成功。

彭小川从三方面探讨了如何提高华裔子弟学习华文的兴趣。[①] 她认为,首先必须降低学生学习华文的难度,让学生听得明白,学得轻松。只有变难学为易学,学生才会变惧学厌学为爱学好学。为降低学习难度,华文教师在教学内容上,要根据实际情况和知识本身的特点,善于取舍。例如,教授汉语拼音,翘舌音(zh/ch/sh)和平舌音(z/c/s)的教学是难点,声调的教学也是难点,但要看到海外华语对平翘舌音的区分并不严格,而且即使是中国人,也有不少是不分平翘舌音的,实际上这对交际并无太大的影响。而声调则不同,如果声调不准确,便会给人洋腔洋调的感觉,且在很大程度上会影响交际,因此两者相比,后者应是重点,该多花力气去教好它,前者则可视情况灵活处理。为降低学习难度,还有一点很重要,就是必须贯彻深入浅出的原则,在讲授上,力求准确浅显,分化难点。

其次,要提高学生的学习兴趣,就要让学生学得生动活泼。要寓教于乐,注意教学的灵活性、生动性、趣味性,并努力增强教学语言的感染力。教师在课堂上要善于设疑,激起学生的求知欲望,还应善用风趣幽默的教学语言,活用各种教学技巧,在教学过程中培养学生的愉悦感、成功感,变被动学习为主动学习,使学习的过程充满快乐和创造。

再次,还必须增强教学的实效性,让学生看得到自己的进步。教师要有意识地在课上课下多表扬、激励学生,让学生意识到自己的进步,如果学生看到自己的汉语水平提高得比较快,学习的信心必然大增,学习的兴趣便会随之浓厚起来。

在实践上,有条件的教学单位,还可以通过文化教学和文化活动来激发华裔学生学习华文的兴趣,借助文化的吸引力,激发学生学习华文的动力。华裔学生多数家中有中华文化的背景,比如有欢度中国传统节日的习惯,有吃中国

---

① 参见彭小川《如何提高华裔子弟学习华文的兴趣》,《暨南大学华文学院学报》2002年第1期。

饭菜、唱中国歌曲、看中国影视的习惯,有对中华文化耳濡目染的经历等等。同时,他们对中华文化又有着一致的趋同感,有希望了解、传承中华文化的"情结"。在华文教学中,如果将语言教学与文化教学相结合,可以起到相互促进的作用。暨南大学华文学院、北京华文学院、华侨大学等学校在这方面取得了很好的成效。这些学校通过开设中国历史、中国概况、旅游地理、中国民乐、中国画、中国书法、手工艺制作、唱歌学汉语等种类丰富的文化课程,以及融旅游观光和语言文化教学、民族文化教育于一体的"游教",使很多原来奉父母之命来学习中文的华裔学生,产生了"一定要把中文学好"的意识,提高了学习效果。

(二) 汉字教学问题

跟欧美学生相比,华裔学生在掌握汉字方面总的来说要好一些,这可能跟他们拥有所谓的"中华文化基因"(不少学生有汉语方言基础,在学习华文之前或多或少接触过汉字)、强烈的学习动机和正确的学习策略有关;但有数据显示,即使是华裔学生,最怕的也是汉字。他们已经掌握的第一语言的文字多为字母拼音文字,由横、竖、撇、捺、点、钩、提、折等笔画多向组合而成的方块字与由二三十个字母按一定规律单向线性排列而成的拼音文字存在着巨大的差异,大部分初学学生对此感到非常困惑。部分国家和地区的华文教材采用的是繁体字,这给学生带来的学习困难就更大了。

从教学方面来看,汉字教学也是较为薄弱的环节。直接从事教学的华文教师,不少对汉字和汉字教学还有一些模糊的认识,教法也存在一些问题。汉字教学在华文教学中的重要地位没有得到应有的重视。在教学安排上,汉字教学一直处于附属地位,大多没有专门的汉字课,也缺少专门的汉字教材。教哪些汉字、怎么教都存在着很大的任意性和盲目性,基本上是"随文识字",课文中出什么生字,就教什么生字,教法往往是带领学生一笔一画地写一遍就算完事,很少考虑到汉字教学所应遵循的规律。学生靠死记硬背一个一个地去掌握汉字,产生畏难情绪是必然的。从教学效果上看,汉字教学在整个语言教学中明显滞后,学过一两年华文的学生中,有相当一部分在书面交际方面几乎是文盲或半文盲,只会认读不会书写。如何改变这种现状,值得每一位华文教师去思考、去探索。

首先,要高度重视汉字教学,认识到汉字教学对华文整体教学有极大的促进作用。有条件的应当单独开设汉字课,使用独立的汉字教材,按照汉字自身的规律教汉字,让学生在学习汉字的过程中掌握汉字的规律,培养汉字自学能力。汉字课的教学目的有二:一是让学生学会使用一定数量的汉字;二是让学生理解和掌握汉字的结构特点、表音表意的关系和汉字体现的系统性知识,了解汉字与汉语的关系,形成汉字自学能力。[1] 如果课时有限,无法单独开设汉字课,那至少要在综合课中进一步增加汉字教学的内容,注意华文教学听、说、读、写四种能力的平衡发展。在综合课教学中要有汉字教学这一环节,科学安排识字顺序,加强字词教学的结合,调动一切认知手段,通过多种多样的汉字练习来帮助学生识记汉字。

其次,要把握好汉字教学的教学内容和各个阶段的教学重点。汉字教学宜贯穿于华文教学的始终,但各个阶段的教学要有所侧重。初学阶段是汉字教学的关键。实践证明,对多数学生来说,汉字难主要表现为开头难,只要先学好一定数量的汉字,往后就会越学越容易。因此汉字教学的关键是开头要开好,学生如果在初学阶段、初级阶段不对汉字给予足够的重视,不打好基础,会严重影响今后的学习及华文整体水平的提高。初级阶段重点要让学生掌握笔画、笔顺规则,认识汉字的规律,掌握汉字的书写方法和学习方法,逐渐引发学生学习汉字的兴趣,并扎扎实实地学好一定数量的常用字和常用构字部件。到了中级阶段,学生在掌握了汉字的基本规律并识记了一定数量的使用频率高的汉字的基础上,可把汉字教学与构词法结合起来,以汉字带动新词的学习。同时可以借助汉字文化及汉字学研究中的积极成果,将汉字与文化背景相联系,使汉字教学化难为易,增强教学情趣和效果,培养学生对汉字的稳定的兴趣。到了高级阶段,则可尝试开设初步的汉字学课,讲授较为系统的汉字知识,通过理论学习提高学生的汉字自学能力。至于汉字的教学量,一般都以

---

[1] 参见周健、尉万传《研究学习策略 改进汉字教学》,《暨南大学华文学院学报》2004年第1期。

中国国家语言文字工作委员会和国家教育委员会联合发布的《现代汉语常用字表》的 3500 个常用字和中国对外汉语教学学会编制的《汉语水平·汉字等级大纲》的 2905 个字为依据,认为汉字教学量在 2500 至 3000 为宜;但跟国内中小学学生的识字量相比,这样的汉字量偏少。而且根据最新的字频统计结果,以上两个字表在收字问题上都存在不足。[①] 合理的汉字教学量应在 3500 字左右,这 3500 个常用字是我们汉语组词的基本单元。当然,为了减轻学生的学习负担,可考虑把 2900 个常用字作为教学的重点(要求会念、会认、会写),把另外 600 个常用字作为次重点(要求会念、会认,不要求都会写),而对不常用的字,可少教或不教。

再次,要讲究汉字的教学方法,提高汉字教学的效率。如果教法单一,一味地要求学生跟着老师依样画葫芦,死记硬背笔画繁复的方块图形,将很容易使学生失去兴趣与信心。目前汉语教学界对汉字教学日益重视,汉字教学也是学界讨论的一个热点,涌现了许多质量较高的研究成果。以下是学者们根据汉字的特点和教学实践提出的汉字教学的原则和方法,可供我们华文教师参考。

1. 要科学安排汉字的教学顺序,贯彻由易到难的原则。先教笔画少的字,后教笔画多的字;先教独体字,后教合体字;先教结构简单的字,后教结构复杂的字。尽可能先教常用部件字,要使前字的习得成为后字的认知基础。

2. 要重视初始阶段的笔画和笔顺教学。这是基本功训练,任何结构的独体汉字或者部件最终都要落实到笔画上来,让学生认真学习汉字楷书的基本笔画,对于五种基本笔画以及由此派生的笔画之间的关系都应具体讲解,使其掌握正确的书写方法,并进行反复而严格的训练,让他们养成良好的书写习惯,为今后的学习打好基础。对笔顺规则也宜严格要求,因为只有按照一定笔顺规则书写,才能准确掌握汉字的结构。

3. 要重视部件教学。部件是组成汉字的常用的最小结构单位,它由若干笔画组成,形状固定。汉字中的绝大多数合体字具有可分性,利用部件来分析

---

① 参见刘建梅《对外汉语教学中的汉字教学研究》,2003 年博士论文。

汉字,不仅便于称说,更便于联想记忆。只要学生掌握好常用的数百个部件,就为以后学习更多的汉字打下了牢固的基础。每当教写带有新部件的汉字,要一笔一笔地展示新部件的笔画、笔顺以及笔画与笔画、部件与部件之间的正确位置和布局。

4. 要尽可能解释字义并适当介绍形、音、义结合的特点。对象形字、指事字、会意字、形声字可根据学生的理解能力适当作些说明,以便帮助理解和记忆。尤其是形声字,应是教学的重点(形声字是现代汉字构成的最主要方法),要告诉学生常见形旁("木"、"目"、"扌"、"疒"、"亻"等)的意义。

5. 注意常见错字、字形相近容易混淆之字的对比教学。一是正字和错字的对比,例如"图",很多学生把里边的两点写反了,成了撇点,再如"那",左边的部件很容易被写成"月"字,这些容易写错的字可以作正误对比。二是易混字的字形对比,如"吉"和"古"、"未"和"末"、"副"和"幅"等,初学者常常不易分辨,教师应对其进行结构、字义和用法方面的对比。

6. 在教学过程中要注意灵活运用多种教学手段,使汉字知识变得生动、形象、直观。比如,可以通过各种教具,如卡片、字块、幻灯、实物、图表、挂图、录像等,增强汉字教学的直观性。有条件的还可引入多媒体进行汉字教学,利用多媒体汉字教学软件,形声并举、音像同步地进行汉字教学。

7. 不能忽视汉字的课堂练习与课外作业。汉字练习是帮助学生理解、巩固和记忆汉字的重要一环。传统的汉字练习如描摹、临写、抄写、听写、默写、根据拼音写汉字、偏旁组字等,内容和方式都比较单调,教师可多设计一些类型丰富多样且内容具有挑战性和趣味性的练习(如部件配搭组字、变换偏旁造字、依据字形特点提示猜字等),保持学生做练习的兴趣,提高练习的效果。

(三)语法教学问题

华文教师要不要在教学中讲语法知识,学术界有不同的看法,我们认为不能一概而论,应视具体情况而定。一般来说,幼儿(包括小学)华文教学不必教语法知识。研究表明,人脑中的确存在着一种特殊的语言能力,这种能力在特定的年龄阶段(幼儿阶段)表现尤为突出,体现在对语音的识别、语法规则的推断和联想上。而且幼儿模仿能力、短时记忆能力都特别强,不需要正规的语法学习,靠大量的听、读、记、诵就能习得华文语法。对那些有家庭语言背景,已经会说华语,具有华语语感,而把华文作为第二语文来学的学生,也没必要进行语法知识教学,应把重点放在识字认读和华文写作能力的培养上。

但是在学生大多是成年人或接近成年人,且以华文作为第二语言来学习的情况下,把语法教学引进课堂是很有必要的。这些学生主要是从课堂上通过正规教育有意识地学习华文,在这个过程中,掌握一些语法规律、规则,对他们理解汉语,生成合乎语法规范的汉语句子,有着不可忽视的指导作用。

自20世纪70年代交际教学法产生以来,以 Krashen 为代表的第二语言习得研究者认为语法教学不起作用,公开排斥语法教学在外语教学中的地位,语法教学曾一度在部分二语课堂消失。可是后来大量课堂教学的实证研究证明,课堂内的语法教学极大地影响第二语言的习得。成年第二语言学习者具有较强的认知能力、逻辑思维能力,较系统的知识结构和分析问题、解决问题的能力,在学习过程中能够利用这些能力去分析推断语言的规律。当注意到语言中的某一特别项目时,他们往往会形成假设,并根据新的语言输入不断地验证假设,而通过语法学习获得的语法知识能够帮助他们证实对目的语语法的不自觉的假设。因此,对于这些学生来说,语法教学能够帮助他们更好地掌握语言,提高二语水平。语法教学的地位是重要的,不是该不该教的问题,而是教什么和怎么教的问题。

关于教什么,首先要明确的是我们并不是要教给学生系统的汉语语法知识,不能在课堂上大讲语法术语和语法规则。我们要讲的语法知识就在语言材料之中。语法教学是在词语教学、课文教学和课堂交际活动中进行的。语法教学也不仅限于语言的结构形式及其规则的教学,还应包括语言形式的表义功能,语言形式运用的条件和限制,乃至语言形式使用方面的文化规约等内容。以为讲语法就是给学生讲"主、谓、宾、定、状、补"等句子成分,讲汉语句型和句式,这样的认识是片面的、错误的。

有些华文教材并没有专列语法点的教学内容,这并不等于没有语法可教或不需要教语法,只要有课文,就有语法,语法就在课文中。华文教师必须具有发现课文中需要讲授的语法点的能力。这就要求教师一方面要熟悉华文教学的教学语法体系,掌握常见的语法项目,另一方面要对学生已经掌握的语言有所了解,通过语言对比推知学生的学习难点。华文教学中需要着重教的语法点主要有两类。一是汉语和学生的母语有比较大的差异,学生又容易错的语法点。比如在印尼语中,定语在名词中心语的后面,与汉语相反。对这些语法现象,教师要善于通过对比的方式揭示它们的差异。二是虚词。汉语的虚词非常丰富,是非常重要的语法手段,也是第二语言学习者学习汉语的主要难点所在,外国学生的病句多数与误用虚词有关。我们有必要强化虚词教学,突出虚词学习难点。常用的、重要的虚词应一个一个讲,如介词"把"、"被"、"比"、"在"、"对于"、"关于"、"往"、"向"等,动态助词"了"、"着"、"过",结构助词"的"、"地"、"得",以及语气词等,都应成为语法教学的重点。

　　需要强调的是,华文教学所教的语法是教学语法,不是理论语法;重在实用,不求深度。教师要善于用通俗易懂的语言去讲解抽象的语法规则,让学生在实际运用中潜移默化地掌握语法规则。同时,虽然在二语课堂上讲授一定的语法知识是必要的,但是语法教学不应占据语言教学的中心地位,不应成为语言教学的主要内容。也就是说,不能为了讲语法而讲语法,而应重视语法的交际功能,重视语法的实际应用,使学生通过必要的语法学习,正确地理解、使用华语,从而提高华语文交际能力。

　　至于怎么教语法,国内外许多学者曾发表过意见。

　　陆俭明强调:(1)在初级阶段必须坚持随机教学,同时到一定阶段适当进行带总结性的、又有一定针对性的"巩固基础语法"教学;(2)必须采取点拨式教学法,不要大讲语法,特别是不要一条一条地大讲语法规则,而要善于点拨。[1]

　　李晓琪认为对外汉语语法教学必须与词汇教学密切结合。她提出:(1)建立以虚词为核心的词汇—语法教学模式;(2)筛选、突出实词难点,加强词语搭配的学习;(3)着眼语篇,在语法与语篇之间建立起有机的联系。[2]

---

[1] 参见陆俭明《对外汉语教学中的语法教学》,《语言教学与研究》2000 年第 3 期。
[2] 参见李晓琪《关于建立词汇—语法教学模式的思考》,《语言教学与研究》2004 年第 1 期。

吴勇毅则把"语法词汇化"作为一种第二语言语法的教学方式和教学思路提出来,认为可以把语法现象、语法结构通过词汇教学的方式来进行,以词汇教学代替语法教学(语法说明),以词汇教学带动语法教学。①

卢福波认为,首先应对所教内容作浅化和简化处理,使之感性化、条理化、公式化、图文化。其次,应将对比或比较的方法贯彻教学的始终。最后,在语法教学中,应强调学生自识、自检的自主学习过程。② 在"新世纪对外汉语教学——海内外的互动与互补"学术演讲讨论会上(北京语言大学,2004年12月23日至25日),她进一步提出了对外汉语语法教学的基本环节与模式,认为对外汉语语法教学自始至终应贯彻有用、具体、实在、浅显的基本精神和原则。

周健等提出了语法教学的具体原则:(1)语法术语能少用尽量少用,初级阶段尤其如此;(2)语法点的教学要重视让学生体会并掌握其用法;(3)要注意分化难点。③

周小兵总结的语法教学的方法为:(1)情景化教学;(2)生成式教学;(3)对比教学。④

这些都可供我们在华文语法教学中参考。但是,跟其他教学内容的课堂教学一样,课堂语法教学也是一种创造性的活动,不一定要有固定的模式,而应根据不同的教学对象、不同的学习目的、不同的学习阶段,由教师发挥主观能动性,创造性地实施于教学之中。考虑到华文教学的特殊性,华语语法教学在语法条目的确定及教学顺序的编排上,应充分体现出自己的特色,要考虑到学生已学语言的情况,也要考虑到华裔学生的学习特点,不能完全照搬母语语法教学和汉语作为第二语言教学的语法教学。

(四)华文教学资源的有效利用问题

华文教材的现状是目前华文教学发展的一大瓶颈,海外普遍缺少有针对

---

① 参见吴勇毅《汉语作为第二语言语法教学的"语法词汇化"问题》,《暨南大学华文学院学报》2002年第4期。
② 参见卢福波《对外汉语教学语法的体系与方法问题》,《汉语学习》2002第2期。
③ 参见周健、彭小川、张军《汉语教学法研修教程》,人民教育出版社2004年版。
④ 参见周小兵、李海鸥《对外汉语教学入门》,中山大学出版社2004年版。

性的华文教材,正在用的教材也比较单一,且与教材相关的配套资料很少。仅凭华文老师自身的力量和一本教材远远不能满足需要。因此,如何有效利用华文教学资源是摆在许多华文教师面前的重要课题。

首先要充分开发教材资源,用好、用足教材资源。课堂教学是华文教学的主要形式,教材仍然是其主要课程资源,是教与学的重要依据。教师的首要任务是通过研究和分析,理解和掌握新教材的编写意图。华文课堂教学是师生开发利用教材资源的过程,只有充分开发教材资源,华文课堂才能焕发出生命的活力,达到语言(语文)教学的目标。

在开发教材资源的过程中,教师切忌"照本宣科",要在教学实践中创造性地使用教材,实现个性化的教与学。面对教科书,要与时俱进,变"教教材"为"用教材教"。教材只是学习语言的例子、载体,要让学生借助教材这个例子和载体而能举一反三,主动理解和体验,有所感悟和思考;通过对教材的学习,领悟到教材以外的东西,从而获得学习方法,形成学习能力,提高华语文综合素养。在课堂教学中,教师可根据学生实际对教材内容(包括练习题)大胆取舍,突出重点,强化实践。提倡在课堂上延伸教材内容,引导学生以教材为蓝本进行模仿创作、表演作品、改编课文,使学生创造性地开发教材资源,提高学生的华语文水平。

其次,要关注课外教学资源的开发和利用,以弥补教材资源的不足。教师可以通过录像、录音、复印等方式,从华文电视、电影、广播、报刊上收集一些与教学内容相关的题材,来充实、丰富课本内容。现实媒体的语言具有时代特点,更贴近学生的生活实际,易激发学生的学习兴趣。如果这些补充教学材料来源于海外华文媒体,会因其语言具有海外华语的特点,一定程度上解决教材"本地化"不足的问题。同时,华人社区、家庭中也有大量的与华文教学相关的课程资源,我们要让学生走出课堂和学校,广泛接触课外华文教学资源,开展综合性学习,以拓宽学生的学习空间,增加学生华语文实践的机会。应让学生走向社会,走向社区,走向自然去观察,去识字,去读春联,去品广告,去剪报贴画,去搜集资料,去寻找一切可以利用的华语文学习资源,去开展一切有利于学生语言(语文)学习的实践活动。

此外，有条件上网的教师，还应学会从互联网上获取华文教学资源。网络是一个神奇而广大的世界，"秀才不出门，而知天下事"这句古话在今天的互联网上得到了真正的体现。我们可以充分利用网上丰富多彩的华文教学资源，也可以通过网络与世界各地的华文教师进行交流，了解各地华文教研的动向，共享教学资料和科研成果。

网上的华文教学资源形式多样，主要有：(1) 教学软件。网上有许多供免费下载的华文教学软件，如汉语拼音学习软件、多媒体识字教学软件等，其中一些软件形象生动、引人入胜，是传统教学手段无法相比的，有利于调动学生的华文学习兴趣，提高教学效果。(2) 华语文教学课件和课件素材。课件下载后可直接拿来在课堂中使用，或者稍作修改，使之更适合自己的教学，图片、音频、视频材料等媒体素材则可用来制作课件。(3) 华语文教学参考资料，即教师可利用的教学相关资料，包括有关课文的分析资料、背景资料、练习测试及参考答案等等。(4) 教案。其他华文教师在网上发布的华文教学教案，可供教师备课时参考。(5) 网上华文教材、华文图书、字典等。(6) 网上中文数据库，如语料数据库、电子期刊数据库等。(7) 华语文教学经验总结。是华文教师在相关网站或论坛上撰写的关于华语文教学的经验交流文章。

教师可利用网上的搜索和查询工具（如"百度"、"雅虎"、"Google"等），通过关键词检索的方式快速地查找、下载以上各类资源。近几年，网上也出现了一些由政府部门、网络教育公司、教学科研机构或教师个人开发的华文教学类专业网站，这些专业类网站指导性强，资源比较全面，更新也比较快。华文教师可以经常登录这些华文教学类专业网站（参见本书附录二），寻找对自己有用的教学资源。

## 二、注重教学反思，加强理论研究是成长为高素质教师的重要环节

每一个教师都有一个成长的过程。新参加工作的华文教师，不可能在工作伊始就具备很高的教师素质。从初步具有华文教学的能力，到能胜任多种华文教学任务，再到教学艺术高超、受到特别欢迎和尊敬，教师的素质总是随着教龄的增长而逐渐提高。虽然华文教师的素质可以通过参加师资

培训来获得一定程度的提高,但由于华文教师的学历、经验、原有素质、能力各不相同,因此提高素质在很大程度上还要靠自学,要靠教师自我提高和发展来完成。

知识结构的不足可以通过"潜心攻读、深入思考"来完善。要了解自己已经具备的知识基础,它是继续学习的起点和基础;对照本教材对华文教师应具备的知识结构的要求(参看本章第一节),看自己在语言知识、文化知识和其他相关专业知识方面存在的不足之处,缺什么补什么;阅读相关书籍,查找相关文献,做笔记摘要,深入思考,消化吸收。总之,要通过坚持不懈、刻苦地自学,使自己掌握的专业知识体系和内容能满足所从事的华文教学工作的要求。

教学能力的提高则必须通过在教学实践中不断地摸索、反思、总结,才有可能实现。

教学反思在教师自我发展中具有重要的作用。华文教师可以综合运用多种方法对自己的教学活动进行反思,从而提高自身的教学能力。教学反思可分为教学前、教学中、教学后三种。教学前反思有利于对教学过程的合理设计,包括教学内容的难度和呈现方式、学生的现有水平、学生学习动机和兴趣的了解与激发等,主要根据是经验;教学中反思有利于教师及时、自动地调节自己的教学过程,包括教学步骤的顺序、学生的接受状况、教学方法的应用、师生互动、时间安排等,主要根据是学生的反馈信息;教学后反思有利于教学经验的理性化,包括对学生的学习表现和语言能力的发展进行评估,对教学的成功与失败进行分析等,主要根据是教学效果。

写教学后记是一种很有价值的教学反思手段。教师可以通过写教学后记的形式总结自己的教学经验。教学后记是对课堂教学过程的全面反思过程,其目的是在课后把一些想法记录下来供以后参考。记录的过程本身就是对教学的一个认识过程,从某种意义上来说,这一过程实际上是一种发现过程。发现自己的差距,提出改进意见,不断地提高教学效果。它不但有利于改进、优化教学工作,提高教学水平,还有利于强化教师的教研意识。常规化、自动化的教学反思能使教师不断提高自己的认知水平,不断改进教学行为,在提高华文教学效果的同时,也提高自己的教学能力。

除了教学自我反思,华文教师还应多从其他教师身上汲取教学经验。要经常性地进行学习性听课,特别是听优秀华文教师的授课过程。通过对照,及时发现自己教学中的问题。要善于吸纳他人的成功之处,并有效地融入自己的经验中。但绝不能盲目仿效,生搬硬套别人的经验。每个教师都有自己的个性、自己的教学风格。教学对象不同,教学上也必然有不同的特点。教师有必要将好的经验加以修正,使之适合自己的条件。

进行教学科研也是教师自我发展、自我提高的基本方法,华文教师应结合华文教学搞科研,通过科研提高教学水平。华文教学有自身的特殊性,且内部情况复杂,针对华文学习规律、华文教学规律的研究都还处于起步阶段,很多教学上迫切需要解决的理论问题,还没有可供应用的研究成果,因此华文教学研究有十分广阔的研究范围。工作在教学第一线的华文教师每天都在实践,有着丰富的教学实践经验和体会,最有资格来开展这方面的工作。教学实践与理论研究是相互促进的,带着教学实践中产生的问题去钻研理论,用理论研究的成果来解决实践中的问题,提高华文教学的质量——在这个过程中,华文教师自身的素质和能力自然也得到了提升。

**思考和练习**

1. 你认为语法教学在华文教学中应占据怎样的位置?华文语法教学的内容主要有哪些?

2. 为什么说在汉字教学中仅让学生"随文识字"是不够的?你认为怎样才能切实提高汉字教学的效率?

## 第四节 华文师资的培训

华文教学事业的发展有赖于华文教师队伍数量和质量的提升。在海外,尤其是在东南亚,由于历史的、政策的原因,华文教师人数短缺、年龄老化、青黄不接、素质偏低是普遍现象。如何解决这个问题?一是可以通过脱产学历教育,面向海内外培养对外汉语专业或华文教育专业的本科生、硕士生。这样做虽然质量有保证,但是专业人才的培养需要相当长的时间,且培养规模有限,短期内很难看到成效;二是专门针对海外学员开展函授教育,培养对外汉语专业或华文教育专业的专科生或本科生,这同样需要较长时间,且很难避免有些学员把学历文凭当目的去追求的功利性现象,培养质量较难保证;三是开展教师业务培训,通过短期业务培训使在职教师的教学水平有所提高,或者使具有相应条件的人员获得华文教学的能力和资格,扩大华文教师队伍。就目前的情况来看,第三种途径,即开展华文师资培训是较受欢迎、切实有效的办法。

## 一、来华华文师资的培训

中国国务院侨务办公室(国侨办)从 2000 年开始在全国设立了 20 多个"华文教育基地",大都设在高校或中等学校。这些学校承担了大部分来华华文师资的培训工作。国侨办每年都会不定期地组织有关国家的华文教师团来华进行短期进修,委托相关院校负责具体的培训工作。[①]例如,仅在 2005 年 3 月中旬至 4 月初,就有加拿大 B.C. 省中文协会中文教师团、泰国华文教师公会教师团、泰国民校协会教师团、泰国华文师范学院学生实习团、菲律宾棉兰佬岛华文教师团、菲律宾教育中心华文教师团等多个华文教师团,先后来到中国内地进修、交流。国侨办还依托各级地方侨办,因地制宜地开展针对毗邻或邻近国家的华文师资培训工作。如广东为印尼,广西为越南,云南为泰国、老挝等国,福建为菲律宾等国开展了一系列的来华师资培训活动。

另外,海外一些有经济条件的华人社团、华文教育基金会、华教机构等,也会不定期地自费组织华文教师团来国内进行短期访问和进修。

---

① 教育部和国家汉办也每年举办来华师资培训,组织国外汉语教师到国内有关院校参加短期汉语教学研修。不同的是,其培训对象不限于华人华侨教师,其中包括对外国汉语教师的培训,也包括对在外国居住的华人华侨汉语师资的培训,而国侨办组织的教师培训则主要是针对海外的华人华侨教师。

## 第八章 华文教师的基本素质与师资的培训

由于海外华文教师一般都工作忙,负担重,往往只能在假期挤出很短一段时间来华进修,因此来华华文师资培训一般为期两三周,长的也不过一个月左右。如何在有限的时间内,切实提高华文教师自身的汉语水平和华文教学水平,使培训工作取得良好的实际效果,是摆在我们面前的一个重要课题。其中非常关键的因素是培训课程的设置。

目前来华师资培训的培训内容(课程)主要有:汉语语言水平提高课(汉语本体知识和技能),语言教学理论和教学法(尤其是第二语言教学理论、汉语作为第二语言教学的方法和技巧),现代技术(网络、多媒体等)在汉语教学中的应用,中国国情、文化知识及其他与汉语教学相关的知识和技能,教学实习(听课观摩、微格教学)等。以下是暨南大学华文学院2005年柬埔寨华文师资培训班(为期四周)的课程计划:

汉语拼音与语音教学(10学时)

汉字与汉字教学(6学时)

词汇与词汇教学(6学时)

语法与语法教学(10学时)

听说课教学法(4学时)

汉语作为外语教学理论(8学时)

当代中国(4学时)

现代教育技术(8学时)

《中文》教材与教案(4学时)

HSK介绍(2学时)

儿童心理与儿童教育(6学时)

小学语文课堂教学法(4学时)

幼儿唱游教学法(6学时)

手工艺制作(4学时)

微格教学(10学时)

教学观摩(10学时)

从中可以看出,汉语语言水平提高课、语言教学理论和教学法是培训的重点内容，课程较丰富，这与学员的学习目标一致，大部分学员的培训目标集中在两个方面：一是提高自身的汉语水平；二是学习华文教学的具体方法和技巧。

听课观摩、微格教学等教学实习课程也是培训课程的重要组成部分，体现了理论与实践相结合的原则。到国内的留学生课堂或中小学的语言课堂观摩教学及其相关活动、与国内教师接触，了解各种教学和教学组织方面的问题，可以让来华教师吸取内地学校的经验。在真实的课堂中进行教学演习或在假设的课堂环境中进行微格教学，是强化教学技能的有效手段，由"学生"作听课的反馈，受训者作自我检查，专家教授进行点评，三方一起讨论并决定如何改进教学，可以让学员在课堂教学中体会和掌握一些急需掌握的典型的教学方法和技巧。

为保证来华教师培训取得实效，整个培训计划（课程设置、课表安排、教学方法等）必须具有针对性，要体现"以学员为中心"的原则，满足学员的特殊需求。来华参加培训的教师团，情况十分复杂，在原有水平、学习需求等方面有很大的差异。有的学员才粗通汉语，主要受训目的是扎实打好汉语的语言基础；而有些学员的母语和第一语言就是汉语，已熟练掌握汉语且具有一定教学经验，主要受训目的是学习华文教学的理论和方法；还有的教师一直从事幼儿华语教学，主要希望了解和学习幼儿语言教学的方法和技巧。华文教师各自从事的华文教学工作性质也不一样，有的接近于第二语言教学，有的则接近于母语教学。因此，我们的培训工作不宜一刀切，而必须对培训进行需求分析，必须根据受训人员的已有经验和具体实际，着力解决他们在华文教学中面对的特殊困难，要为他们设计适合需要的培训目标和培训内容。例如，对于幼儿华语教师，可增加开设幼儿教育心理学、幼儿语言教学法等课程，对于马来西亚和新加坡来的华文教师，则应补充中小学语文教学方法的课程，以满足他们的需要。前面所列柬埔寨华文师资培训班的课程计划中的儿童心理与儿童教育、小学语文课堂教学法、幼儿唱游教学法、手工艺制作等课程就是应学员们的特殊要求开设的。

在具体操作上，可在开班前全面了解学员所在国的华文教学现状和学员的基本情况,通过测试或与受训学员座谈等形式,了解学员原有的语言文化素质和其他基本情况,并据此调整预定的课程安排和授课重点。课程计划要充分征求学员的意见,如有必要还可在培训过程中根据学员的反馈意见进行调整。培训结束前,还应以问卷调查的形式对培训计划(课程设置是否合理)、授课教师(教师的授课质量如何)进行评估,以便为将来的培训工作积累经验,使培训课程进一步规范化、科学化和系统化。

## 二、国外华文师资的培训

除了来华华文师资培训,在国外也有各种形式的针对华文教师的培训。主要有以下几类:(1)由所在国政府组织。如新加坡,政府为华文教师提供了多种培训渠道,教育部门为华文教师而设的在职培训课程有 25 个,工作研讨会则有 13 个。此外,新加坡教育部也不定期地邀请中国的优秀教师到新加坡,为本地华文教师进行课堂示范和教学法培训。(2)由当地的华人社团和华教机构组织,或者主动邀请国内外的知名专家学者前往当地开展培训工作,或者自行组织当地教师集训。比如菲律宾华文教育研究中心曾于 1992 年邀请吕必松先生前往菲律宾侨中学院主持华语教学讲习会,主讲第二语言教学的理论与实践。印尼的棉兰崇文教育基金会也曾多次集中华文教师进行培训,邀请当地优秀华文教师讲课,还编写《汉语知识问答》等小册子,供华文教师学习,提高他们的专业知识水平。(3)由中国主导的"走出去"式的海外华文师资培训。由于缺乏调查,对于前两类国外华文师资培训的具体情况(规模、培训内容、效果等)我们了解得不多,这里讨论的"国外华文师资的培训"主要指第三类,即由中国政府部门或相关院校组织的,派遣国内教师、专家赴海外对当地华文教师开展的培训工作。

除了"请进来"的方式,国侨办及部分院校也积极地以"走出去"的方式开展海外华文师资培训。①

---

① 国家汉办也设有"派遣汉语教学专家组赴国外培训项目",每年分期分批派遣汉语教学专家赴国外培训汉语教师。培训对象为国外各类学校或教学机构的现职汉语教师,从实施的情况看,主要也是以菲律宾、印尼、越南等东南亚国家的华文教师为主。

2000年以来,侨办系统通过中国海外交流协会积极组织专家团,赴北美洲、欧洲、大洋洲等地开展巡回师资培训活动。另外,针对印尼的汉语师资几乎断层和华人华侨人口众多的特殊情况,中国海外交流协会委托广东省海外交流协会于2001年始组织教师赴印尼各地举办华文教师培训班,至2006年1月,已成功举办了七期,共培训学员3000多人。广东省海外交流协会还与广东教育国际交流协会联合组织"广东汉语专家团",从2001年起连续3年分3批赴印尼主要城市巡回任教,免费培训当地华文教师,受训教师达数千人。

此外,国内越来越多的院校也开始重视和参与海外的华文师资培训工作,除了积极响应政府部门选派培训教师以外,一些院校通过校际交流的形式主动派遣本校教师赴国外为海外学校承担华文教学任务,同时为他们培训华文教师,例如暨南大学华文学院、华侨大学、北京华文学院、首都师范大学、厦门大学、福建师范大学等,常年都有教师在海外从事华文师资培训工作。

侨办系统和国家汉办组织的培训方式一般都以集中授课或巡回讲座为主,培训团的授课专家、教师多的8至10人,少的2至3人,培训时间一般为1至2周(有些多站点的巡回培训为期1至3个月,但每个培训点的培训时间仍为1至2周),培训内容与来华华文师资培训基本相同,不过受限于授课教师人数和"大课堂授课"的授课形式,培训课程不如来华培训的丰富,一般也没有学员教学实习的课程。

跟来华华文师资培训一样,"走出去"培训最重要的也是要保证培训的实效性。海外华文教师能有机会到中国来接受培训的只是少数,从国内派出专家和优秀教师到所在国短期集中培训当地教师,涉及面大,影响范围广,且费用相对较低,这是好的一面,但匆促的、蜻蜓点水式的大课堂巡回讲学,很难做到有针对性,尤其在提升学员的教学方法和技巧方面,难以收到实效。据某些海外学员反映,他们曾参加过几次大陆专家团的培训,每次培训的内容都差不多,后面几次培训基本上属于"重复劳动",收获甚微。因此,巡回讲学式的培训,应避免每次培训的内容雷同,要有侧重地选择培训内容,培训任务要"细化",不应面面俱到,不分轻重缓急。每次培训最好能重点解决一两个当地教师工作中存在的突出问题。国侨办曾专门为《中文》教材的推广和使用,多次组织该教材的编写人员赴世界各地培训,就如何使用该教材对当地华文教师进行指导。这种有明确针对性的专项师资培训的做法,取得了很好的效果,很值得借鉴和推广。

与集中授课或巡回讲座的形式不同,国内一些院校常采用跟海外学校合作的形式,派一两个教师到某一所海外学校较长时间(半年或一年)地"蹲点",在承担部分教学工作任务的同时,负责培训该校或当地的华文教师。这样做更有利于培训者深入了解海外华文学校、华文教师和华文教学的现状,在与当地教师共同承担教学任务、共同编写教材的教学实践过程中,同时有针对性地对他们开展培训工作,避免了"纸上谈兵",可能更有实效。

为确保培训质量,还要严格挑选外派专家、教师。受训教师所在地区的条件有好有坏,如果将外派任务看成是一种"出国福利"或"出国流放",遴选专家、教师时或者论资排辈,或者随意安排,完全不考虑受训地区的实际需求,是很不负责任的做法。任课教师的授课质量是培训效果的决定性因素,同时关系到我们国家的形象,一定要慎重考虑人选,派出的教师不仅要有较高的业务知识水平,还必须有丰富的汉语教学实践经验和教学理论水平。另外,考虑到海外华文学校的实际情况,也不一定都要从高校选拔专家、教授去培训,也可以从幼儿师范系统、中小学语文教育系统中选拔专家组成员和授课教师。

## 三、志愿者的培训

中华全国归国华侨联合会(中国侨联)从2001年开始启动海外华文教育志愿者行动,组织国内青年或退休教师(以归侨侨眷为主)以志愿者身份到海外服务,以促进海内外的文化交流与合作。广东省海外交流协会也于2003年启动了"招募海外华文教育志愿者"计划,以自愿为原则,鼓励志愿者发挥为海外华侨华人服务的奉献精神,奔赴海外中文学校从事华文教育工作。志愿者经严格挑选和培训后被派到海外的中文学校教授汉语课程,任教时间一般为半年至两年。

国家汉办也从2002年开始尝试用派遣"志愿者"的形式,来满足部分国家对汉语教师的需求。2002年10月,云南师范大学汉语言文字学应届硕士毕业生余琳作为国家汉办派出的第一位汉语教学"志愿者",赴泰国易三仓商业学院中文部工作。2003年,国家汉办在派遣志愿者工作方面做了更多的尝试,分别向泰国、菲律宾派遣了40余名志愿者,在当地产生了积极而强烈的反响。2004年3月,国家汉办正式启动了"国际汉语教师中国志愿者计划",该计划是国家汉办"汉语桥"工程的一个重要组成部分,是中国第一个全国范围内的大规模派遣志愿者到世界各国从事汉语教学工作的计划。虽然是面向世界,但从实施的情况看,志愿者被派往的国家绝大部分是条件较为艰苦、师资特别缺乏的东南亚发展中国家,许多志愿者赴任后从事的也都是华文教学工作。

志愿者的培训充分利用了我国作为母语国汉语人才资源丰富的优势,使具有相应条件的人员获得华文教学的能力和资格,扩大了华文教师的队伍。国际汉语教师中国志愿者的来源有以下几类:(1)具有对外汉语教学、中文、外语等文科类专业的大专及以上学历的公民;(2)有丰富教学经验、身体健康、具有大专及以上学历的语文类退休教师。先期派出的志愿者以大学毕业生为主,其中有些还是对外汉语教学专业的本科生,对于对外汉语专业的志愿者来说,由于他们已经接受过系统的专业培养,基本上不需要再进行专业的培训。而那些面向社会招募的其他国际汉语教师中国志愿者,还有侨办系统面向社会招募的华文教育志愿者,很多都缺乏汉语语音、语法、词汇等方面知识,也没有汉语教学的经验,因此必须对他们进行专业培训,才能使他们成为合格的志愿者,初步胜任今后在国外的汉语教学工作。

《"国际汉语教师中国志愿者计划"实施办法》规定,志愿者出国服务前,须接受志愿者中心组织的业务和外事强化培训。培训内容包括汉语语音、语法、词汇等知识和教学技能,派往国国情介绍,外事礼仪等。专业培训合格者(一般要求通过"汉语作为外语教学能力初级考试"),才按计划需要派出。为确保培训质量,国家汉办制定了《国际汉语教师中国志愿者培训大纲》(试行),组织编写了《国际汉语教师中国志愿者培训课程大纲》,并在全国9所高校设立了指定培训中心,到目前为止,各培训点共培训了上千名志愿者申请者,为国家储备了大量的志愿者人才。

按照《国际汉语教师中国志愿者培训大纲》(试行),志愿者培训的方式是集中强化培训,以课堂讲授为主,同时与课堂讨论、教学实践相结合。培训时间为 140 学时(涉外教育 20 学时＋专业培训 120 学时),培训课程为:现代汉语基本知识(32 学时)、对外汉语教学法(48 学时)、教学观摩与实践(12 学时,含试讲)、中国文化、当代国情与跨文化交际(18 学时)、涉外教育(20 学时,派出前进行)。可见,培训的重点还是在于使受训者具备基本的汉语专业知识和汉语教学技能,其中教学技能的培训强调了理论知识与教学实践的结合。

我们对暨南大学承办的首期志愿者培训班(2005.2—2005.3)中的 100 多名学员做了简要的训后问卷调查,学员们普遍反映,志愿者培训课程的设置比较合理,一个月的集训使他们在作为汉语教师应具备的知识和能力方面都有较大的提高,觉得自己"专业化"了。但也有教师反映,由于志愿者培训是资格培训,与获得汉语教师资格直接挂钩,因此部分学员修读培训课程在一定程度上是为了对付最后的结业考试("汉语作为外语教学能力初级考试"),并不注重整体素质的提高,对于不需要考试的培训课程,往往就应付了事,甚至不去上课。因此,志愿者的培训工作还有待进一步规范化、科学化。

**思考和练习**

1. 华文师资培训的途径和方式有哪些?
2. 谈谈当前我国政府部门及高等院校在开展华文师资培训方面的成功经验与不足之处。

附录一

# 海外华人华侨分布

海外到底有多少华人人口尚无确切数字,目前比较普遍的说法是近5 000万人(2004)。据报道,现在世界上150多个国家都出现了华侨和华人节节上升的情况,平均每10年增加一倍。下面汇集的,是到2005年为止所能搜集到的分布在各国的华人人口数字。这些数字来自不同渠道,有的数字不同渠道也不完全一致。本文参照各种能搜集到的资料,认真分析,选择认为较可信者列入。仅供参考。

## 一 海外华人人口排名前二十位的国家[①]

1. 印度尼西亚 7 261 984
2. 泰国 7 254 261
3. 马来西亚 6 114 900
4. 美国 2 909 636
5. 新加坡 2 505 400
6. 加拿大 1 413 952
7. 秘鲁 1 300 000
8. 越南 1 220 566
9. 菲律宾 1 096 169
10. 缅甸 1 018 074
11. 俄罗斯 998 000
12. 澳大利亚 573 468
13. 日本 487 570
14. 柬埔寨 321 180
15. 英国 243 258
16. 法国 227 497

---

① 资料主要来源:暨南大学华人华侨研究所网站。

17. 印度 180 984
18. 老挝 172 933
19. 巴西 146 180
20. 荷兰 140 182

## 二　全球海外华人人口分布略表[1]

**亚洲**

| | | |
|---|---|---|
| 阿富汗 169 | 老挝 172 933 | 泰国 7 254 261 |
| 阿拉伯联合酋长国 150 | 黎巴嫩 12 | 土耳其 60 000 |
| 阿曼 80 | 马来西亚 6 114 900 | 文莱 50 000 |
| 巴基斯坦 3 600 | 蒙古 4 000 | 新加坡 2 505 400 |
| 巴林 48 | 孟加拉国 700 | 伊拉克 100 |
| 朝鲜 10 000 | 缅甸 1 018 074 | 伊朗 200 |
| 东帝汶 10 000 | 尼泊尔 20 348 | 以色列 100 |
| 菲律宾 1 096 169 | 日本 487 570 | 印度 180 984 |
| 韩国 30 000 | 塞浦路斯 720 | 印尼 7 261 984 |
| 柬埔寨 321 180 | 沙特阿拉伯 45 000 | 约旦 200 |
| 科威特 37 | 斯里兰卡 3 500 | 越南 1 220 566 |

**欧洲**

| | | |
|---|---|---|
| 爱尔兰 20 000 | 保加利亚 25 | 冰岛 100 |
| 奥地利 40 000 | 比利时 23 000 | 波兰 200 |
| 丹麦 6 855 | 捷克 100 | 瑞士 8 000 |
| 德国 111 000 | 卢森堡 1 300 | 西班牙 25 000 |
| 俄罗斯 998 000 | 罗马尼亚 35 | 希腊 200 |
| 法国 227 490 | 马耳他 15 | 匈牙利 10 000 |
| 梵蒂冈 150 | 挪威 2 000 | 意大利 60 000 |
| 芬兰 1 600 | 葡萄牙 25 000 | 英国 243 258 |
| 荷兰 140 182 | 瑞典 20 000 | |

---

[1] 资料主要来源:美国俄亥俄大学图书馆邵氏海外华人文献研究中心 Distribution of the Overseas Chinese Population, http://overseaschineseconfederation.org/CH_databases_popdis.html, 2004年;暨南大学华文华侨文献中心;相关的新闻报道;台湾"侨委会"网站。

## 美洲

| | | |
|---|---|---|
| 阿根廷 40 000 | 巴拿马 150 000 | 厄瓜多尔 12 500 |
| 阿鲁巴（荷属）600 | 巴西 146 180 | 哥伦比亚 4 200 |
| 安的列斯群岛（荷）700 | 玻利维亚 1 023 | 哥斯达黎加 55 000 |
| 巴巴多斯 250 | 伯利兹 7 000 | 格林纳达 10 |
| 巴哈马 300 | 多米尼加共和国 14 500 | 古巴 7 000 |
| 巴拉圭 6 000 | 多米尼克 40 | 圭亚那 14 000 |
| 海地 2 | 尼加拉瓜 1 000 | 苏里南 20 000 |
| 洪都拉斯 2 000 | 萨尔瓦多 1 000 | 危地马拉 15 000 |
| 加拿大 1 413 952 | 圣基茨和尼维斯 43 | 委内瑞拉 20 000 |
| 库拉索岛（荷）600 | 圣卢西亚 30 | 乌拉圭 250 |
| 美国 2 909 636 | 圣文森特和格林纳丁斯 10 | 牙买加 20 000 |
| 秘鲁 1 300 000 | 特立尼达和多巴哥 12 000 | 智利 5 000 |
| 墨西哥 20 000 | | |

## 大洋洲

| | | |
|---|---|---|
| 澳大利亚 573 468 | 瑙鲁 500 | 汤加 100 |
| 巴布亚新几内亚 10 000 | 萨摩亚 10 000 | 新喀里多尼亚 1 000 |
| 斐济 8 000 | 圣诞岛 2 605 | 新西兰 105 060 |
| 马绍尔群岛 12 000 | 所罗门群岛 5 000 | |

## 非洲

| | | |
|---|---|---|
| 阿尔及利亚 2 000 | 喀麦隆 50 | 南非 20 000 |
| 埃及 110 | 科特迪瓦 120 | 尼日尔 20 |
| 埃塞俄比亚 55 | 肯尼亚 100 | 尼日利亚 500 |
| 安哥拉 20 | 莱索托 700 | 塞拉利昂 20 |
| 博茨瓦纳 30 | 利比里亚 4 | 塞内加尔 4 |
| 多哥 30 | 利比亚 500 | 塞舌尔 650 |
| 冈比亚 150 | 留尼汪 25 000 | 圣多美和普林西比 100 |
| 刚果（布）20 | 马达加斯加 20 000 | 斯威士兰 240 |
| 刚果（金）200 | 马拉维 102 | 苏丹 45 |
| 吉布提 5 | 毛里求斯 30 000 | 坦桑尼亚 600 |
| 加纳 500 | 摩洛哥 50 | 乌干达 100 |
| 加蓬 100 | 莫桑比克 700 | 乍得 6 |
| 津巴布韦 200 | 纳米比亚 500 | |

附录二

# 国家批准的 25 个华文教育基地

1. 安徽大学(与安徽师范大学联合申报) http://www.ahu.edu.cn/
   安徽师范大学(国际教育学院)(与安徽大学联合申报) http://www.ahnu.edu.cn/~ieed/
2. 北京华文学院 http://61.135.142.227/node2/node2662//BJHWXY.htm 或 http://www.bjhwxy.com
3. 重庆师范大学(华文教育基地) http://www.cqnu.edu.cn/
4. 哈尔滨外语学校 http://www.chinaqw.com.cn/news/2006/0517/68/28556.shtml
5. 海南大学(人文传播学院) http://www.hainu.edu.cn/renwen/index.asp
6. 海南师范大学(对外汉语教学中心) http://www.hainnu.edu.cn/ct-center/top.htm
7. 河南省实验中学 http://www.hasyzx.com.cn/
8. 湖南师范大学(国际交流合作处) http://www2.hunnu.edu.cn/~oiec/indexcn.htm
9. 华侨大学(华文学院) http://hwxy.hqu.edu.cn/
10. 华中师范大学(国际文化交流学院) http://cice.ccnu.edu.cn/
11. 暨南大学(华文学院) http://hwy.jnu.edu.cn/

12. 九江师范高等专科学校 http://www.chinaqw.com.cn/news/2006/0517/68/28558.shtml
13. 昆明归国华侨学生中等补习学校 http://www.yocec.net.cn/newEbiz1/EbizPortalFG/portal/html/index.html
14. 辽宁师范大学(国际文化交流学院) http://www.lnnu.edu.cn/dandu/lxsjy/index.htm
15. 南京师范大学(华文教育基地) http://www.njnu.edu.cn/second.asp?lb=国际交流,华文教育基地
16. 南宁中国语言文化学校 http://www.chinaqw.com.cn/news/2006/0517/68/28554.shtml
17. 山西大学(外事处、国际教育交流学院) http://www.sxu.edu.cn/zncs/wsc/
18. 上海师范大学(对外汉语学院)(与华东师大联合申报) http://www.shtu.edu.cn/
    华东师范大学(对外汉语学院)(与上海师大联合申报) http://hanyu.ecnu.edu.cn/
19. 泰安市师范专科学校(与泰安艺术学校联合申报) http://www.chinaqw.com.cn/news/2006/0517/68/28555.shtml
    泰安艺术学校(与泰安市师范专科学校联合申报) http://www.chinaqw.com.cn/news/2006/0517/68/28555.shtml
20. 天津大学 http://www.tju.edu.cn/
21. 温州师范学院(与温州市少年艺校、温州体校联合申报) http://www.wznc.zj.cn/index.htm
    温州少年艺校(与温州师院、温州体校联合申报) http://www.wzsyx.com/SchoolWeb/
    温州体育运动学校(与温州师院、温州市少年艺校联合申报) http://www.wztx.cn/
22. 厦门大学 http://www.xmu.edu.cn/

23. 延边大学(汉语言文化学院) http://www.ybu.edu.cn/
24. 张家口市第六中学 http://www.21sjzg.com/zghb/%D5%C5%BC%D2%BF%DA/zjklz.htm
25. 浙江大学(国际教育学院)(与杭州学军中学联合申报) http://www-2.zju.edu.cn/

　　杭州学军中学(与浙江大学联合申报) http://www.hzxjhs.com/index_chinese.php

附录三

# 华文教学相关网站

## 一　综合类网站

**1. 中国**

(1) 大陆

**中华人民共和国国务院侨务办公室**：http://www.gqb.gov.cn/

国务院侨务办公室的官方网站。设有华文教育、侨务动态、涉侨法规、侨务论坛、国内侨务、海外侨务等栏目。

**中国侨网**：http://www.chinaqw.com.cn/

由中国海外交流协会主办，面对全球华侨华人提供综合性信息服务的专业网站。设有新闻中心、华侨华人、中国侨界、投资创业、留学生、华文教育、中华文化、人物聚焦等栏目。

**中国华文教育基金会**：http://www.hsm.com.cn

由中国华文教育基金会、北京华文学院、中国侨网联合主办。设有华文图书馆、中华千字文、华教新闻、华教时评、海外华校、网上教学、华教刊物、汉语课堂等栏目。

**国家汉语国际推广领导小组办公室**：http://www.hanban.org.cn/

国家汉语国际推广领导小组办公室（国家汉办）官方网站。设有孔子学院、重大项目、汉语教师、志愿者、教材资源、汉语考试等栏目。

**中国语言文字网**：http://www.china-language.gov.cn/

国家语言文字工作委员会主办,教育部语言文字应用研究所承办。设有法规、标准、语文工作、语文教育、语文博物馆等栏目。

**全球华语网**:http://www.globalhuayu.com/

教育部语言文字信息管理司和暨南大学共建的海外华语研究中心网站。发布对海外华语的研究成果,提供相关的资源。

**对外汉语教学信息网**:http://www.hanyuwang.com/

介绍国内外对外汉语教学机构、研究机构、相关文件、会议信息、师资培训、软件下载等信息。

**国家语委普通话测试中心**:http://www.china-language.gov.cn/jgsz/pth/index.html

设有考试测试动态、测试研究、在线资源、培训教材等栏目。

**汉语水平考试**:http://www.hsk.org.cn/

北京语言大学汉语水平考试中心主办。设HSK说明、HSK最新动态、考点查询、书目查询、证书查询、样卷、模拟考试等栏目。使用汉语、英语、韩语三种语言。

**世界汉语教学学会**:http://www.world-edu.org/hanyu/35.htm

世界汉语学会主办。设学会信息、学术动态、推荐教材、专家介绍等栏目。

**暨南大学华侨华人文献信息中心**:http://www.world-edu.org/hanyu/35.htm

设有华人华侨人口分布、侨务之窗、华人世界、华人社团、华文教育、侨情概况等栏目。

**暨南大学华文教育研究所**:http://hwy.jnu.edu.cn/yanjiu/yanjiu.html

设华文教育相关网址、远程华文教育、华文教育图书资料、华文教育相关期刊等栏目,提供华文教育各类信息。

(2)香港

**华语桥**:http://www.huayuqiao.cn/

由中国、马来西亚、新加坡等地华语文工作者共同发起,香港中国语文学会主办。以"华语夏言,炎黄桥梁"为主旨,包括华语论坛、华文教育、华语杂谈、网上辞典、华语调查等栏目。

**香港中文大学海外华人研究中心**：http://coc.lib.cuhk.edu.hk/site/rel-site.htm

香港中文大学海外华人研究中心主办。提供东南亚、北美洲、中国内地及港澳台等地区的研究机构网址、报刊网址和相关书目等信息。

**中文教育网**：http://www.chineseedu.hku.hk/

香港大学中文教育研究中心主办。介绍创新中文教学法及相关教学研究著作。

（3）台湾

**华语文教学研究所**：http://www.ntnu.edu.tw/tcsl/

台湾师范大学华语文教学研究所主办。介绍华文教学的各种网络资源、教学资源、实用资源等信息。

**2. 美国**

**美国中文教师学会**：http://clta.osu.edu/

全英文网站。设有 Resources、Jobs、Journal、Information、Publication 等栏目。

**洛杉矶华侨文教第一服务中心**：http://www.cccttecola.org/

设有活动报导、华文教育、网站资源等栏目。

**美国中文网**：http://www.sinovision.net/

亚洲传媒集团主办。设美国中文电视、新闻中心、美洲时报、中国台湾港澳新闻观察、社会扫描等栏目，以方便了解全美及世界中文信息。

**e 调**：http://edeo.tv/

设 CCTV、美国中文电视等在线电视、在线广播、中文教材、中文学校、华人华侨文化常识等栏目。

**侨报**：http://www.chinapressusa.com/index.htm

设有生活周刊、明星周刊、美通财经、家园服务、华人黄页、移民服务等栏目，方便美国的华人华侨了解中国、美国和世界的相关信息。

**新意中文学校**：http://www.newconcept.com/index.html

旧金山湾区 New Concept Chinese School 主办。教授汉语拼音、简体字，使用自编的系列教材。设海外中文教材、文化教育交流、网上文化商场、学生信息交流、家长信息交流等栏目。以新移民为主要服务对象。

**黄河中文学校：http://www.yrcs.org/**

教授汉语拼音和简体字（兼认繁体字），使用教材为《中文》。

### 3. 新加坡

**海外华人研究：http://www.lib.nus.edu.sg/chz/chineseoverseas/**

新加坡国立大学图书馆主办。设有海外华人特藏、研究机构、研究学人、研究动态、研究资料、社区、华团、学府、人物等栏目。

### 4. 马来西亚

**马来西亚董教总：http://www.djz.edu.my/**

马来西亚华校董事联合会总会主办。介绍马来西亚华文教育的师资教育、升学信息、独中统考、学科教育等，还介绍 HSK 等信息。

## 二　教学类网站

### 1. 综合性教学网站

**乘风汉语（Chengo Chinese）：http://www.elanguage.cn/**

中美两国政府教育领域里最大的交流合作项目——"中美网络语言教学项目"（US-China E-language Learning System）的相关网址。主要针对母语为英语、12 至 18 岁的美国中学生。网站以英文为主，设 Chengo Story、Classroom、Instructor's Manual、Course Preview、Hello China 等栏目。

**汉语教学网站：http://www.pep.com.cn/dwhy/index.htm**

人民教育出版社主办，设有世界汉语教学、网上汉语、专家论坛、汉语水平考试等栏目。

**Multilevel Chinese：http://en.chinabroadcast.cn/ce_chinese/**

中国国际广播电台主办，中英文对照。英文为主。设有成语故事、汉语新闻、专家访谈、诗歌朗诵、在线学习等文字和有声栏目。

**我的中文网(my mandarin)**：http://www.mymandarin.com/

加拿大"我的中文网"网络公司主办，中英文对照，英文为主。设有聆听欣赏、普通话乐园、新闻、听力、游戏、BBS、教材、测试、图书馆、多语在线翻译等栏目，提供全球汉语教学最新综合信息，链接多个汉语学习网址。

**爱荷华大学中文部**：http://www.uiowa.edu/~chinese/

全英文网站。设有 Chinese Placement Test、Chinese Reading World、MA Program、Pinyin Practice 等栏目。

**中文教育网**：http://chinese.chnedu.com/

中英文对照。设有趣味汉语、汉语学堂、关于中国等栏目，介绍中国地理、历史、文化及 HSK 考试等。

**ABC Interactive Chinese(趣味中文)**：http://www.amtrade.com/abc.html

主要使用繁体中文和英文。设有课文教室、录音教室、动画教室、写字教室等栏目。以《华语》一到九册为教学内容，外加注音符号和汉语拼音入门，繁体字和简体字并用。

**Chinese Language Information Page**：http://www.webcom.com/bamboo/chinese/

全英文网站。链接各种汉语学习的网址、ftp 地址、广播电台和学习软件。

**Internet Based Chinese Teaching and Learning**：http://chinese.bendigo.latrobe.edu.au./

全英文网站。提供各种程度辅助读物、问题解答等。

**Online Chinese Recourse**：http://www.lsa.umich.edu/asian/chinese/online/front.html

全英文网站。提供各种有关汉语的商务、文化、历史、地理、风俗、电影等资源，并提供汉语杂志、电台、电视、网络、报纸和汉语学习资源信息。

**Chinese 2 Australia**：http://www.arts.monash.edu.au/chinese/chinese2/index.htm

Monash University 主办，全英文网站。包括 Studying Chinese in Uni、

Weather、Shopping、Sightseeing Plans、Public Transport、Eating Out、Illness、Life Perfomance 八个专题的学习。

**2. 远程学习**

**汉语远程学院（Online College of Chinese Language）**：http://www.hanyu.com.cn/

教育部对外汉语教学发展中心主办,使用英语、韩语和日语三种语言。

**中央广播电视大学对外汉语教学网**：http://www.myechinese.org/

分中、英文版。设有最新动态、学习资源等栏目,提供在线学习。

**网上北语**：http://www.eblcu.net/

北京语言大学和华夏大地远程教育网络服务有限公司主办,使用中文、英文、日文、韩文,提供学历和非学历教育。

**网上华文学苑**：http://oechw.xmu.edu.cn/

厦门大学海外教育学院主办,使用简体中文。含华文教育、在线测试、资料下载、教学平台等栏目。

**远程华文教育网**：http://www.huawenjiaoyu.com/

暨南大学华文学院主办,使用简体中文。设有华文教育动态、华文教育研究、网上学《中文》、HSK 考试、自学《初级华文》等栏目,可在线自学。

**hello-han**：http://www.hello-han.com/

国家信息中心中社网管理办公室和北京师范大学汉语文化学院合办,使用简体中文。使用《标准汉语》,由北京师范大学汉语文化学院对外汉语教学专家编写,国家信息中心媒体发展中心汉语教学部制作。

**中文教育网**：http://chinese.chnedu.com/index.htm

北京东大正保集团主办,中英文对照。设有中国地理、中国历史、中华民俗、汉语学堂、传统节日、中华美食、HSK 考试等栏目。

**3. 语音**

**汉语语音练习指南(哈佛大学)**：http://www.courses.fas.harvard.edu/~pinyin/

全英文网站。设有 Intro、Tool、Pin Yin Sheets、Courses、Archives 等栏

目。

4. 听力

Chinese-Language Radio Broadcasts：http：//www.webcom.com/～bamboo/chinese/radio.html

全英文网站。提供 VOA、BBC、Radio Television Hong Kong 的普通话、粤语和其他汉语方言的广播节目。

5. 会话

Conversational Mandarin Chinese Online（Level I）：http：//www.csulb.edu/～txie/ccol/content.htm

全英文网站。普通话会话课程，安排了 Introduction to Pinyin、Let's get to know each other、My family 等话题，共 15 课。

6. 汉字

http：//www.erols.com/eepeter/flashcard.html

全英文网站。用 flash 图片来学习汉字。

7. 词汇

Chinese Character Dictionary：http：//www.mandarintools.com/chardict.html

由 Erik Peterson 主办，全英文网站。提供英语、拼音、粤语三种途径检索汉字、词语。

8. 阅读

中文阅读天地（Chinese reading world）：http：//www.uiowa.edu/%7Echnsrdng/index.html

爱荷华大学中文部（University of Iowa Chinese Department）主办。分初级、中级、高级三个阶段，每阶段提供 80 篇海外学生的作文供阅读，并配有快速和中速的两种录音供听力练习。

Chinese Journals Online：http：//www.cathay.net/chn－mag.shtml

主要使用繁体中文。收集各种中文电子刊物、网上中文杂志、网上中文报纸，提供综合类、政经类、人文类、宗教类等各种文字资料以供阅读。

Stories of Chinese Idioms(Univ. of Southern California):http://www.usc.edu/dept/ealc/chinese/Reading/chengyu.htm♯2

按音序排,用繁体中文介绍各种成语、历史故事,根据香港海峰出版社《中国成语选粹》和《中国成语选粹续篇》改编。

## 9. 辅助类

线上中文工具:http://www.mandarintools.com/

全英文网站。提供各种汉语学习软件、使用软件、电脑软件。

附录四

# 华文教材

## 一　中国（按时间先后排列）

**1.《华语》**

台湾"侨委会"组织编写，吴宏一、金荣华主编，香港集成图书有限公司1990年出版。

全美中文学校联合总会主体教材。

**2.《华文》**

贾益民主编，柬埔寨柬华理事总会1995年出版。

经中国海外交流协会文教部与柬埔寨柬华理事总会友好协商，由中国暨南大学华文学院与柬埔寨柬华理事总会合作编写，适合零起点的六年制小学使用。主教材《华文》12册，并配以《华文练习册》和《华文教学参考》各12册。每两册为一个年级使用。该套教材着力于培养学生汉语听、说、读、写的能力，注重基础知识与技能的掌握，同时反映中华历史文化和世界文化，进行民族传统美德教育。这套教材经柬埔寨王国教育部和柬华总会批准，作为柬华学校唯一合法使用的教材，现在有50多所学校、6万多学生使用。

### 3.《中文》

贾益民主编,暨南大学出版社 1997—1999 年第一版,2006 年出了修订版,是目前全美中文学校协会统一教材。

《中文》是中华人民共和国国务院侨务办公室委托暨南大学华文学院编写的教材,已在美国、澳大利亚、新西兰、日本等 40 多个国家和地区发行了 300 多万套。分别出版了简体版和繁体版。教学对象为北美、欧洲等英语语系的国家和地区,周末制或课后制的华文学校小学 1 至 6 年级的华裔子弟,主要针对新移民子女,定位介于母语和第二语言之间的语文教学。该教材每套 12 册 48 本,其中主教材 12 册(每两册教材对应一个年级),另配有《家庭练习册》A、B 本各 12 本,《教师参考手册》12 册,另有配套多媒体光盘 12 册。

### 4.《标准中文》

崔峦主编,人民教育出版社 1998 年出版。

《标准中文》系列教材是由中国课程教材研究所承担,为中国赴美国、加拿大等海外留学人员子女和其他有志于学习中文的青少年编写的。全套教材包括《标准中文》9 册(分三级,每级 3 册)、《练习册》12 册、《中文读本》3 册、《教学指导手册》9 册和 CD-ROM 3 盘。这套教材期望学习者能学会汉语拼音,掌握 2000 个常用汉字,5000 个左右常用词,300 个左右基本句,能读程度相当的文章,能写三四百字的短文、书信,具有初步的听、说、读、写能力。

### 5.《汉语》

时序、焦辉郢编写,暨南大学出版社 1998—1999 年出版。

该教材是北京中国语言文化学校受中国海外交流协会委托编写的。主要适用对象是海外全日制华文学校小学一至六年级的学生。全套教材共 50 册,包括:课本、练习册、教师手册、《说话》各 12 册,《汉语拼音》1 册,《汉语拼音练习册》1 册。《汉语》课本对学生进行听、说、读、写的综合训练,《说话》以功能项目为纲。共出现常用词 2900 个左右,常用语法项目 200 项左右。另有配套多媒体光盘 12 张。

### 6.《海外小学中文课本》

张洪宇主编,北京语言大学出版社 2001 年 6 月出版。

该教材有简、繁体两个版本,共 12 册,1 个年级 2 册。每课书用 2 至 3 课时授完。每册书供一学期使用(32 至 38 课时)。附有相应的 12 册练习册、12 盘磁带和 6 个年级的教师手册,另有 6 张多媒体光盘。

### 7.《通用中文课本》

沈文主编,北京语言大学出版社 2002 年 1 月出版。

该教材原为《菲律宾小学华文课本》(沈文、杨石泉主编,2000 年出版),2002 年北京语言文化大学出版社将其改编成《通用中文课本》,以适用于菲律宾以外的汉语学习者。每学期有《课本》、《综合练习》、《写字本》各一本,12 个学期共 36 本。课文使用简体字,以会话为主。生词有繁体字对照,分别用汉语拼音字母和注音字母注音,附有英文注译。教材配有教师手册、录音带,另有多媒体光盘 6 张。

### 8.《跟我学汉语》

陈绂、朱志平等主编,人民教育出版社 2003 年出版。

《跟我学汉语》是国家汉办项目之一,由北京师范大学承担。主要对象是以英语为母语的中学生(年龄在 15 至 18 岁的汉语为第二语言的学习者),适用于北美地区中学 9 至 12 年级的汉语教学。学生汉语水平为零起点,终点接近中级汉语水平。全套教材共 12 册,包括学生用书、练习册和教师用书各 4 册,学生用书还配有相应的语音听力材料和多媒体教材。

### 9.《快乐汉语》

李晓琪、罗青松等编著,人民教育出版社 2003 年出版。

《快乐汉语》由国家汉办规划,使用对象主要是母语为英语的海外中学生(11 至 16 岁)。共 6 本,分为三个等级,每个等级有学生用书、教师用书、词语卡片、挂图、听力材料等。教材编写过程中,中国国家汉办与英国文化委员会(简称 BC)密切合作,在部分中学试用。目前,中国国家汉办已经授权 BC 在英国本土出版该教材,定名为 Chinese for GCSE。

**10.《新实用汉语课本》**

刘珣主编,北京语言大学出版社 2004 年 6 月出版。

《新实用汉语课本》是国家汉办主持编写并资助出版的规划教材,本书是专门为北美地区留学生编写的汉语教材,分 6 级,每级含课本、练习册和教师手册各一本。另有课本配套磁带四盘,教师手册配套磁带一盘,练习册配套磁带两盘。全书共 6 册 70 课,从初级到中级水平,供三年使用。本书继承了原《实用汉语课本》的优点,力争将结构、功能与文化有机地结合在一起。

**11.《初级华语》**

暨南大学华文学院编著。

《初级华语》是教育部立项的网络课程教材,其对象是零起点的成人学生。目前文字稿已经完成,网络课件设计也已经通过专家审定。

**12.《双双中文教材》**

〔美〕王双双主编,北京大学出版社 2005 年出版。

《双双中文教材》是 2005 年北京大学出版社引进的海外华文教材。这是一套专门为海外学生编写的中文教材,适合有一定中文背景的青少年学生(周末中文班)使用。教材由美国加州王双双老师主编,并在双双中学试用过 8 年(双双中文学校 1998 年在美国加州硅谷成立)。全书共 20 册(有简、繁中文字两种版本),每学年两册。识字量 2500 个,包括从识字、拼音、句型、短文,到较系统的中国文化的学习。全套书均配有 CD。

## 二 国外

**1.《小学华文》**

新加坡教育部课程规划与发展署编写的华文教材,从 2002 年开始在新加坡各小学使用。本教材由课本、教师手册、作业、习字本、阅读辅助教材教本、阅读辅助教材读本、挂图、图片、投影、CD 等配套而成。

**2.《新意中文》**

《新意中文》为美国新意中学自编系列教材。新意中学于 1995 年正式成立,是旧金山湾区第一所经州政府正式注册,首先采用汉语拼音和简体字教学的中文学校,以新移民为主要服务对象。该教材在试用6年后定稿出版,从启蒙班到7年级共24册,是一套适合幼儿到高中生(课后班和暑假班)的系列"海外本土化"中文教材,配套教材有《幼儿识字》、《趣味拼音》、《新意汉语拼音》等。

## 主要参考文献

〔英〕阿兰·戴维斯著,任福昌等译《语言测试原理》,经济科学出版社,1997
〔英〕弗里曼、理查兹编《语言教学中的教师进修》,上海外语教育出版社,2002
《〔新加坡〕2004华文课程与教学法检讨委员会报告书》
《华文教学研究与探索》,暨南大学出版社,1998
《华文教育论文集》,暨南大学出版社,2003
J. B. Heaton著,韩宝成导读 *Writing English Language Tests*(英语测试),外语教学与研究出版社,2000
Lyle F. Bachman *Fundamental Considerations in Language Testing*(语言测试要略),上海外语教育出版社,1999
Macky, W. F. *Language Teaching Analysis*. London: Longman. 1965
蔡铁权等《现代教育技术教程》,科学出版社,2000
陈田顺《对外汉语教学中高级阶段课程规范》,北京语言文化大学出版社,1999
程裕祯《中国文化要略》,外语教学与研究出版社,1998
戴桂芙、刘德联《对外汉语教学法研究》,北京大学出版社,1996
高一虹《语言文化差异的认识与超越》,外语教学与研究出版社,2000
龚群虎《汉泰关系词的时间层次》,复旦大学出版社,2002
郭熙《中国社会语言学》(增订本),浙江大学出版社,2004
国家汉办《汉语水平词汇与汉字等级大纲(修订本)》,北京经济科学出版社,2001
国家汉办《汉语作为外语教学能力等级标准及考试大纲》,北京大学出版社,2005
暨南大学对外汉语系编《汉语快速阅读》,华语教学出版社,1996
李筱菊《语言测试科学与艺术》,湖南教育出版社,1997
李杨《对外汉语本科教育研究》,北京语言文化大学出版社,1999
李杨《对外汉语教学课程研究》,北京语言文化大学出版社,1997
刘镰力主编《汉语水平测试研究》,北京语言文化大学出版社,1997
刘珣《对外汉语教育学引论》,北京语言文化大学出版社,2000
刘珣《汉语作为第二语言教学简论》,北京语言文化大学出版社,2002
刘珣《对外汉语教学概论》,北京语言文化大学出版社,1997
刘雍潜、李龙《教育技术基础》,中央广播电视大学出版社,2002
吕必松《对外汉语教学发展概要》,北京语言学院出版社,1990
吕必松《对外汉语教学概论》(讲义,内部资料),1999
吕必松《对外汉语教学研究》,北京语言学院出版社,1993
吕必松《华语教学讲习》,北京语言学院出版社,1992
吕必松《语言教育问题研究论文集》,华语教学出版社,1999
吕文华《对外汉语教学语法探索》,语文出版社,1994
罗树华、李洪珍《教师能力学(修订本)》,山东教育出版社,2000
莫雷《教育心理学》,广东高等教育出版社,2002

倪明亮《中国汉语水平考试应试指南(初、中等)》,北京语言文化大学出版社,1998
盛炎《语言教学原理》,重庆出版社,1990
束定芳、庄智象《现代外语教学——理论、实践与方法》,上海外语教育出版社,1996
唐燕儿《华文教育心理学》,暨南大学出版社,2003
汪惠迪《时代新加坡特有词语词典》,〔新加坡〕联邦出版社,1999
王晓钧《华语语法习得探讨》,华语教学出版社,2000
王学风《新加坡基础教育》,广东教育出版社,2003
王致和《高等学校教育评估》,北京师范大学出版社,1995
王钟华《对外汉语教学初级阶段课程规范》,北京语言文化大学出版社,1999
巫乐华《华侨史概要》,中国华侨出版社,1994
吴元华《华语文在新加坡的现状与前景》,〔新加坡〕创意圈出版社,2004
吴元华《务实的决策——人民行动党与政府的华文政策研究》,〔新加坡〕联邦出版社,1999
谢泽文《新加坡华文教学论文集》,北京语言学院出版社,1994
新加坡华文研究会《新加坡华文教学论文二集》,〔新加坡〕泛太平洋私人出版有限公司,2001
新加坡华文研究会《新加坡华文教学论文三集》,〔新加坡〕泛太平洋私人出版有限公司,2003
徐杰、王惠《华语概论》,〔新加坡〕八方文化创作室出版,2004
杨欣儒《华语常用词表》,〔马来西亚〕艺青出版社,1996、2003
印尼棉兰崇文教育基金会编《汉语知识问答》,2005
云惟利主编《新加坡社会和语言》,南洋理工大学中华语言文化中心,1996
张普《E-Learning 与对外汉语教学》,清华大学出版社,2002
张普《现代化教育技术与对外汉语教学》,广西师范大学出版社,2000
赵金铭《对外汉语教学概论》,商务印书馆,2004
赵贤州、陆有仪《对外汉语教学通论》,上海外语教育出版社,1996
郑良树《马来西亚华文教育史》(第一分册),马来西亚教师总会出版,1998
钟玉琢等《多媒体计算机技术》,清华大学出版社,1993
周健、彭小川、张军《汉语教学法研修教程》,人民教育出版社,2004
周健《汉语课堂教学技巧与游戏》,北京语言文化大学出版社,2002
周南京《世界华侨华人词典》,北京大学出版社,1993
周清海《华语教学语法》,〔新加坡〕玲子传媒私人有限公司,2003
周清海《务实的决策——人民行动党与政府的华文政策研究·序》,〔新加坡〕联邦出版社,1999
周清海《新加坡华语词汇与语法》,〔新加坡〕玲子传媒私人有限公司,2002
周清海《语言与语言教学论文集》,〔新加坡〕泛太平洋出版社,2004
周小兵、张世涛《中级汉语阅读教程》,北京大学出版社,1999
周小兵、李海鸥《对外汉语教学入门》,中山大学出版社,2004

周聿峨《东南亚华文教育》,暨南大学出版社,1995
朱纯《外语教育心理学》,上海外语教育出版社,1994
朱敬先《华侨教育》,台湾中华书局,1972
朱仁宝主编《现代教师素质论》,浙江大学出版社,2004
庄国土《华侨华人与中国的关系》,广东高等教育出版社,2001
庄兆声《马来西亚基础教育》,广东教育出版社,2004

# 后　　记

　　上海师范大学对外汉语学院和商务印书馆世界汉语教学研究中心联合开发一套对外汉语本科系列教材,邀我主持编写《华文教学概论》一书。打招呼大概是在 2004 年 12 月。接受任务后就约了几位同事讨论,三易其稿,拟订了一个编写提纲,在 2005 年 3 月上海师范大学召开的启动会上讨论通过。

　　由于这是一项开创性的工作,这本教材也被列为教育部语信司和暨南大学共建的海外华语研究中心的重要课题。

　　教材的分工情况如下:郭熙撰写第一、七章和附录一,宗世海撰写第二、三章,王汉卫撰写第四、六章,喻江撰写第五章,童盛强撰写第八章,干红梅撰写附录二、三、四。

　　郭熙通读各章的初稿,分别提出修改意见由撰写者修改,最后由郭熙统一修改定稿。

　　孙玉卿副教授曾参加过编写提纲的讨论。暨南大学副校长、华文教育研究所所长贾益民教授以及暨南大学教务处、华文学院的领导对本书的编写给予了积极的鼓励和帮助。赵金铭教授、范开泰教授、齐沪扬教授、陈昌来教授、周洪波编审等一直关心这本教材的编写。责任编辑袁舫女士不断督促,使得这本书的交稿期没有太多的拖延。我们谨此表示衷心的感谢。

　　《华文教学概论》以前没有人写过,涉及范围广,没有现成的框架参考,许多问题没有现成的研究成果,海外的相关资料也难以搜集。编写组成员坚持不懈,克服重重困难,有的章节数易其稿,总算有了现在这个样子。相信书中问题一定不少,我们期待着读者的批评指正。

郭 熙

2006 年 8 月 20 日